Contabilidad y finanzas

PARA

DUMMIES™

Contabilidad y finanzas PARA DUMMIES™

Oriol Amat

Edición publicada mediante acuerdo con Wiley Publishing Inc.
...For Dummies y los logos de Wiley Publishing, Inc. son marcas registradas utilizadas bajo licencia exclusiva de Wiley Publishing, Inc.

Grupo Planeta
Avda. Diagonal, 662-664
08034 - Barcelona

ISBN: 978-84-329-0017-4
Depósito legal: B. 2.222-2012

Primera edición: marzo de 2012
Quinta reimpresión: marzo de 2016
Preimpresión: freiredisseny.com
Impresión: Egedsa

Impreso en España - *Printed in Spain*

www.paradummies.es
www.planetadelibros.com

¡La fórmula del éxito!

Tomamos un tema de actualidad y de interés general, añadimos el nombre de un autor reconocido, montones de contenido útil y un formato fácil para el lector y a la vez divertido, y ahí tenemos un libro clásico de la colección Para Dummies.

Millones de lectores satisfechos en todo el mundo coinciden en afirmar que la colección* Para Dummies *ha revolucionado la forma de aproximarse al conocimiento mediante libros que ofrecen contenido serio y profundo con un toque de informalidad y en lenguaje sencillo.

Los libros de la colección *Para Dummies* están dirigidos a los lectores de todas las edades y niveles del conocimiento interesados en encontrar una manera profesional, directa y a la vez entretenida de aproximarse a la información que necesitan.

El autor

Oriol Amat (Barcelona, 1957) está especializado en contabilidad y finanzas y desde 2011 es consejero de la Comisión Nacional del Mercado de Valores.

Es licenciado en ADE y MBA por ESADE, doctor en Ciencias Económicas por la Universidad Autónoma de Barcelona y ha realizado estudios de posgrado en la Stockholm School of Economics.

Desde hace más de treinta años se dedica principalmente a la docencia y la divulgación. Ha sido profesor visitante de diversas universidades europeas, americanas y asiáticas. Es catedrático de Economía Financiera y Contabilidad de la Universidad Pompeu Fabra.

Es presidente de ECIF (Economistas Expertos en Contabilidad e Información Financiera) del Consejo General de Economistas de España y vicepresidente de la Asociación Catalana de Contabilidad y Dirección. Es miembro de AECA, de ASEPUC y de la Agrupación Catalana de Profesores de Contabilidad. Es miembro del Consejo Asesor para la Reactivación Económica y el Crecimiento de Cataluña.

Participó en los grupos de trabajo que elaboraron el Plan General de Contabilidad.

Ha publicado diversos libros traducidos a varios idiomas y numerosos trabajos en revistas académicas y profesionales. Es director de la *Revista de Contabilidad y Dirección*, y subdirector de la *Revista Iberoamericana de Contabilidad de Gestión*.

Entre los libros que ha escrito está *Contabilidad y finanzas para no financieros*, publicado por Deusto en 1990 y reeditado en múltiples ocasiones. El presente libro de la colección *...para Dummies* es una edición actualizada, ampliada y adaptada de dicho libro.

Más detalles en `www.oriolamat.cat/es`.

El autor quiere agradecer a Francesc Sellas y a Pilar Lloret su colaboración en la revisión del texto y de los ejemplos prácticos que en él se incluyen.

Dedicatoria

A Pilar, Mireia, Natàlia, Marc, Lluís y Anna.

Sumario

Introducción

Nos guste o no, el mundo de la empresa está lleno de situaciones en las que intervienen la contabilidad y las finanzas, aunque estemos especializados en otras áreas de la empresa, como el marketing, los recursos humanos, las operaciones o la dirección general. El marketing, por ejemplo, depende de conceptos como el presupuesto de publicidad, los gastos de ventas o las ventas. La gestión de recursos humanos está muy influida por los salarios o la inversión en formación. La marcha de las operaciones precisa de inversiones que hay que decidir y financiar. Para ser rentables, los productos deben poder venderse a precios superiores al de coste. La dirección general tiene que conseguir que la empresa genere beneficios y tesorería para poder pagar todos los compromisos y retribuir a los accionistas de la manera adecuada… Así podríamos seguir con cada área de la empresa.

Por lo tanto, nos puede ser de mucha utilidad comprender los conceptos fundamentales de la contabilidad y las finanzas. Así, podremos contestar a cuestiones como:

- ¿Cómo se genera el resultado de la empresa?
- ¿Cómo se puede aumentar el beneficio?
- ¿Qué es un balance y cómo se interpreta?
- ¿Cómo puedo conocer el coste de los productos que producimos?
- ¿Está la empresa saneada financieramente?
- ¿Es viable la empresa?
- ¿Se podrán atender las deudas?
- ¿Cómo se puede saber si una inversión es rentable?
- ¿Cuáles son las reglas para obtener una financiación equilibrada?

Los conceptos y las técnicas de la contabilidad y las finanzas no son fáciles, pero si les dedicas un poco de tiempo puedes llegar a comprenderlos suficientemente. Este libro está escrito justo para hacer más accesibles la contabilidad y las finanzas.

¿A quién le interesa este libro?

La mayoría de las personas necesitan, en algún momento, tener un conocimiento mínimo de la contabilidad y las finanzas, ya que muchas decisiones que les afectan tienen que ver con estas materias. He aquí algunos ejemplos claros de personas a las que puede interesar este libro:

- ✔ Profesionales y directivos que se han especializado en áreas de la empresa que no son ni la contable ni la financiera pero que necesitan comprender los temas clave de estas materias.
- ✔ Personas interesadas en trabajar en los departamentos de contabilidad y finanzas de sus empresas.
- ✔ Emprendedores que han creado una empresa recientemente o que tienen intención de hacerlo.
- ✔ Estudiantes de administración de empresas y de ciencias empresariales.

Convenciones utilizadas en este libro

Este libro no utiliza términos poco habituales. Sin embargo, la contabilidad y las finanzas tienen un vocabulario propio que es preciso conocer y que, a menudo, es fuente de malentendidos. Estos términos aparecen en cursiva la primera ocasión en que se utilizan para captar tu atención, y se incluyen en un glosario en el apéndice B.

Cómo está organizado el libro

Contabilidad y finanzas para Dummies está organizado en siete partes. Las cinco primeras desarrollan los principales conceptos que conviene comprender bien. La parte VI, la dedicada a los decálogos, alberga nociones fundamentales para invertir y financiarse correctamente. Como extra hemos incluido apéndices con información útil. Visto con más detalle, he aquí el esquema del libro:

Parte I. La contabilidad y las finanzas son un invento humano

La contabilidad y las finanzas son herramientas imprescindibles para gestionar correctamente la empresa y evitar errores que pueden costar muy caros. Los dos conceptos fundamentales de la contabilidad son el resultado y el balance. Hay que entender su contenido para comprender la situación en que se encuentra la empresa. Una empresa necesita ganar dinero para ser viable y tener dinero para poder atender sus compromisos de pago. La contabilidad se elabora de acuerdo con la normativa vigente, que es el Plan General de Contabilidad (PGC) y las Normas Internacionales de Información Financiera (NIIF).

Parte II. Conceptos básicos de costes

Para que una empresa genere riqueza es imprescindible gestionar los costes de la manera más adecuada, lo que implica calcularlos correctamente y optimizarlos para que sean lo más bajos posible.

Parte III. Cómo se analiza una empresa

De la misma forma que las personas debemos hacernos un chequeo médico a menudo para evitar problemas, las empresas tienen que ser objeto de un diagnóstico financiero periódicamente. El análisis de la empresa permite conocer cuál es su situación financiera y su capacidad para generar beneficios. Una vez se conoce la situación en que se encuentra la empresa se pueden tomar las medidas correctivas que permitan mejorar los problemas detectados.

Parte IV. Preparación y control de un presupuesto y un plan financiero

La gestión de cualquier empresa requiere saber qué futuro le espera. Para ello son de gran utilidad las formulaciones de previsiones sobre los próximos doce meses y los próximos años. De esta forma se pueden corregir a tiempo situaciones problemáticas. Además, las previsiones a varios años permiten comprobar si la empresa es viable tal y como está funcionando.

Parte V. Las inversiones: cómo se analizan y cómo se financian

Una vez que se comprenden los principales conceptos contables ya se puede pasar a las técnicas de finanzas. Estas técnicas sirven para decidir de manera adecuada las inversiones que conviene efectuar y cómo financiarlas correctamente. A menudo, las empresas tienen problemas graves porque llevan a cabo inversiones erróneas, o las financian de forma desequilibrada.

Parte VI. Los decálogos

En esta parte del libro reunimos treinta consejos para analizar empresas, invertir adecuadamente y gestionar bien la financiación de la empresa.

Parte VII. Anexos

Esta parte contiene referencias útiles que pueden ayudarte para comprender mejor la contabilidad y las finanzas. En el apéndice A te presentamos un glosario de los términos más utilizados a lo largo del libro; siempre lo puedes consultar, si no entiendes bien una palabra durante la lectura. En el apéndice B hemos recopilado algunos libros y páginas web que contienen información útil del mundo de la contabilidad y las finanzas.

Iconos empleados en este libro

A lo largo de todo el libro encontrarás junto a ciertos párrafos iconos, que te indicarán que estás a punto de leer un tipo de información particular. Los utilizamos para ayudarte a encontrar o a entender mejor algunos datos clave. Éstos son los iconos que verás y el contenido que señalan:

Este icono te alerta de aspectos o situaciones que pueden conducir a errores si no se plantean correctamente.

El contenido que acompaña este icono puede ser un poco más complejo y detallado que el resto. No es indispensable que leas estos párrafos para estar bien informado, pero no dejan de ser conceptos interesantes y útiles.

Un ejemplo corto vale más que mil palabras. Este icono señala aplicaciones prácticas que te permitirán entender mejor los temas expuestos.

En algunas ocasiones puede ser de gran utilidad aplicar los temas expuestos a situaciones empresariales. Este icono te avisa de que se utilizará el caso de una empresa para comprender mejor los conceptos que se han tratado previamente.

Este icono es un guiño para recordarte que algo se repite porque es muy importante. Si tiendes a olvidar la información que has leído en un capítulo determinado, haz el esfuerzo de recordar lo que dicen los párrafos marcados con este icono.

Este icono señala consejos que te permitirán comprender mejor los conceptos de contabilidad y finanzas.

Adónde ir a partir de aquí

Para comprender bien los fundamentos de la contabilidad y las finanzas es preciso seguir un proceso secuencial. Por ello, si deseas empezar desde cero te recomendamos que empieces el libro desde la primera parte y luego vayas avanzando hacia las demás. Es mejor entender los aspectos básicos de una parte antes de pasar a la siguiente. De ahí que en la mayoría de los temas tengas ejemplos prácticos que te ayudarán a entenderlo todo mejor. Conviene tener en cuenta que en bastantes ejercicios aparecen importes con decimales. En algunos casos se han efectuado redondeos para simplificar.

Si ya tienes un conocimiento previo de los temas tratados en este libro quizá te puede convenir más ir directamente a la parte que más te interese.

Parte I

La contabilidad y las finanzas son un invento humano

—COMO VE, EN ESTA EMPRESA VALORAMOS ESPECIALMENTE LAS HABILIDADES EN CONTABILIDAD Y FINANZAS...

En esta parte...

Destacaremos la importancia de la contabilidad y las finanzas, ya que ambas nos afectan. A continuación, veremos en qué consiste la cuenta de resultados y el balance de situación.

Capítulo 1

¿Por qué son importantes la contabilidad y las finanzas?

En este capítulo

- Qué es la contabilidad
- Entender en qué consisten las finanzas
- Conocer el significado de la regulación contable

¿Qué es la contabilidad?

La *contabilidad* es una parte de la economía que se encarga de obtener información financiera interna y externa sobre las empresas para poder permitir su control y la adecuada toma de decisiones.

La misión de la *contabilidad financiera*, o contabilidad externa, es obtener la información del patrimonio de la empresa y de sus resultados. Es una información de gran interés para los directivos y empleados, y también para usuarios externos como los accionistas, la Administración, los bancos o los proveedores.

La *contabilidad de gestión*, o contabilidad interna, comprende la *contabilidad de costes*, los presupuestos y los indicadores. Se trata de información imprescindible para controlar la marcha de la empresa y mejorar los resultados.

En las empresas existen diversos puestos en los que trabajan personas que se dedican a la contabilidad. Si se trata de una empresa pequeña, la persona responsable de la contabilidad es el contable. En empresas de mayor dimensión hay también un *controller*, que es el responsable de suministrar información a la Dirección y controlar los costes, presupuestos e indicadores. También puede existir el cargo de auditor interno, que es la persona que revisa si se cumplen las normas previstas y salvaguarda los bienes de la empresa.

Además, las empresas medianas y grandes están obligadas a auditar sus cuentas. La *auditoría de cuentas* consiste en la revisión de éstas para comprobar que cumplen la normativa. Esta función es desarrollada por unos profesionales habilitados a tal fin, los auditores externos.

¿Qué son las finanzas?

Las *finanzas* son una parte de la economía que se encarga de la gestión y optimización de los flujos de dinero relacionados con las inversiones, la financiación, y los demás cobros y pagos. Entre los principales objetivos de las finanzas están el maximizar el valor de la empresa y garantizar que se pueden atender todos los compromisos de pago. Para conseguir estos objetivos, los responsables de las finanzas de la empresa evalúan continuamente las mejores inversiones y la financiación más adecuada.

En las empresas existen diversos puestos en los que trabajan personas que se dedican a las finanzas. Si se trata de una empresa pequeña, la persona responsable de las finanzas suele ser o bien el propio contable o bien el gerente. A medida que aumentan las dimensiones de la empresa se afianza la existencia del director financiero, del que depende la persona responsable de la tesorería.

Diferencias entre contabilidad y finanzas

RECUERDA

Como ya he indicado, la contabilidad se encarga de obtener información económica interna y externa de la empresa. Esta información es objeto de análisis y de planificación para saber cómo está funcionando la empresa y tener más datos sobre sus perspectivas de futuro. De esta forma, se pueden mejorar las finanzas de la empresa que incluyen las decisiones sobre inversión y financiación (mira la figura 1-1).

Por lo tanto, la contabilidad obtiene información que se utiliza, entre otras finalidades, para dirigir las finanzas.

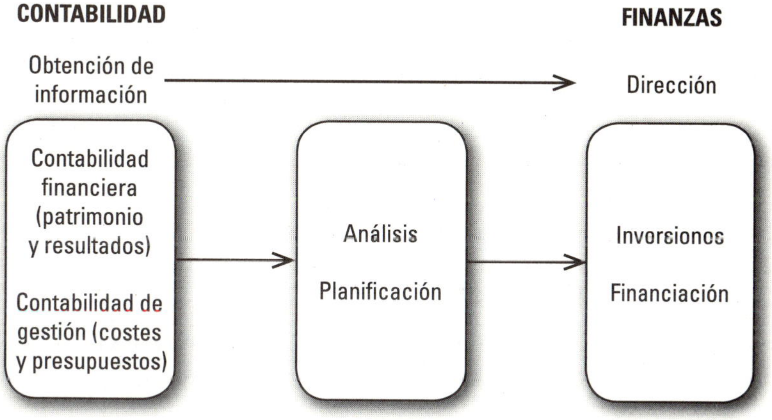

Figura 1-1: Relaciones entre contabilidad y finanzas

En las empresas pequeñas, la contabilidad y las finanzas suelen estar a cargo de la misma persona. En cambio, en una empresa mediana o grande, el responsable de contabilidad suele depender jerárquicamente del director financiero.

¿Por qué existe la regulación contable?

La contabilidad externa está regulada para garantizar que las empresas suministren información fiable. La contabilidad debe hacerse con claridad, de forma que la información suministrada sea comprensible y útil para los usuarios al tomar sus decisiones económicas, debiendo mostrar la imagen fiel del patrimonio, de la situación financiera y de los resultados de la empresa, de conformidad con las disposiciones legales.

Así, en el ámbito internacional existen las Normas Internacionales de Información Financiera (NIIF). Estas normas se utilizan en la mayoría de los países y las regula el Consejo Internacional de Normas Contables (International Accounting Standards Board), con sede en Londres.

En España, las empresas que cotizan en bolsa están obligadas a utilizar estas normas. El resto de empresas españolas utilizan el Plan General de Contabilidad, que se basa en las NIIF.

Tanto las NIIF como el Plan General de Contabilidad regulan los principios contables (explicados en el capítulo 3), las normas de valoración (también se explican en el capítulo 3) y los estados contables (en los capítulos 2 y 3).

Importancia de la contabilidad y las finanzas

La contabilidad permite contestar preguntas de gran importancia para las empresas:

- ¿Está la empresa saneada desde el punto de vista económico?
- ¿Será posible atender las deudas?
- ¿Se gana dinero con los productos que se venden?
- ¿Cuánto cuesta una unidad de producto?
- ¿Cuánto cuesta un determinado departamento de la empresa?
- ¿Se ganará dinero el año próximo?
- ¿Es viable la empresa?
- ¿Ofrece la empresa suficiente solvencia ante los bancos?

Hace unos pocos años cerró una empresa porque perdía mucho dinero. Aunque parezca imposible, resulta que cuanto más vendía, más dinero perdía. En realidad, lo que le ocurrió fue que no conocía el coste de los productos que vendía. Este desconocimiento hizo que fijase un precio de venta de los productos que era más bajo que los costes de éstos. Por lo tanto, cada vez que hacía una venta perdía dinero. En este caso, el error fue no calcular los costes de los productos vendidos.

Con las finanzas se puede dar respuesta a otros temas de gran relevancia:

- ✔ ¿Es rentable una determinada inversión?
- ✔ ¿Cuál es la mejor alternativa entre varias opciones de inversión?
- ✔ ¿Está la empresa bien financiada?
- ✔ ¿Es mejor financiarse con deuda o con capital de los accionistas?
- ✔ ¿Qué dividendo conviene repartir?

Una empresa pidió un préstamo a un banco, y éste no se lo concedió. El propietario de la empresa no entendió por qué le habían denegado el préstamo. Sin embargo, se trataba de una empresa que estaba muy endeudada y tenía grandes problemas de liquidez, con lo que acumulaba muchas deudas vencidas. En este caso, se habían financiado mal diversas inversiones, con lo que la empresa acabó cerrando al no poder cumplir sus compromisos. Estos problemas se habrían podido evitar si la financiación se hubiera gestionado de una manera correcta.

El proceso de comprender lo fundamental de la contabilidad y las finanzas

A veces se dice que ciertas aptitudes ya se tienen al nacer. La contabilidad y las finanzas no son de este tipo de capacidades. Si alguien tiene conocimientos de contabilidad y de finanzas es porque los ha estudiado. Nadie nace sabiendo contabilidad o finanzas.

Se trata de materias que conviene aprender siguiendo un proceso secuencial:

- ✔ Primero conviene comprender el significado de la cuenta de resultados y del balance.
- ✔ Acto seguido conviene comprender cómo se calculan los costes.

- ✔ A continuación se pueden estudiar las técnicas de análisis de balances y de cuentas de resultados.
- ✔ Posteriormente veremos cómo se preparan los presupuestos. En este momento se puede comprender cómo se hace un plan financiero a varios años.
- ✔ Por último tendremos las bases suficientes para comprender los fundamentos de las inversiones y la financiación.

Con el proceso secuencial expuesto se pueden entender las claves de la contabilidad y las finanzas.

Capítulo 2

El resultado de la empresa

En este capítulo

- Los ingresos
- Los gastos
- El resultado
- La cuenta de resultados

Uno de los objetivos principales de la mayoría de las empresas es ganar dinero o, en otras palabras, generar riqueza. Para ello hay que obtener beneficios, lo que implica que el resultado debe ser positivo. En el caso de las empresas sin ánimo de lucro la obtención de beneficios no es un objetivo fundamental, aunque es importante que el resultado no sea demasiado negativo. En este capítulo entenderás en qué consiste el resultado, cómo se calcula y cómo se presenta la cuenta de resultados.

Los ingresos

Las empresas intentan aumentar su riqueza vendiendo productos o servicios a sus clientes, y les cobran por ello. Así, se generan las ventas, que son los ingresos principales. Los *ingresos* son aquellas operaciones que aumentan la riqueza de la empresa. Además de los ingresos por ventas se pueden producir ingresos por otros conceptos, tales como los intereses que se perciben de los bancos por las inversiones que efectúa la empresa.

Los principales tipos de ingresos son:

- **Ingresos de explotación.** Se generan con la actividad típica de la empresa:
  - **Ventas.** Son las facturas que se realizan cuando se entregan bienes o servicios a los clientes.
  - **Subvenciones a la explotación.** Suele concederlas la Administración para incentivar la realización de determinadas actividades; por ejemplo, promover las exportaciones de la empresa.
  - **Arrendamientos** de inmuebles que son propiedad de la empresa.
  - **Comisiones** por la realización de servicios. Por ejemplo, cuando la empresa realiza servicios de intermediación suele percibir comisiones por ello.
- **Ingresos excepcionales.** Son ingresos no relacionados con la actividad típica de la empresa.
  - **Venta de inmuebles.** Cuando la empresa no tiene como actividad principal la compraventa de inmuebles, estos ingresos son de carácter excepcional.
- **Ingresos financieros.** Están relacionados con la actividad financiera de la empresa y se generan con las inversiones realizadas. Un ejemplo son los intereses percibidos por una empresa que tiene una cuenta corriente en un banco.

Todas las empresas intentan aumentar sus ingresos, ya que así pueden mejorar el resultado.

Los gastos

Los *gastos* son consecuencia de los esfuerzos que hacen las empresas por conseguir ingresos. Los gastos reducen la riqueza de las empresas. Para poder vender productos o servicios hay que incurrir en gastos como los salarios de los empleados o la adquisición de materias primas, por ejemplo.

Los principales tipos de gastos son:

- **Gastos de explotación.** Se generan con la actividad propia de la empresa:

   - Consumo de materias primas. Es el importe que se debe pagar a los suministradores de los artículos que ha consumido la empresa.
   - Arrendamientos de los locales que utiliza la empresa.
   - Reparaciones.
   - Servicios de profesionales independientes. Corresponden a los honorarios de consultores, auditores y otros profesionales que prestan servicios a la empresa.
   - Transportes.
   - Primas de seguros.
   - Publicidad, propaganda y relaciones públicas.
   - Suministros. Agua, gas, electricidad y teléfono.
   - Gastos generales. Son el material de oficina y otros gastos varios.
   - Tributos. Son los impuestos que se pagan al Estado y otros organismos oficiales.
   - Gastos de personal. Sueldos y cuotas de la Seguridad Social de los empleados de la empresa.
   - Desgaste de las instalaciones, mobiliario y maquinaria. Se trata de la pérdida de valor de estos elementos, y se produce por el uso o por el paso del tiempo.

- ✔ **Gastos excepcionales.** Son gastos no relacionados con la actividad propia de la empresa. Por ejemplo, las pérdidas por la venta de inmuebles.
- ✔ **Gastos financieros.** Son los intereses y comisiones que cobran los bancos y otras instituciones financieras por los préstamos que dan o por los servicios financieros que prestan.

Todas las empresas intentan reducir sus gastos, ya que así pueden mejorar el resultado.

El resultado

Como consecuencia de las operaciones que realiza la empresa, se producen unos ingresos y unos gastos de cuya diferencia surge el *resultado del ejercicio.*

El período de cálculo del resultado suele ser de doce meses. Por lo tanto, cuando se habla de ejercicio contable se entiende que se refiere al período de un año. De todas formas, también puede calcularse el resultado para plazos de tiempo inferiores, como un mes o un trimestre.

El resultado es la diferencia entre los ingresos y los gastos:

Resultado = Ingresos – Gastos

Si los ingresos superan a los gastos, el resultado es positivo (beneficio). En caso contrario, el resultado es negativo (pérdida):

Ingresos mayores que gastos = Beneficio

Ingresos menores que gastos = Pérdida

Si una empresa tiene unos ingresos de 200 euros y unos gastos de 80 euros, el resultado obtenido será un beneficio de 120 euros.

Resultado = Ingresos – Gastos = 200 – 80 = 120€

En cambio, si los ingresos son de 300 euros y los gastos ascienden a 410 euros, el resultado será una pérdida de 110 euros.

Resultado = Ingresos – Gastos = 300 – 410 = 110€

Consumo de materiales

Durante el ejercicio la empresa compra materiales a sus proveedores. Estas operaciones se denominan compras o aprovisionamientos. Sin embargo, el gasto denominado consumo de materiales no suele coincidir con las compras, ya que al final del ejercicio quizá no se ha consumido todo lo que se ha comprado. Para calcular el consumo de materiales, a partir de las compras, hay que tener en cuenta el valor de las existencias de materiales al principio y al final del período.

El consumo de materiales es igual a las compras más las existencias iniciales y menos las existencias finales:

+ Compras
+ Existencias iniciales de materiales
- Existencias finales de materiales
= Consumo de materiales

Si, al principio del año, una empresa tenía unas existencias iniciales de materiales valoradas en 200 000 euros, las compras del período han ascendido a 5 600 000 euros y el valor de las existencias finales es de 5 000 000 de euros, el coste de los materiales consumidos será igual a 800 000 euros:

+ Compras	+ 5 600 000 €
+ Existencias iniciales de materiales	+ 200 000 €
- Existencias finales de materiales	- 5 000 000 €
= Consumo de materiales	+ 800 000 €

En este caso, la empresa ha consumido el importe de las compras (5 600 000 euros) menos el aumento de las existencias (4 800 000 euros), que se calcula mediante la diferencia entre las existencias iniciales y las finales.

Si otra empresa tenía unas existencias iniciales de materiales valoradas en 200 000 euros, las compras del período han ascendido a 600 000 euros y el valor de adquisición de las existencias finales es de 150 000 euros, el coste de los materiales consumidos será igual a 650 000 euros:

+ Compras	+ 600 000 €
+ Existencias iniciales	+ 200 000 €
- Existencias finales	- 150 000 €
= Coste de los materiales consumidos	+ 650 000 €

En este caso, la empresa ha consumido el importe de las compras (600 000 euros) más la reducción de las existencias (50 000 euros) mediante la diferencia entre las existencias iniciales y las finales.

La amortización

La *amortización* refleja el desgaste que sufren la maquinaria y otros elementos propiedad de la empresa, tales como vehículos, ordenadores, instalaciones o edificios. Se trata de elementos que están en la empresa varios años, pero que por el paso del tiempo o por su uso, se van desgastando. Periódicamente, como mínimo una vez al año, se ha de valorar el gasto que supone la amortización. De esta forma, se incluye entre los gastos a los que hacen referencia al desgaste de estos elementos propiedad de la empresa.

El método de amortización más usado es el lineal, que consiste en calcular la cuota anual de amortización dividiendo el valor amortizable del activo por su número de años de *vida útil*, que son los años de vida de un bien:

$$\text{Cuota anual de amortización} = \frac{\text{Valor amortizable}}{\text{Número de años de vida útil}}$$

Dado que el *valor amortizable* es igual al valor de adquisición del bien menos el valor al final de su vida útil, que se denomina *valor residual*:

$$\text{Cuota anual de amortización} = \frac{\text{Valor de adquisición} - \text{Valor residual}}{\text{Número de años de vida útil}}$$

La amortización es un gasto y, por lo tanto, reduce el beneficio de la empresa. De todas maneras es un gasto que no se paga, ya que se trata de un cálculo interno que tiene en cuenta que bienes como las máquinas, los inmuebles o las instalaciones, por ejemplo, no duran toda la vida, sino que se gastan. Además, tarde o temprano habrá que sustituir estos bienes, sobre todo las máquinas y las instalaciones.

Si una máquina se compró por 2 500 000 euros y va a tener un valor residual de 500 000 euros al final de una vida útil de diez años, se amortizará a razón de 200 000 euros anuales:

$$\text{Cuota anual} = \frac{2\,500\,000 - 500\,000}{10} = 200\,000\ €$$

De acuerdo con estos datos, la empresa ha de amortizar un total de 2000000 de euros durante diez años. Por lo tanto, la amortización anual ascenderá a 200000 euros.

A pesar de que el sistema de amortización más utilizado es el lineal, hay empresas que utilizan sistemas crecientes, que consisten en que se empieza amortizando poco y, a medida que pasan los años, la cuota de amortización va creciendo. En cambio, otras empresas optan por el sistema decreciente, que consisten en que se empieza amortizando mucho y, a medida que pasan los años, la cuota de amortización va decreciendo. Lo importante a la hora de decidir el sistema de amortización que utilizar es tener en cuenta si el desgaste es lineal, creciente o decreciente. De esta forma, la amortización reflejará con mayor fidelidad lo que le ocurre realmente a la empresa.

La cuenta de resultados

Para calcular el resultado se utiliza la *cuenta de resultados*, también denominada *cuenta de pérdidas y ganancias* o *estado de resultados*.

La cuenta de resultados informa de cómo la empresa obtiene el resultado:

Resultado = Ingresos – Gastos

Se calcula la cuenta de resultados de una empresa que ha tenido los siguientes ingresos y gastos durante el período recién finalizado:

Consumo de materiales	50000 €
Amortizaciones	10000 €
Sueldos	15000 €
Gastos financieros	2000 €
Gastos generales	8000 €
Ventas	90000 €

La cuenta de resultados del período está reflejada en la tabla 2-1.

Tabla 2-1: Cuenta de resultados (datos en euros)

Ventas	+90 000
✔ Consumo de materiales	-50 000
✔ Amortizaciones	-10 000
✔ Gastos generales	-8000
✔ Sueldos	-15 000
✔ Gastos financieros	-2000
Beneficio	+5000

Ordenación de la cuenta de resultados

La cuenta de resultados se suele presentar en forma de lista, y clasificando los ingresos y gastos, tal y como sigue:

- ✔ **Ingresos de explotación.** Son los ingresos de la actividad propia de la empresa:
  - Ventas netas. Incluyen los ingresos por la actividad propia de la empresa de los que se deducen los descuentos y bonificaciones en factura y los impuestos sobre dichas ventas. También se denomina importe neto de la cifra de negocios.
- ✔ **Gastos de explotación.** Son los gastos correspondientes a la actividad propia de la empresa:
  - Consumo de materiales que se calcula a partir de las compras y de la variación de existencias.
  - Salarios y Seguridad Social de los empleados.
  - Servicios exteriores. Alquiler de las oficinas de la empresa, reparaciones, etc.
  - Suministros. Agua, gas, electricidad, teléfono, etc.

   - Tributos. Incluye todos los impuestos que paga la empresa, a excepción del impuesto sobre el beneficio que se ubica más abajo.
   - Amortizaciones de las máquinas, instalaciones, vehículos, ordenadores, etc.
   - Otros ingresos y gastos. Son todos los ingresos y gastos propios de la actividad propia de la empresa que no se pueden incluir en ninguno de los grupos que se están estudiando en este punto. Por ejemplo, subvenciones del Ayuntamiento, ingresos del economato de la empresa, etc.

- ✔ **Ingresos y gastos excepcionales.** Son aquellos ingresos o gastos que no están relacionados con la actividad propia de la empresa.
   - En este apartado se incluyen los ingresos procedentes de la venta de inmuebles, en caso de que la empresa no se dedique a la actividad inmobiliaria.
- ✔ **Gastos e ingresos financieros.** Incluyen todos los gastos e ingresos financieros de la empresa. Así, no sólo se deben agrupar los gastos bancarios (intereses y comisiones), sino también los intereses financieros cobrados por la empresa, el coste de los timbres de los efectos comerciales, etc.
- ✔ **Impuesto sobre beneficios.** Es el impuesto sobre el beneficio del período, que es distinto del resto de tributos que paga la empresa y que suelen tener la consideración de gastos de explotación.

El impuesto sobre el valor añadido no suele tener la consideración de gasto (el IVA soportado que paga la empresa cuando compra algo a otra empresa) ni de ingreso (el IVA repercutido que cobra la empresa cuando vende algo a sus clientes).

Por otro lado, las retenciones en concepto de impuesto de la renta de las personas físicas (IRPF) están incluidas en los salarios.

A partir de los conceptos anteriores se ordena la cuenta de resultados, tal como se ve en la tabla 2-2.

Tabla 2-2: Ordenación de la cuenta de resultados

+ Ventas netas
– Consumo de materiales
– Salarios y Seguridad Social
– Servicios exteriores
– Suministros
– Tributos
– Amortizaciones
– Ingresos y gastos excepcionales
= Resultado de explotación
– Gastos e ingresos financieros
= Resultado antes de impuestos
– Impuesto sobre beneficios
= Beneficio neto

En la tabla 2-3 puedes ver una cuenta de resultados con el fin de clarificar más los conceptos anteriores.

Tabla 2-3: Ejemplo de cuenta de resultados (datos en euros)

	Año 1
Ventas	+ 1 155 023
Consumo de materiales	– 915 649
Salarios	– 95 315
Otros gastos de explotación	– 63 661
Amortización del inmovilizado	– 22 162
Gastos financieros	– 1951
Resultado antes de impuestos	56 285
Impuesto sobre beneficios	– 14 426
Beneficio neto	41 859

En la cuenta de resultados anterior se comprueba que se trata de una empresa que ha generado un resultado positivo (beneficio) de 41 859 euros, ya que las ventas son superiores al conjunto de los gastos.

La cuenta de resultados en las Normas Internacionales de Información Financiera

Cuando la empresa utiliza las Normas Internacionales de Información Financiera (NIIF), porque se trata de un grupo que cotiza en bolsa, la cuenta de resultados debe incluir, básicamente, las siguientes partidas:

- ✔ Ingresos.
- ✔ Resultado de explotación.
- ✔ Gastos financieros.
- ✔ Participación en resultados de empresas filiales.
- ✔ Gasto por el impuesto sobre beneficios.
- ✔ Resultados de las *actividades ordinarias.*
- ✔ Resultado neto del período.

Los gastos se desglosan, o bien por naturaleza o bien por función.

- En el desglose de gastos por naturaleza, los gastos se agrupan en la cuenta de resultados según su naturaleza (por ejemplo amortización, compras de materias primas, costes de transporte, sueldos y salarios, costes de publicidad) y no se distribuyen atendiendo a las diferentes funciones que se desarrollan en la empresa. Un ejemplo simplificado de cuenta de resultados con el desglose de los gastos por naturaleza es el que puedes ver en la tabla 2-4.

Tabla 2-4: Modelo de cuenta de resultados de las NIIF con los gastos clasificados por naturaleza

Ingresos	+x
Otros ingresos de explotación	+x
Consumos de materias primas	−x
Gastos de personal	−x
Amortización	−x
Otros gastos de explotación	−x
Resultado	x

- El desglose de los gastos por función separa la parte de consumo de materiales de las actividades de distribución y administración. La diferencia entre los ingresos y el consumo de materiales se denomina *margen bruto*. Un ejemplo simplificado de cuenta de resultados con el desglose por función es el que puedes ver en la tabla 2-5.

Tabla 2-5: Modelo de cuenta de resultados de las NIIF con los gastos clasificados por función

Ingresos	+x
Consumo de materiales	−x
Margen bruto	+x
Otros ingresos de explotación	+x
Gastos de distribución	−x
Gastos de administración	−x
Otros gastos de explotación	−x
Resultado	x

Cuando se desglosen los gastos por función se deberá dar información sobre la naturaleza de los gastos, incluyendo al menos la cantidad de gastos de personal y de *amortización*.

Las empresas que utilizan las NIIF pueden elegir el formato que deseen, ya sea el de los gastos por naturaleza o el de los gastos por función.

La tabla 2-6 presenta un ejemplo de modelo de cuenta de resultados en la que los gastos se presentan por naturaleza.

Tabla 2-6: Modelo de cuentas de resultados de las NIIF con gastos por naturaleza

	Año 2	*Año 1*
Ingresos	+X	+X
+ Otros ingresos de explotación	+X	+X
– Consumos de materias primas	–X	–X
– Gastos de personal	–X	–X
– Amortización	–X	–X
– Otros gastos de explotación	–X	–X
Resultado de explotación	+X	+X
+ Ingresos financieros	+X	+X
– Gastos financieros	–X	–X
Resultado antes de impuestos	X	X
– Impuesto sobre beneficios	–X	–X
Resultado neto del período	+X	+X

La cuenta de resultados en el Plan General de Contabilidad

El Plan General de Contabilidad, utilizado por las empresas que no aplican las NIIF, incluye modelos de los diferentes estados contables. El modelo de cuenta de resultados, como se ve en la tabla 2-7, desglosa los gastos por naturaleza. La cuenta de resultados se inicia con el importe neto de la cifra de negocios, que corresponde a las ventas realizadas menos los descuentos que ha realizado la empresa.

A continuación se restan los diferentes gastos para llegar al resultado de explotación. Después se suman los ingresos financieros y se restan los gastos financieros para llegar al resultado antes de impuestos. A continuación se restan los impuestos sobre beneficios; así se obtiene el resultado del ejercicio.

El consumo de materiales se obtiene mediante la diferencia entre las compras (o aprovisionamientos) y la variación de existencias.

Tabla 2-7: Modelo de cuenta de resultados del PGC

	Año 2	*Año 1*
Importe neto de la cifra de negocios		
– Consumo de materiales		
– Otros ingresos de explotación		
– Gastos de personal		
– Otros gastos de explotación		
– Amortización		
– Gastos e ingresos excepcionales		
(A) Resultado de explotación		
+ Ingresos financieros		
– Gastos financieros		
(B) Resultado financiero		
Resultado antes de impuestos (a+b)		
– Impuestos sobre beneficios		
Resultado del ejercicio		

En la tabla 2-8 puedes ver un ejemplo de las cuentas de resultados de los dos últimos ejercicios de una empresa que utiliza el Plan General de Contabilidad.

Tabla 2-8: Cuentas de resultados de una empresa que utiliza el Plan General de Contabilidad (datos en euros)

	Año 2	*Año 1*
Ingresos de explotación	**+51 751 879**	**+ 49 484 017**
Importe neto de la cifra de negocios	49 317 117	46 467 054
Gastos de explotación	**– 48 035 433**	**– 43 587 989**
Consumo de materiales	– 1 253 204	– 1 580 197
Gastos de personal	– 26 242 528	– 23 619 033
Otros gastos de explotación	– 15 082 878	– 13 209 338
Amortización	– 5 396 153	– 5 233 643
Resultados excepcionales por ventas de inmovilizado	– 60 670	54 222
Resultado de explotación	**3 716 446**	**5 896 028**
Resultado financiero	**– 1 273 643**	**– 1 948 529**
Resultado antes de impuestos	**2 442 803**	**3 947 499**
Impuesto sobre beneficios	– 766 343	1 156 920
Resultado del ejercicio	**1 676 460**	**5 104 419**

En la tabla 2-8 se puede comprobar que:

- Las cuentas de resultados se refieren a los ejercicios 1 y 2.
- Los gastos están agrupados por naturaleza.
- Los gastos de explotación han aumentado de manera considerable, sobre todo los de personal y otros gastos de explotación. En cambio, el consumo de materiales se ha reducido.

- ✔ Las ventas han aumentado.
- ✔ Todos los resultados se han reducido, tanto el de explotación como el resultado antes de impuestos y el del ejercicio.

En la tabla 2-9 puedes ver las cuentas de resultados de los dos últimos ejercicios de una empresa que utiliza las NIIF. En este caso los gastos se han clasificado por naturaleza. Se trata de una empresa que ha incrementado de manera considerable las ventas del año 1 al año 2. También ha conseguido dejar de perder dinero, ya que en el año 2 ha registrado beneficios.

Tabla 2-9: Cuentas de resultados de una empresa que usa las Normas Internacionales de Información Financiera (datos en euros)

	Año 2	*Año 1*
Ingresos de explotación	**+1 857 414**	**+934 899**
Importe neto de la cifra de negocios (ventas)	+1 845 655	+921 829
Aumento de existencias de productos acabados y en curso	+0	+5600
Trabajos efectuados por la empresa para su inmovilizado	+285	+460
Otros ingresos de explotación	+11 474	+7010
Gastos de explotación	**–1 778 506**	**–886 717**
Reducción de existencias de productos acabados y en curso	–35 823	–
Consumos de materiales	–959 652	–469 456
Gastos de personal	–351 117	–155 328
Amortizaciones del inmovilizado	–56 877	–27 851
Deterioros de saldos de clientes	–2173	–1356
Otros gastos de explotación	–372 864	–232 726
Beneficio de explotación	**+78 908**	**+48 182**
Ingresos financieros	+10 549	+30 760
Ingresos de créditos	–	–

Tabla 2-9: ***(continuación)***

	Año 2	*Año 1*
Otros intereses	4422	7042
Diferencias positivas de cambio	6127	23718
Gastos financieros	70436	49483
Gastos financieros de préstamos	38518	18794
Otros gastos financieros	23582	4227
Pérdidas en inversiones financieras	1418	1449
Diferencias negativas de cambio	6918	25013
Resultados financieros	**–59887**	**–18723**
Deterioro de activos	–	–3000
Participaciones en beneficios de filiales	–19	–202
Resultados por venta de activos no corrientes	–	–
Resultado antes de impuestos	**19002**	**26257**
Impuesto sobre beneficios	–2293	–12848
Resultado procedente de actividades ordinarias	16709	13409
Resultado de operaciones discontinuadas	–2360	–18589
Resultado del ejercicio	**14349**	**–5180**

A continuación se explica el contenido de alguna de las cuentas que no han aparecido en ejemplos anteriores:

- ✔ Aumento de existencias de productos acabados y en curso: en este caso, en lugar de incluir la variación de estas existencias en el consumo de materiales, se ponen por separado en los ingresos.
- ✔ Trabajos efectuados por la empresa para su inmovilizado: se trata de gastos que la empresa ha utilizado para construir activos no corrientes. Por ejemplo, son los salarios de los operarios que han construido un almacén. Como los salarios se contarán en la partida de gastos de personal, el mismo importe se considera como un ingreso, ya que la empresa ha aumentado el valor de su activo.

- Reducción de existencias de productos acabados y en curso: al igual que se ha hecho con el aumento de existencias, en lugar de incluir la reducción de estas existencias en el consumo de materiales, se ponen por separado en los gastos.
- Deterioros de saldos de clientes. Pérdidas que suponen los saldos morosos de clientes.
- Beneficio de explotación. Es el resultado antes de los resultados financieros.
- Diferencias positivas de cambio. Beneficios producidos en operaciones con divisas.
- Pérdidas en inversiones financieras. Pérdidas de valor en acciones y otras inversiones financieras.
- Diferencias negativas de cambio. Pérdidas producidas en operaciones con divisas.
- Deterioro de activos. Pérdidas de valor en activos no corrientes.
- Participaciones en beneficios de filiales. Dividendos recibidos de filiales de la empresa.
- Resultados por venta de activos no corrientes. Beneficios o pérdidas producidos en la venta de inmuebles y otros activos no corrientes.
- Resultado procedente de actividades ordinarias. Resultado antes de las operaciones discontinuadas. Es el resultado de la actividad propia de la empresa.
- Resultado de operaciones discontinuadas. Beneficios o pérdidas producidos en actividades que la empresa ya ha decidido dejar de hacer. Puede referirse a filiales que se ha decidido cerrar o líneas de negocio que ya no continuarán.

EJEMPLO

En la tabla 2-10 puedes ver las cuentas de resultados de los dos últimos ejercicios de una empresa que utiliza las NIIF. En este caso, los gastos se han clasificado por función. Así, comprobarás que los gastos de explotación se han dividido entre gastos de producto, gastos de comercialización y gastos de administración.

Se trata de una empresa que ha incrementado de manera considerable el beneficio del año 1 al año 2, con una ligera reducción de las ventas.

Tabla 2-10: Cuentas de resultados de una empresa que usa las Normas Internacionales de Información Financiera (datos en euros)

	Año 2	*Año 1*
Ventas netas	+934 409	+937 612
Otros ingresos	+67 291	+78 264
Ingresos netos	1 001 700	1 015 876
Gastos de producción	–303 967	–337 622
Margen bruto	–697 732	–678 254
Gastos de comercialización	999	–6820
Margen comercial	696 734	671 434
Gastos de administración	+149 156	+137 649
Gastos generales	+201 389	+199 743
Otros resultados	2128	915
Beneficio antes de intereses, impuestos y amortizaciones (EBITDA)	**348 317**	**334 957**
Amortizaciones	–20 173	–30 261
Beneficio antes de intereses e impuestos (EBIT)	**328 144**	**304 696**
Ingresos financieros	+4789	+5329
Gastos financieros	–5899	–36 749
Diferencias de cambio	1248	538
Beneficios (pérdidas) en inversiones financieras	683	–39
Resultados financieros	**821**	**–30 921**
Participaciones en beneficios de filiales	–110	+49
Resultado ordinario	**328 855**	**273 824**
Resultado de operaciones discontinuadas	63 441	32
Beneficio antes de impuestos (BAI)	**394 295**	**273 857**
Impuesto de beneficios	104 578	73 824
Resultado	**289 717**	**200 033**

A continuación se explica el contenido de alguna de las cuentas, que no han aparecido en ejemplos anteriores:

- Gastos de producción. Gastos de producción de los productos que vende la empresa. Incluyen los consumos de materiales y otros gastos de producción como la mano de obra de fábrica.
- Margen bruto. Diferencia entre las ventas y los gastos de producción.
- Gastos de comercialización. Gastos de venta de los productos. Incluyen conceptos como las comisiones de los vendedores.
- Margen comercial. Diferencia entre las ventas y los gastos producción y comercialización.
- Gastos de administración. Comprenden los sueldos y otros gastos de la administración de la empresa.
- Beneficio antes de intereses, impuestos y amortizaciones. A menudo representado como EBITDA, por las siglas en inglés (Earnings Before Interest, Taxes, Depreciation and Amortization). Informa de la capacidad de generación de beneficios, sin tener en cuenta los intereses, los impuestos y las amortizaciones. Se utiliza cuando se quiere evaluar una empresa al margen de la política financiera, fiscal y de las amortizaciones.
- Beneficio antes de intereses e impuestos. A menudo representado como EBIT, por las siglas en inglés (Earnings Before Interest and Taxes). Informa de la capacidad de generar beneficios antes de los intereses y los impuestos.

Capítulo 3

El patrimonio de la empresa (balance de situación)

En este capítulo

- Los activos
- Los pasivos
- El patrimonio neto
- El balance de situación
- Principios contables
- Memoria
- Informe de auditoría

Una vez que se conoce la cuenta de resultados, el otro documento contable fundamental es el balance que informa de la situación patrimonial de la empresa. El objetivo de este capítulo es comprender el balance de situación, así como los elementos que lo integran (activos, pasivos y patrimonio neto) y los criterios de ordenación del balance.

Los activos

Los *activos* son bienes y derechos propiedad de la empresa. Ejemplos de activos son los edificios, las mercancías en el almacén, el dinero que deben los clientes por las ventas efectuadas y el dinero en cuentas corrientes bancarias.

Los activos representan las inversiones que ha efectuado la empresa y se dividen en:

- ***Activo no corriente.*** Son aquellos activos que han de permanecer en la empresa más de doce meses, o sea, se mantienen más allá del corto plazo, que es un año. El activo no corriente se denomina también inmovilizado o fijo y se divide en:
  - ***Inmovilizado material.*** Terrenos, edificios, maquinaria, instalaciones, mobiliario, vehículos, ordenadores, etc.
  - ***Inmovilizado intangible.*** Son elementos no materiales que representan derechos que tiene la empresa en relación con patentes, marcas o similares.
  - ***Inmovilizado financiero.*** Son inversiones financieras a largo plazo, como las inversiones en empresas del grupo, por ejemplo.
- ***Activo corriente.*** Son aquellos activos que deben permanecer en la empresa menos de doce meses. O sea, sólo están en la empresa a corto plazo. El activo corriente suele dividirse en existencias, realizable y disponible:
  - ***Existencias.*** Constituidas por las mercancías, productos terminados, productos en curso, materias primas, materias auxiliares, materias para consumo, materias para reposición, embalajes y envases.
  - ***Realizable.*** Son todos los bienes y derechos a corto plazo que no forman parte ni de las existencias ni del disponible. Ejemplos de realizables son los saldos de clientes. También incluye los *deudores*, que son derechos que tiene la empresa por un concepto distinto al de las ventas, ya que esto corresponde a los clientes. Ejemplos de deudores son los anticipos al personal. Otras partidas que se contabilizan en el realizable son los anticipos a proveedores y los pagos a cuenta de impuestos.
  - ***Disponible.*** Dinero en caja y cuentas corrientes bancarias.

Los pasivos

Los *pasivos* son las deudas de la empresa. Ejemplos de pasivos son los préstamos bancarios, los saldos pendientes de pago a proveedores, y las deudas en concepto de impuestos y Seguridad Social.

Los pasivos indican de dónde ha obtenido la empresa la financiación y se dividen en:

- ***Pasivo no corriente.*** Son las deudas con vencimiento a largo plazo. Es decir, que tienen un vencimiento más allá de los doce meses.
- ***Pasivo corriente.*** Son las deudas con vencimiento a corto plazo; o sea, vencen a un plazo inferior a un año. En este apartado se incluyen los proveedores, que también reciben la denominación de acreedores comerciales.

El patrimonio neto

La diferencia entre el total de los activos y el total de los pasivos es el *patrimonio neto*.

Por ejemplo, si una empresa tiene unos activos de 300 euros y unos pasivos de 200 euros, el patrimonio neto ascenderá a:

Patrimonio neto = Activos – Pasivos = 300 – 200 = 100 €

Dado que los activos son la inversión, y los pasivos son las deudas que financian esta inversión, el patrimonio es la parte de financiación que no se debe a nadie más que a los propios accionistas de la empresa.

De hecho, los activos son igual a la suma de los pasivos más el patrimonio neto:

Activos = Pasivos + Patrimonio neto

El patrimonio neto también recibe la denominación de recursos propios, fondos propios o capitales propios.

El patrimonio neto incluye el capital aportado por los accionistas y las reservas o beneficios no repartidos.

En definitiva, en el patrimonio neto se incluyen aquellos elementos de la financiación que no son deudas.

Balance de situación

El *balance de situación* es un estado contable que refleja la situación patrimonial de la empresa en un día concreto. Por lo tanto, deriva de los activos, los pasivos y el patrimonio neto.

Mientras la cuenta de resultados es como una película del resultado que ha generado la empresa durante un ejercicio, el balance es como una fotografía del patrimonio de la empresa en un día concreto. Por lo general, la cuenta de resultados se refiere a un período de doce meses. En cambio, el balance se refiere al último día del ejercicio, que suele ser el 31 de diciembre. Dicha situación se compone de los activos, los pasivos y el patrimonio neto.

La parte izquierda del balance se denomina activo y en ella se sitúan los activos que tiene la empresa.

La parte derecha del balance se denomina pasivo más patrimonio neto. En ella se contabilizan los pasivos y el patrimonio neto, como puedes ver en la tabla 3-1.

Tabla 3-1: Balance de situación

Activo	*Patrimonio neto más pasivo*
Bienes	Pasivos
(lo que la empresa tiene)	(lo que la empresa debe)
+ Derechos	+ Patrimonio neto
(lo que le deben a la empresa)	(aportaciones de los propietarios y beneficios no repartidos)

Una empresa presenta su balance de situación a 31 de diciembre, separando los bienes y derechos del patrimonio neto y pasivo. Dentro de los bienes y derechos aparecen una tesorería de 200 euros, unos terrenos por 100 euros, un saldo de clientes de 150 euros, inversiones financieras a largo plazo de 50 euros y activos no corrientes mantenidos para la venta por valor de 75 euros. En el otro lado del balance, dentro del pasivo y patrimonio neto aparecen deudas a largo plazo por 150 euros, pasivos vinculados con activos no corrientes mantenidos para la venta de 50 euros, el capital de la empresa es de 200 euros, proveedores por valor de 100 euros y acreedores a corto plazo de 75 euros El balance de situación quedaría confeccionado de la siguiente forma, tal y como se muestra en la tabla 3-2.

Tabla 3-2: Ejemplo de balance de situación (datos en euros)

Activo		***Patrimonio neto más pasivo***	
Tesorería	200	Deudas a largo plazo	150
Inversiones financieras a largo plazo	50	Pasivos vinculados con activos no corrientes mantenidos para la venta	50
Clientes	150	Capital social	200
Terrenos	100	Proveedores	100
Activos no corrientes mantenidos para la venta	75	Acreedores a corto plazo	75
Total activo	575	**Total patrimonio neto más pasivo**	575

Desde otro punto de vista, el activo refleja las inversiones que ha efectuado la empresa, mientras que el patrimonio neto más el pasivo representa de dónde han salido los fondos que han financiado dichas inversiones como se refleja en la tabla 3-3.

Tabla 3-3: La inversión y la financiación de la empresa

Activo	***Patrimonio neto más pasivo***
¿En qué ha invertido?	¿De dónde ha obtenido la financiación?

Como habrás oído a menudo, el balance siempre tiene que cuadrar, ya que el activo siempre debe ser igual a la suma del pasivo más el patrimonio neto.

Por lo general, los activos son mayores que los pasivos y, por lo tanto, el patrimonio neto es positivo. En cambio, cuando los activos son menores que los pasivos significa que la empresa tiene un patrimonio neto negativo. Esta situación se denomina *quiebra* e indica que la empresa tendrá dificultades para atender sus deudas.

Si una empresa tiene un activo total de 500 euros y un pasivo de 600 euros, el patrimonio neto resultante será de -100 euros Al ser un patrimonio neto negativo, se colocará debajo del activo en vez de colocarse encima del pasivo, como en la tabla 3-4.

Tabla 3-4: Ejemplo de patrimonio neto negativo (datos en euros)

Total activo 500	**Total pasivo** 600
Patrimonio neto 100	

Ordenación del balance de situación

Se acostumbra a presentar el balance de situación siguiendo unos determinados criterios de ordenación. Así, en España, se suelen ordenar las partidas del activo de menos a más liquidez, y las del patrimonio neto más pasivo de menos a más exigibilidad (como en la tabla 3-5). En cambio, en otros países, como Estados Unidos y la mayoría de los países latinoamericanos, se sigue el criterio opuesto, ya que el activo se ordena de más a menos liquidez, y el patrimonio neto más el pasivo de más a menos exigibilidad.

Tabla 3-5: Ordenación del balance de situación

Activo		*Patrimonio neto más pasivo*	
De menor a mayor liquidez ↓	Terrenos Caja	De menor a mayor exigibilidad ↓	Capital Proveedores
Los terrenos son los activos menos líquidos, y la caja es lo más líquido del balance.		En el patrimonio neto más pasivo, lo menos exigible es el capital y las deudas con los proveedores son de las más exigibles.	

Partiendo del ejemplo del balance de situación, que ya hemos visto en la tabla 3-2, se realizará la ordenación de las partidas dependiendo de su grado de liquidez, en el caso de los activos, y de su grado de exigibilidad, en el caso de los pasivos y patrimonio neto (mira la tabla 3-6).

Tabla 3-6: Ejemplo de ordenación del balance (datos en euros)

Activo		*Patrimonio neto más pasivo*	
Terrenos	100	Capital social	200
Inversiones financieras a largo plazo	50	Deudas a largo plazo	150
Activos no corrientes mantenidos para la venta	75	Pasivos vinculados con activos no corrientes mantenidos para la venta	50
Clientes	150	Acreedores corto plazo	75
Tesorería	200	Proveedores	100
Total activo	575	**Total patrimonio neto más pasivo**	575

El fondo de comercio

Uno de los inmovilizados intangibles que tienen muchas empresas es el denominado *fondo de comercio*, que es el valor de diversos activos intangibles como el prestigio, la imagen o la marca cuando la empresa lo adquiere a otra empresa.

El fondo de comercio sólo puede contabilizarse cuando la empresa lo haya comprado con anterioridad. El valor del fondo de comercio será igual a la diferencia entre lo que se pague al adquirir una empresa y su valor contable. El *valor contable de una empresa* se obtiene al restar las deudas (o pasivo) del activo, que coincide con el patrimonio neto. El valor contable de una empresa también se denomina *valor en libros* o *valor teórico de la empresa.*

Valor contable de una empresa = Activo - Deudas

El valor contable de una empresa que tiene un activo de 12 000 euros y unas deudas de 7000 euros ascenderá a 5000 euros. Fíjate en que que el valor contable coincide siempre con el patrimonio neto. Si otra empresa pagase 6000 euros por ésta que vale 5000 euros indicaría que existe un fondo de comercio de 1000 euros. El fondo de comercio refleja un valor adicional que tienen los diferentes activos intangibles que tiene la empresa (imagen, clientela, prestigio, etc.).

Amortización acumulada

En el capítulo 2 se ha explicado el concepto de amortización que refleja el desgaste de los activos no corrientes como edificios, maquinaria o instalaciones, por ejemplo. En la cuenta de resultados se refleja como un gasto la amortización anual. Este gasto se va acumulando en el balance y se denomina amortización acumulada. Se refleja en el activo reduciendo el valor del activo no corriente al que hace referencia.

Una empresa tiene una máquina que le ha costado 1000 euros y que tiene una vida útil de cinco años. La amortización anual, con el sistema lineal, asciende a 200 euros y la amortización acumulada irá aumentando cada año (se ve en la tabla 3-7).

Tabla 3-7: Ejemplo de amortización anual y amortización acumulada (datos en euros)

Año	*Gasto de amortización (incluido en la cuenta de resultados)*	*Amortización acumulada (incluida en el balance de situación)*
1	200	200
2	200	400
3	200	600
4	200	800
5	200	1000
Total	1000	

Veamos un ejemplo de balance de situación. El balance de situación de la tabla 3-8 es el de una empresa agroalimentaria. Observa que el activo se inicia con el activo no corriente y acaba con la tesorería. En cambio, el patrimonio neto más pasivo está ordenado de menor a mayor exigibilidad.

Tabla 3-8: Ejemplo de balance de situación de una empresa agroalimentaria (datos en euros)

	31 de diciembre año 1
Activo no corriente	**286 432**
Inmovilizado inmaterial	990
Inmovilizado material	270 987
Otros activos fijos	14 455
Activo corriente	**200 787**
Existencias	116 797
Clientes	52 841
Caja y bancos	31 49
Total activo	**487 219**

Tabla 3-8: ***(continuación)***

	31 de diciembre año 1
Patrimonio neto	**290772**
Capital suscrito	74992
Reservas	215780
Pasivo no corriente	**44427**
Préstamos bancarios a largo plazo	18042
Otras deudas a largo plazo	26385
Pasivo corriente	**152020**
Préstamos bancarios a corto plazo	0
Proveedores	122543
Deudas con la Seguridad Social	29477
Total pasivo y patrimonio neto	**487219**

Valoración de los activos

La correcta valoración de los activos es un requisito indispensable para que la información contenida en el balance sea fiable.

En principio, los activos se han de valorar a valor de coste o mercado, el que sea más bajo. El valor de coste es el de adquisición, y el valor de mercado es el precio medio que el mercado ofrece por dicho activo.

RECUERDA

Por lo tanto, el criterio general es que los activos se valoren siempre según su valor de adquisición, a menos que su valor de mercado sea más bajo que aquél. En este último caso se utilizará el valor de mercado.

A partir de esta idea general, a continuación, se concretan más los criterios de valoración de los principales activos:

- ✔ Inmovilizado material: Se debe valorar al valor de adquisición, deduciendo las amortizaciones practicadas. Así, las amortizaciones acumuladas aparecerán en el activo minorando el inmovilizado material. La amortización acumulada de un elemento del inmovilizado es el reconocimiento de que dicho elemento ha sufrido un desgaste.

En el valor de adquisición, además del importe de la factura del vendedor, se incluyen todos los gastos adicionales que se produzcan hasta su puesta en funcionamiento: transporte, aduana, instalación, montaje, etc.

- ✔ Inmovilizado intangible. Debe valorarse al valor de adquisición. Las amortizaciones de este tipo de activos también aparecerán en el activo minorando el inmovilizado intangible.
- ✔ Inversiones financieras. Se suelen valorar a valor de mercado, aunque si se trata de participaciones en empresas del grupo se valoran a valor de adquisición.
- ✔ Existencias. Se valoran a coste de adquisición o mercado, el más bajo de los dos.
- ✔ Clientes. Figurarán en el balance por su valor nominal pero si su vencimiento es superior a un año, se reflejarán por su valor actual. Sin embargo, se deducirán los deterioros por insolvencias que se hayan ido dotando. Los *deterioros por insolvencias* reflejan aquella parte de los saldos de clientes que son de dudoso cobro. Así, al igual que las amortizaciones acumuladas, los deterioros por insolvencias aparecerán en el activo minorando a las cuentas correspondientes.
- ✔ Pérdidas de ejercicios anteriores y del ejercicio último. Las pérdidas minoran el patrimonio neto.

En definitiva, las amortizaciones acumuladas, los deterioros producidos (pérdidas de valor de los activos) y las pérdidas del ejercicio último o de ejercicios anteriores, se pondrán en el balance restando (como se ha hecho en la tabla 3-9).

Tabla 3-9: Principales partidas que restan en el balance

Activo	*Patrimonio neto más pasivo*
Inmovilizado material	Patrimonio neto
• Amortizaciones	Capital
Inmovilizado intangible	Reservas

Tabla 3-9: *(continuación)*

Activo	*Patrimonio neto más pasivo*
• Amortizaciones	• Pérdidas de ejercicios anteriores
Clientes	• Pérdidas del ejercicio
• Deterioro por insolvencias	

En la tabla 3-10 se acompaña otro ejemplo de balance. En él se comprueba que está referido a una fecha concreta (31 de diciembre del año 1). Como siempre, el activo debe igualar al pasivo más el patrimonio neto. Se trata de un balance consolidado ya que está referido a un grupo de empresas.

El fondo de comercio se ha diferenciado del resto del inmovilizado intangible.

Tabla 3-10: Balance de situación de una empresa de servicios (datos en euros)

Balance consolidado	*31 de diciembre año 1*
Activo no corriente	**50 102 753**
Inmovilizado intangible	1 861 467
Fondo de comercio	1 995 094
Inmovilizado material	43 291 918
Inversiones financieras a largo plazo	533 988
Inversiones en empresas del grupo	2 420 286
Activo corriente	**4 849 600**
Existencias	886 401
Clientes	2 088 883
Inversiones financieras a corto plazo	21 389
Anticipos al personal	60 098
Caja y bancos	1 792 829
Total activo	**54 952 353**

Tabla 3-10: *(continuación)*

Balance consolidado	***31 de diciembre año 1***
Patrimonio neto	**8 810 965**
Capital social	7 000 000
Resultado del ejercicio	1 810 965
Pasivo no corriente	**22 309 645**
Préstamos a largo plazo	21 644 863
Otras deudas a largo plazo	664 782
Pasivo corriente	**23 831 743**
Préstamos a corto plazo	12 111 850
Proveedores	8 174 077
Deudas con la Seguridad Social	3 545 816
Total patrimonio neto y pasivo	**54 952 353**

Periodificaciones

A menudo, la empresa tiene gastos e ingresos en los que el movimiento de tesorería se produce en un ejercicio anterior o posterior. Estas operaciones generan las denominadas *periodificaciones*, que pueden ser de activo o de pasivo.

Cuando se produce un ingreso que no se cobrará hasta el próximo ejercicio se denomina *ingreso diferido*. En cambio, cuando se paga un gasto de forma anticipada es un *pago anticipado*. Los pagos anticipados y los cobros diferidos son activos; se los denomina periodificaciones de activo. Un ejemplo es la prima de seguros pagada por anticipado.

Cuando se produce un gasto que no se pagará hasta el próximo ejercicio se denomina *pago diferido*; en cambio, cuando se cobra un ingreso de forma anticipada es un *cobro anticipado*. Los pagos diferidos y los cobros anticipados son deudas y se reflejan en el pasivo; se los denomina periodificaciones de pasivo. Un ejemplo sería el consumo de electricidad que se pagará en otro ejercicio.

Prima de emisión

En el patrimonio neto se incluye la *prima de emisión*, que corresponde a aportaciones adicionales de fondos por parte de los accionistas que se incorporan a la empresa con posterioridad a su creación. La prima de emisión es el sobreprecio que tienen que pagar por incorporarse más tarde a la sociedad.

Provisiones

Las *provisiones* son deudas ciertas pero de las que no se conoce el importe exacto o la fecha exacta de vencimiento. Cuando es altamente probable que la empresa tenga que atenderlas, deben reflejarse en el pasivo. Ejemplos de provisiones son las deudas derivadas de las pensiones de los empleados.

El balance de situación en las Normas Internacionales de Información Financiera

Siguiendo las NIIF, en el balance deben incluirse, como mínimo, las siguientes partidas:

- ✔ Propiedades, planta y equipo.
- ✔ Activos intangibles.
- ✔ Inversiones financieras.
- ✔ Existencias (subdivididas en mercancías, materias primas, materiales, productos en curso y productos terminados).
- ✔ Deudores comerciales y otras cuentas por cobrar (subdivididos según si proceden de clientes externos, de clientes del grupo, de anticipos y de otras partidas).
- ✔ Efectivo y otros medios líquidos equivalentes.
- ✔ Proveedores y otras cuentas a pagar.
- ✔ Pasivos y activos de naturaleza fiscal.
- ✔ Provisiones.
- ✔ Pasivos no corrientes.
- ✔ Capital aportado por los accionistas y reservas.

Las denominaciones de las partidas anteriores pueden ser modificadas de acuerdo con la naturaleza de la empresa. De todas formas, no se prescribe ni el orden ni el formato concreto para la presentación de las partidas. Además, se pueden presentar partidas adicionales a las anteriores.

En la tabla 3-11 se acompaña un modelo de balance con las NIIF.

Tabla 3-11: Modelo de balance de situación con las NIIF

	Año 2	*Año 1*
Activo		
Activo inmovilizado		
Inmovilizado material		
Fondo de comercio		
Otro inmovilizado intangible		
Participaciones en empresas		
Otro inmovilizado financiero		
Activo corriente		
Existencias		
Clientes y otras cuentas a cobrar		
Anticipos		
Efectivo y otros medios líquidos		
Total activo		
Pasivo y patrimonio neto		
Capital y reservas		
Capital		
Reservas		
Resultado		
Pasivo no corriente		
Préstamos a largo plazo		
Impuestos pendientes		
Provisiones		
Pasivo corriente		
Proveedores y otras cuentas a pagar		

Tabla 3-11: ***(continuación)***

	Año 2	*Año 1*
Préstamos a corto plazo		
Parte a corto plazo de préstamos a largo plazo		
Total pasivo y patrimonio neto		

En la tabla 3-12 se presenta un ejemplo de balance de situación de una empresa que utiliza las NIIF.

Tabla 3-12: Balance de situación de una empresa que utiliza las NIIF (datos en euros)

	Año 2	*Año 1*
Fondo de comercio	29776	43247
Otro inmovilizado intangible	180739	200095
Inmovilizado material	77777	74334
Inmovilizado financiero	431	2069
Acciones en empresas del grupo	37571	48761
Clientes a largo plazo	631	194
Activo no corriente	**326925**	**368700**
Existencias	294231	262537
Clientes	260763	264388
Administraciones Públicas	0	4853
Deudores	1719	2640
Inversiones financieras temporales	1154	0
Tesorería	20569	20064
Activo corriente	**578436**	**554482**
Activos no corrientes disponibles para la venta	465	462
Total activo	**905816**	**923644**

Tabla 3-12: ***(continuación)***

	Año 2	*Año 1*
Capital social	158 335	158 335
Reservas voluntarias	-122 912	62 298
Reservas legales	25 664	34 120
Reservas estatutarias	33	-158
Dividendo activo a cuenta	0	-83 386
Acciones propias	-95 115	-45 605
Resultado	289 717	200 033
Patrimonio neto	**255 722**	**325 637**
Deudas financieras a largo plazo	400	143
Otros acreedores a largo plazo	43 961	85 576
Pasivos no corrientes	**44 361**	**85 719**
Deudas financieras a corto plazo	208 489	156 222
Proveedores	226 996	212 630
Acreedores	63 591	46 103
Provisiones de circulante	37 063	37 032
Administraciones públicas	31 713	32 925
Otros pasivos corrientes	36 931	26 425
Pasivos corrientes	**604 783**	**511 337**
Pasivos no corrientes asociados a activos no corrientes disponibles para la venta	**951**	**951**
Total pasivo + Patrimonio neto	**905 816**	**923 644**

A continuación se explican algunos de los conceptos de la tabla 3-12 que no se han utilizado en ejemplos anteriores:

- ✔ Acciones en empresas del grupo. Son participaciones accionariales en empresas en las que se ejerce el control por tener más del 50 % de las acciones con derecho a voto.

- ✔ Clientes a largo plazo. Son derechos de cobro en relación con clientes que han de pagar a más de un año.
- ✔ Administraciones Públicas. Impuestos pagados por anticipado o saldos pendientes de cobro de las Administraciones.
- ✔ *Deudores*. Derechos de cobro en relación con empresas que no tienen la consideración de clientes.
- ✔ Inversiones financieras temporales. Acciones u otros instrumentos financieros que se van a vender antes de un año.
- ✔ *Activos no corrientes disponibles para la venta*. Activos no corrientes que la empresa ha decidido vender y que, por lo tanto, se espera convertir en dinero a corto plazo. Normalmente, se trata de inmuebles.
- ✔ *Reservas voluntarias*. Beneficios no repartidos que la empresa, de manera voluntaria, decide destinar a reservas.
- ✔ *Reservas legales*. Beneficios no repartidos que la empresa, por mandato legal, destina a reservas.
- ✔ *Reservas estatutarias*. Beneficios no repartidos que la empresa, de acuerdo con los estatutos, destina a reservas.
- ✔ *Dividendo activo a cuenta*. Dividendo que la empresa ha pagado a cuenta de los beneficios de la empresa. Mientras la junta general de accionistas no lo apruebe formalmente, se restan del patrimonio neto.
- ✔ *Acciones propias*. Acciones adquiridas de la propia sociedad. En lugar de ponerlas en el activo se ubican en el patrimonio neto restando del capital. También reciben la denominación de *autocartera*.
- ✔ *Acreedores*. Deudas que tiene la empresa con empresas que no tienen la consideración de proveedores, entidades de crédito o Administraciones.
- ✔ *Provisiones de circulante*. Obligaciones en las que no se conoce con seguridad la fecha de pago o el importe.
- ✔ *Pasivos no corrientes asociados a activos no corrientes disponibles para la venta*. Deudas relacionadas con activos no corrientes que la empresa ha decidido poner a la venta. Se trata, por ejemplo, del préstamo hipotecario que financia un inmueble puesto a la venta.

El balance de situación en el Plan General de Contabilidad

En la tabla 3-13 puedes ver el modelo abreviado de balance del Plan General de Contabilidad (PGC). En el activo corriente se incluyen activos no corrientes que la empresa ha decidido poner a la venta. Se trata, por ejemplo, de edificios o locales que se espera vender a corto plazo y reciben la denominación de activos no corrientes mantenidos para la venta. Es habitual que estos inmuebles tengan algún préstamo vinculado. En este caso, en el pasivo también se pondrán en el pasivo corriente, y se denominan pasivos vinculados con activos no corrientes mantenidos para la venta.

A los clientes se los denomina también deudores comerciales. En el apartado de deudores se incluye también la parte de capital que los accionistas tienen pendiente de desembolsar.

Tabla 3-13: Modelo abreviado de balance del PGC

ACTIVO	*200X*	*200X-1*
A) ACTIVO NO CORRIENTE		
I. Inmovilizado intangible		
II. Inmovilizado material		
III. Inversiones inmobiliarias		
IV. Inversiones en empresas del grupo		
V. Inversiones financieras a largo plazo		
B) ACTIVO CORRIENTE		
I. Activos no corrientes mantenidos para la venta		
II. Existencias		
III. Deudores comerciales y otras cuentas a cobrar		
1. Clientes por ventas y prestaciones de servicios		
2. Accionistas (socios) por desembolsos exigidos		
3. Otros deudores		

Tabla 3-13: ***(continuación)***

ACTIVO	200X	200X-1
3. Otros deudores **IV. Inversiones en empresas del grupo a corto plazo** **V. Inversiones financieras a corto plazo** **VI. Periodificaciones a corto plazo** **VII. Efectivo y otros activos líquidos equivalentes**		
TOTAL ACTIVO (A + B)		
PATRIMONIO NETO Y PASIVO	200X	200X-1
A) PATRIMONIO NETO		
A-1) Fondos propios I. Capital II. Prima de emisión III. Reservas V. Resultados de ejercicios anteriores VI. Otras aportaciones a socios VII. Resultado del ejercicio		
B) PASIVO NO CORRIENTE		
I. Provisiones a largo plazo **II. Deudas a largo plazo** 1. Deudas con entidades de crédito 2. Otras deudas a largo plazo **III. Deudas con empresas del grupo**		
C) PASIVO CORRIENTE		
I. Pasivos vinculados con activos no corrientes mantenidos para la venta **II. Provisiones a corto plazo** **III. Deudas a corto plazo** 1. Deudas con entidades de crédito		
IV. Deudas con empresas del grupo		

ntinuación)

	200X	200X-1
erciales y otras cuentas a pagar		
ores		
es a corto plazo		
O NETO Y PASIVO (A +B +C)		

e presenta un ejemplo de balance de situación de utiliza el Plan General de Contabilidad.

ance de situación de una empresa que usa 'GC (datos en euros)

	Año 2	***Año 1***
e	**83 004 332**	**67 507 352**
ngible	13 689 723	229 002
erial	4 338 440	3 418 932
nciero	64 976 169	63 859 418
	147 890 597	**103 364 951**
	5 389 561	4 756 758
	116 036 418	83 765 996
alentes de tesorería	26 464 618	14 842 197
	230 894 929	**170 872 303**
	12 656 894	**12 133 617**
	9 312 049	901 515
pios	3 344 845	11 232 102

Tabla 3-14: *(continuación)*

	Año 2	*Año 1*
Pasivo no corriente	**53 695 688**	**41 170 585**
Acreedores a largo plazo	53 695 688	41 170 585
Pasivo corriente	**164 542 347**	**117 568 101**
Deudas financieras	21 608 703	5 662 587
Acreedores comerciales	68 636 429	48 268 629
Otros pasivos corrientes	74 297 215	63 636 885
Total pasivo y patrimonio neto	**230 894 929**	**170 872 303**

A continuación se explican algunos de los conceptos de la tabla 3-12 que no se han utilizado en ejemplos anteriores:

- ✔ *Equivalentes de tesorería.* Son inversiones financieras que en un plazo muy corto de tiempo, por lo general menos de tres meses, se convertirán en dinero.
- ✔ *Otros fondos propios.* Incluye diversos tipos de reservas y el resultado de la empresa.

Principios contables

INFORMACIÓN TÉCNICA

La contabilización de las operaciones que realiza la empresa se hace de acuerdo con los principios contables que están incluidos en las NIIF y en el PGC. Estos principios se reflejan en la tabla 3-15:

Tabla 3-15: Principios contables

Principio contable	Significado
Empresa en funcionamiento	Se considera que la gestión de la empresa continuará en un futuro previsible, por lo que la aplicación de los principios y criterios contables no tiene el propósito de determinar el valor del patrimonio neto a efectos de su transmisión global o parcial ni el importe resultante en caso de liquidación

Tabla 3-15: ***(continuación)***

Principio contable	Significado
Devengo	Los efectos de las transacciones o hechos económicos se registrarán cuando ocurran; se imputan al ejercicio al que las cuentas anuales se refieran los gastos y los ingresos, con independencia de la fecha de su pago o de su cobro
Uniformidad	Adoptado un criterio dentro de las alternativas que, en su caso, se permitan, deberá mantenerse en el tiempo y aplicarse de manera uniforme para transacciones, otros eventos y condiciones que sean similares, en tanto no se alteren los supuestos que motivaron su elección. De alterarse estos supuestos podrá modificarse el criterio adoptado en su día; en tal caso, estas circunstancias se harán constar en la memoria, indicando la incidencia cuantitativa y cualitativa de la variación sobre las cuentas anuales
Prudencia	Se deberá ser prudente en las estimaciones y valoraciones a realizar en condiciones de incertidumbre. En principio, sólo se contabilizarán los beneficios obtenidos hasta la fecha de cierre del ejercicio. Por el contrario, se deberán tener en cuenta todos los riesgos, con origen en el ejercicio o en otro anterior, tan pronto sean conocidos, incluso si sólo se conocieran entre la fecha de cierre de las cuentas anuales y la fecha en que éstas se formulen. Excepcionalmente, si los riesgos se conocieran entre la formulación y la aprobación de las cuentas anuales y afectaran de forma muy significativa a la imagen fiel, las cuentas anuales deberán ser reformuladas. Hay que tener en cuenta las amortizaciones y las correcciones de valor, tanto si el ejercicio se salda con beneficio como con pérdida
No compensación	Salvo que una norma disponga de forma expresa lo contrario, no podrán compensarse las partidas del activo y del pasivo o las de gastos e ingresos, y se valorarán separadamente los elementos integrantes de las cuentas anuales
Importancia relativa	Se admitirá la no aplicación estricta de algunos de los principios y criterios contables cuando la importancia relativa en términos cuantitativos o cualitativos de la variación que tal hecho produzca sea escasamente significativa y, en consecuencia, no altere la expresión de la imagen fiel. Las partidas o importes cuya importancia relativa sea escasamente significativa podrán aparecer agrupados con otros de similar naturaleza o función

La memoria

La *memoria* es un documento contable que complementa y amplía la información contenida en el balance de situación y en la cuenta de resultados de las empresas. A continuación se resumen los aspectos más importantes que se contemplan en la memoria:

- Actividad de la empresa
  - Objeto social de la empresa y la actividad a que se dedica.
  - Domicilio, forma legal, denominación de las empresas del grupo y la moneda funcional.
- Bases de presentación de las cuentas anuales
  - Imagen fiel. Declaración de que las cuentas anuales reflejan la imagen fiel del patrimonio, de la situación financiera y de los resultados de la empresa.
  - Cambios en criterios contables
  - Explicación detallada de los ajustes por cambios en criterios contables realizados en el ejercicio.
  - Corrección de errores
  - Explicación detallada de los ajustes por corrección de errores realizados en el ejercicio.
- Aplicación de resultados
  - Información sobre la propuesta de aplicación del resultado del ejercicio
- Normas de valoración e información detallada:
  - Inmovilizado intangible.
  - Inmovilizado material.
  - Inversiones inmobiliarias.
  - Arrendamientos.
  - Existencias.
  - Transacciones en moneda extranjera.
  - Impuestos sobre beneficios.
  - Ingresos y gastos.
  - Provisiones.
  - Gastos de personal y compromisos por pensiones.

- Subvenciones.
- Activos financieros.
- Pasivos financieros.
- Fondos propios.
- Situación fiscal. Impuesto sobre beneficios y otros tributos.
- Ingresos y gastos.
- Operaciones con partes vinculadas.

✔ Información sobre operaciones con partes vinculadas (entidad dominante y otras empresas del grupo).

✔ Información sobre los anticipos y créditos concedidos al personal de alta dirección y a los miembros de los órganos de administración.

✔ El número medio de personas empleadas en el curso del ejercicio, expresado por categorías.

Informe de auditoría

El informe de los auditores es una carta dirigida a quien ha encargado la auditoría (por lo general, el consejo de administración o los accionistas) que contiene las siguientes partes:

✔ Alcance de la auditoría. Cuentas auditadas, normativa contable y normas de auditoría aplicadas. También se indican las normas de auditoría que no se han podido utilizar.

✔ Opinión; puede ser de diversa índole:

- Favorable sin salvedades. El auditor externo confirma que las cuentas representan la imagen fiel sin ninguna objeción.
- Favorable con salvedades. El auditor externo confirma que las cuentas representan la imagen fiel pero ponen objeciones, que son las salvedades. La existencia de salvedades reduce la fiabilidad de las cuentas. Cuando sea posible, las salvedades deberán recogerse en las cuentas anuales para ajustarlas.
- Desfavorable. El auditor opina que las cuentas no reflejan la imagen fiel de la situación de la empresa. Por lo tanto, las cuentas no son fiables.
- Denegada. El auditor no manifiesta opinión sobre las cuentas a causa de los problemas inherentes a la contabilidad de

la empresa. Éste es el caso más desfavorable y se produce cuando la contabilidad que hace la empresa y los sistemas de control tienen defectos muy importantes.

- Párrafo de énfasis. De manera ocasional, el auditor puede poner de relieve circunstancias significativas, aunque éstas no afecten su opinión por no tener la consideración de salvedades. Un ejemplo de párrafo de énfasis se produce cuando el auditor opina que la continuidad de la empresa no está asegurada como consecuencia de pérdidas importantes.
- Por último, el auditor indicará si los datos contables incluidos en el informe de gestión concuerdan o no con las cuentas anuales.

Es muy importante que las cuentas sean fiables. Para ello es de gran ayuda que la empresa tenga un informe de auditoría con una opinión favorable y sin salvedades. Este informe lo realiza el auditor externo. La auditoría de cuentas es una actividad regulada por ley, y el auditor es responsable de las consecuencias que puedan producirse en caso de que su trabajo esté mal realizado.

Empresas obligadas a auditarse

Las empresas españolas obligadas a auditar sus cuentas son las que superen durante dos ejercicios consecutivos dos de los tres requisitos siguientes:

- Total de sus activos. Si superan los 2850000 euros.
- Importe neto de la cifra de negocios. Si supera los 5700000 euros.
- Numero medio de trabajadores. Si supera los 50 euros.

Además de estos requisitos generales, existen otros supuestos especiales que pueden obligar a una empresa a auditar sus cuentas:

- Sociedades cotizadas en bolsa.
- Entidades financieras, compañías aseguradoras, sociedades de garantía recíproca, empresas del sector eléctrico, sociedades anónimas deportivas, o federaciones deportivas españolas.
- Empresas que reciben subvenciones del Estado y otros organismos públicos dentro de los límites que reglamentariamente fije el gobierno por real decreto.

- ✔ Empresas o entidades que realizan obras, prestaciones, servicios o suministren bienes al Estado y organismos públicos dentro de los límites que reglamentariamente fije el Gobierno por real decreto.
- ✔ Entidades sin ánimo de lucro en las que, en la fecha de cierre del ejercicio, concurran al menos dos de las circunstancias siguientes:
  - El total de las partidas del activo supere los 2 400 000 euros.
  - El importe neto de su cifra anual de negocios supere los 2 400 000 euros.
  - El número medio de trabajadores empleados durante el ejercicio económico sea superior a cincuenta.
- ✔ Cooperativas de viviendas en las que, a fecha de cierre del ejercicio, se produzca alguno de los siguientes supuestos:
  - Que la cooperativa tenga en promoción, entre viviendas y locales, un número superior a cincuenta.
  - Cualquiera que sea el número de viviendas y locales en promoción, cuando correspondan a distintas fases, o cuando se construyan en distintos bloques que, constituyan, a efectos económicos, promociones diferentes.
  - Que la cooperativa haya otorgado poderes relativos a la gestión empresarial a personas físicas o jurídicas distintas de los miembros del consejo rector.
  - Cuando lo prevean los Estatutos o lo acuerde la asamblea general.
- ✔ Aquellas sociedades mercantiles en las que, al menos, un socio que represente el 5 % del capital social lo solicite al Registro Mercantil de su provincia.
- ✔ Aquellas sociedades cooperativas en las que, al menos, el 5 % de los socios lo solicite al Registro de Sociedades de Cooperativas.

Parte II

Conceptos básicos sobre los costes

—MIRA, PAPÁ, HE COMPRADO UNOS PETARDOS PARA LA VERBENA, PERO NO TE PREOCUPES, YA LOS HE CARGADO A TU CUENTA DE EXPLOTACIÓN...

En esta parte...

Veremos los principales tipos de costes que tienen las empresas. También trabajaremos los sistemas de cálculo de costes más importantes. De esta forma, será más fácil comprender cómo se calcula el coste de un producto.

Capítulo 4

Tipos de costes y su cálculo

En este capítulo

- Costes variables y costes fijos
- Costes directos y costes indirectos
- Costes históricos y costes previstos
- Costes de las existencias
- Cálculo de costes en empresas con un solo producto
- Cálculo del coste hora de la empresa

Ahora que sabemos lo que significan el balance y la cuenta de resultados podemos introducirnos en la contabilidad de gestión. En esta parte trabajaremos el cálculo de costes y, más adelante, en la parte V, abordaremos el tema de los presupuestos.

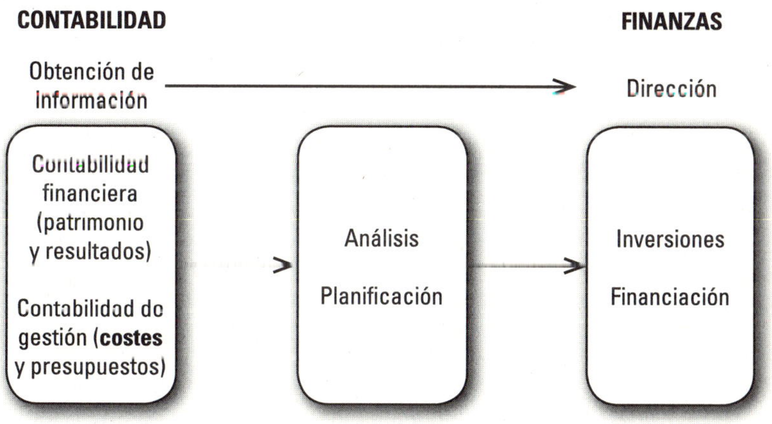

Figura 4-1: El lugar de los costes en el esquema general de las relaciones entre contabilidad y finanzas.

Contabilidad analítica

Conocer el coste de los productos que vende una empresa constituye una información imprescindible, por ejemplo, para decidir el precio de venta de dichos productos. La *contabilidad analítica*, también denominada *contabilidad de costes*, es el conjunto de técnicas que sirven para conocer los costes de los productos y los costes de los departamentos o de las distintas funciones de la empresa.

La contabilidad analítica forma parte de la *contabilidad de gestión*, que también comprende la contabilidad presupuestaria y los sistemas de indicadores.

Las decisiones típicas que se suelen tomar con la ayuda de la información sobre los costes son:

- ✔ Eliminación o potenciación de productos. Si sabemos lo que cuesta un producto y cuál es su precio de venta, tendremos información sobre lo que ganamos o perdemos con dicho producto.
- ✔ Fijación de precios de venta. Sin duda, el precio de venta se fija teniendo en cuenta los precios de los competidores y las expectativas de los clientes, pero tenemos que asegurarnos de que cubrimos los costes. En caso contrario, la empresa tendrá pérdidas.
- ✔ Fijación de precios para pedidos especiales. Un pedido especial del cliente es el que tiene algunas características diferenciales, como por ejemplo, si hay que personalizar el producto poniendo algún complemento adicional o quitando algo. Si sabemos lo que cuesta cada etapa de elaboración del producto podremos determinar el precio del pedido especial.
- ✔ Fijación de descuentos para determinados clientes. Cuando un cliente nos pide un importante número de unidades de producto pero solicita un descuento elevado, la duda es cuál se le puede aplicar. Si sabemos lo que cuesta el producto, podremos saber hasta dónde podremos llegar con el descuento.
- ✔ Subcontratación de algunas partes del proceso productivo, ya que nuestros costes pueden ser superiores a los de otras empresas a las que podemos subcontratar. Para poder evaluar esta decisión tendremos que saber cuánto cuesta cada etapa de elaboración del producto.

El objetivo de este capítulo es explicar los principales tipos de costes y cómo se calculan, siguiendo el esquema que relaciona contabilidad y finanzas.

También se tratará el caso especial de las empresas que producen un único tipo de producto. Por último, se expone cómo calcular el coste por hora de la empresa cuando sólo hay un tipo de empleado que produce horas.

Contabilidad de gestión y contabilidad financiera

La contabilidad de gestión es muy distinta de la contabilidad financiera, a pesar de que utiliza datos que le proporciona ésta.

Así, la *contabilidad financiera* tiene como objetivos principales la obtención del balance de situación y de la cuenta de resultados, mientras que la *contabilidad de gestión*, que incluye la contabilidad analítica, pretende obtener información sobre los costes de cada producto y de cada departamento.

Además, la contabilidad financiera es esencialmente externa, pues contabiliza las relaciones de la empresa con el exterior. Como esta contabilidad debe informarse a terceros (acreedores, bancos, empleados, sindicatos, accionistas, etc.), hay que confeccionarla según la normativa contable y mercantil vigente de cada país. En cambio, la contabilidad de gestión es una contabilidad interna, pues realiza cálculos relacionados con los procesos internos de elaboración de los productos y servicios que produce y comercializa la empresa. Su carácter interno hace que cada empresa pueda utilizar el sistema de cálculo de costes que le parezca más adecuado a sus necesidades.

Las principales diferencias entre la contabilidad financiera y la contabilidad de gestión son:

	Contabilidad financiera	**Contabilidad de gestión**
Objetivos principales	Balance de situación Cuenta de resultados	Costes Presupuestos Indicadores
Ámbito	Externo	Interno
Relación con la normativa	Se hace obligatoriamente de acuerdo con la normativa	Es voluntaria y cada empresa decide cómo la hace

La mayor parte de la información que utiliza la contabilidad analítica procede de la contabilidad financiera, ya que ésta tiene la información sobre todos los gastos que se han producido durante el período considerado.

Al mismo tiempo, la contabilidad analítica proporciona información a la contabilidad financiera, como la referida a los costes de las materias primas, productos en curso y productos acabados que utilizará la contabilidad general para valorar las existencias al finalizar el ejercicio.

El resultado que refleja la contabilidad financiera debe coincidir, en principio, con el que refleja la contabilidad de costes.

No obstante, a veces no se produce esa coincidencia porque, mientras que la contabilidad analítica intenta obtener los costes reales, la contabilidad financiera está sujeta a la legislación mercantil, que no facilita información real sobre ciertos aspectos. Por ejemplo, la amortización del activo no corriente que refleja la contabilidad financiera es casi siempre menor que la que refleja la contabilidad analítica.

Coste de oportunidad

El coste de oportunidad se refiere a un consumo que no se contabiliza como gasto ya que no se paga y, además, no está permitido por la normativa contable. Ejemplos de costes de oportunidad son los correspondientes al trabajo gratuito efectuado por familiares del propietario de una empresa, o los alquileres no facturados de locales propiedad de los accionistas o los costes financieros de fondos prestados por los accionistas y por los que no se paga interés alguno.

A pesar de que se trata de consumos, no se contabilizan en la contabilidad financiera. En cambio, suelen considerarse en el cálculo de costes.

Un ejemplo sería el de una empresa que tiene la cuenta de resultados presentada en la tabla 4-1, preparada de acuerdo con el Plan General de Contabilidad.

Tabla 4-1: Cuenta de resultados de la contabilidad financiera (datos en euros)

Ventas	351 813 903
Otros ingresos	– 3 415 465
Consumos	– 255 308 889
Gastos de personal	– 39 997 062
Alquiler de oficinas	– 1000
Amortización del inmovilizado	– 3 490 485
Otros gastos	– 45 557 580
Resultado de explotación	**4 043 422**
Gastos financieros	– 3 504 137
Impuesto sobre beneficios	422 316
Resultado	**116 969**

Además, se sabe que en esta empresa trabaja un hijo de los propietarios que no tiene salario. Su salario anual de mercado es de unos 30 000 euros.

Por otro lado, la empresa está utilizando unas oficinas propiedad de los accionistas, por las que paga un alquiler de 1000 euros al año. Se sabe que el precio de mercado de estas oficinas es de 150 000 euros al año.

En este caso, en la cuenta de resultados de la tabla 4-1 no se ha incluido el salario del hijo de los propietarios, y de alquiler sólo se ha incluido un gasto de 1000 euros.

Si se calcula una cuenta de resultados con criterios de contabilidad analítica se añadirían el salario del hijo (30 000 euros) y el alquiler (149 000 euros).

Estos costes se incorporan (como se ve en la tabla 4-2) porque la contabilidad analítica engloba todo aquello que significa esfuerzo para conseguir unos ingresos, y el trabajo del hijo y las oficinas son necesarios para llevar a cabo la actividad.

Tabla 4-2: Cuenta de resultados de la contabilidad analítica (datos en euros)

Ventas	351 813 903
Otros ingresos	–3 415 465
Consumos	–255 308 889
Gastos de personal	–39 997 062
Coste de oportunidad del salario del hijo de los propietarios	–30 000
Alquiler oficinas	–1000
Coste de oportunidad adicional de las oficinas	–149 000
Amortización del inmovilizado	–3 490 485
Otros gastos	–45 557 580
Resultado de explotación	**3 864 422**
Gastos financieros	–3 504 137
Impuesto sobre beneficios	–422 316
Resultado	**–62 031**

Como se puede comprobar, al incorporar los costes de oportunidad la empresa ha pasado a tener un resultado negativo.

Éste es un resultado que se aproxima más a la realidad, ya que en verdad la empresa está utilizando el trabajo del hijo y, además, las oficinas tienen un coste de mercado muy superior al alquiler que está pagando la empresa.

Una de las ventajas de tener en cuenta los costes de oportunidad es que si, por ejemplo, el hijo de los propietarios se va, la empresa podrá sustituirlo por otro empleado, al que pagará un salario de mercado. De este modo, los costes de la empresa no variarán. Lo mismo podría decirse de las oficinas.

Si los propietarios deciden dejar de alquilarlas a la empresa, ésta podría buscar unas nuevas oficinas y pagar un precio de mercado sin que el resultado se modificase sustancialmente.

Tipos de costes

Los costes se pueden clasificar de diferentes formas en función del tipo de cálculo que interese efectuar. Según el criterio, se reconocen tres dicotomías posibles de costes:

- ✔ Fijos o variables.
- ✔ Directos o indirectos.
- ✔ Históricos o previstos.

Costes variables o fijos

Los costes serán variables o fijos en función de su relación con las ventas o con el nivel de actividad de la empresa.

Los *costes variables* son los que varían proporcionalmente con los ingresos. Así, cuando aumentan los ingresos crecen los costes variables, y cuando disminuyen los ingresos decrecen también los costes variables. Son costes variables las materias primas o los materiales consumibles, por ejemplo.

Los *costes fijos*, o *costes de estructura*, son independientes de los ingresos o del nivel de actividad de la empresa, como el coste del personal administrativo, el alquiler, los tributos municipales, la publicidad o los gastos de formación del personal, por ejemplo.

En la tabla 4-3 puedes ver una lista de costes y se indica si son fijos o variables.

Tabla 4-3: Ejemplos de costes fijos y variables

	Fijo	Variable
Consumo de materiales		x
Salarios de los vigilantes de la empresa	x	
Salarios del personal de fábrica que trabaja en la fabricación de los productos. Perciben el salario aunque no se produzca nada	x	
Alquiler de un almacén	x	
Material de embalaje de los productos fabricados		x
Impuesto municipal de basuras	x	
Seguridad Social del personal de oficinas	x	
Comisiones de los vendedores		x
Gastos financieros del préstamo que financia la nave de fábrica	x	
Salarios del equipo directivo	x	
Electricidad de las oficinas	x	
Energía consumida en la fábrica		x
Subcontratación de una parte del proceso productivo que consiste en pintar las piezas producidas		x

Costes directos e indirectos

Los costes directos se identifican claramente con un producto o servicio, un cliente o un departamento. Por ejemplo, si al calcular los costes de un servicio como una comida, serán directos los consumos de alimentos y bebidas, la lavandería del mantel y las servilletas, o la comisión que percibe la entidad financiera si el cliente paga con tarjeta. El coste del tiempo de los camareros, cocineros, el encargado y demás personal que ha intervenido en la prestación del servicio puede calcularse, aunque su asignación no sea tan clara y objetiva. En cambio, el coste del gerente o los tributos y tasas municipales son difícilmente asignables de forma objetiva a una comida. Por lo tanto, se trata de costes indirectos.

En la tabla 4-4 se relacionan una serie de costes y se indica si son directos o indirectos en relación con los productos que fabrica la empresa.

Tabla 4-4: Ejemplos de costes indirectos y directos en relación con los productos

	Indirectos	Directos
Consumo de materiales		x
Salarios de los vigilantes de la empresa	x	
Salarios del personal de fábrica que trabaja en la fabricación de los productos. Perciben el salario aunque no se produzca nada		x
Alquiler de un almacén	x	
Material de embalaje de los productos fabricados		x
Impuesto municipal de basuras	x	
Seguridad Social del personal de oficinas	x	
Comisiones de los vendedores		x
Gastos financieros del préstamo que financia la nave de fábrica	x	
Salarios del equipo directivo	x	
Electricidad de las oficinas	x	
Energía consumida en la fábrica	x	
Subcontratación de una parte del proceso productivo que consiste en pintar las piezas producidas		x

En la tabla 4-4 se puede observar que todos los costes indirectos del ejemplo son también fijos. La única excepción es la energía consumida en la fábrica. A pesar de que suele ser un coste variable que depende de la intensidad de la actividad, puede ser difícil de asignar a los productos.

Por otro lado, todos los costes directos son variables, a excepción de los salarios del personal de fábrica, que son fijos pero se pueden asignar a los productos.

Por lo tanto, los costes variables suelen ser directos y los costes indirectos suelen ser fijos, aunque hay algunas excepciones, que se reflejan en la tabla 4-5:

Tabla 4-5: Relación entre costes fijos, variables, directos e indirectos

	Indirectos en relación con los productos	Directos en relación a los productos
Fijos	Caso general	Costes que pueden asignarse a un producto, aunque son independientes del grado de actividad Ejemplo: mano de obra directa de fábrica
Variables	Costes que son difíciles de asignar a los productos aunque varían con el grado de actividad Ejemplo: energía consumida en la fábrica	Caso general

Puede ocurrir que un coste sea directo en relación con un departamento y no con un producto, como por ejemplo el coste de un director de una empresa que se puede asignar al departamento de dirección y no a un producto concreto.

El coste de las ventas

En el capítulo 2 hemos tratado el concepto de consumo de materiales, que es igual a las compras más las existencias iniciales y menos las existencias finales:

+ Compras

+ Existencias iniciales de materiales

- Existencias finales de materiales

= Consumo de materiales

Es habitual que las empresas calculen también el denominado *coste de las ventas* que tiene en cuenta determinados costes directos de los productos vendidos como la mano de obra directa o las comisiones de los vendedores, por ejemplo. Además, se tiene en cuenta la variación de las existencias de productos en curso y productos acabados:

+ Consumo de materiales

+ Mano de obra directa

+ Otros costes directos de los productos

+ Existencias iniciales de productos en curso y acabados

- Existencias finales de productos en curso y acabados

= Coste de ventas

Al coste de ventas también lo llamamos *coste de los productos vendidos*.

Si, al principio del año, una empresa tenía unas existencias iniciales de productos en curso y acabados valoradas en 400 000 euros, el consumo de materiales ha ascendido a 5 600 000 euros, la mano de obra directa ha ascendido a 2 400 000 euros y el valor de las existencias finales de productos en curso y acabados es de 4 000 000 euros, el coste de ventas será igual a 4 400 000 euros:

+ Consumo de materiales	+ 5 600 000
+ Mano de obra directa	+ 2 400 000
+ Existencias iniciales de productos en curso y acabados	+ 400 000
- Existencias finales de productos en curso y acabados	- 4 000 000
= Coste de ventas	4 400 000 euros

Costes históricos o previstos

Los costes también pueden ser históricos o previstos. Los *costes históricos*, o reales, son los que ha tenido la empresa anteriormente. Los *costes previstos*, o *estándares*, son los que la empresa prevé para el siguiente período. El cálculo de los costes previstos sirve para controlar mejor los costes cuando se produzcan más tarde, mediante la ayuda del análisis de desviaciones.

Métodos de valoración de las existencias

Un asunto relativo a los costes que conviene conocer es el que hace referencia a las existencias. En concreto, cuando una empresa utiliza productos que entran y salen continuamente del almacén, conviene saber cuánto cuestan los que salen del almacén y cuánto valen los que permanecen en el almacén al final del período.

Los dos sistemas permitidos en la normativa son el FIFO (del inglés First In First Out, "primero que entra, primero que sale") y el promedio. La normativa contable no permite el sistema LIFO (del inglés Last In First Out, "último que entra, primero que sale"), pero algunas empresas lo usan a efectos internos.

El 1 de enero una empresa tiene en el almacén 100 unidades de una materia prima que le costaron 10 euros la unidad. El 5 de enero adquiere 200 unidades más a 20,5 euros cada una, y el 28 de enero consume 50 unidades. Interesa conocer el coste de las que se han consumido y el valor final de las materias primas al final del mes de enero.

Si se utiliza el sistema FIFO, las materias primas consumidas son las que entraron primero y costaron 10 euros cada unidad. Por lo tanto, el saldo final asciende a 4600 euros. La situación se refleja en la tabla 4-6).

Tabla 4-6: Ficha de las existencias con el sistema FIFO

	Unidades	*Precio*	*Euros*	*Saldo unidades*	*Precio*	*Saldo euros*
1 de enero				100	10 €	1000
5 de enero	+200	20,5 €	+4100	300	100 a 10 € 200 a 20,5 €	5100
28 de enero	-50	10 €	-500	250	50 a 10 € 200 a 20,5 €	4600

Si se utiliza el sistema LIFO las materias primas consumidas son las que entraron más tarde y que costaron 20,5 euros cada unidad. Por lo tanto, el saldo final asciende a 4075 euros. Eso es lo que se plasma en la tabla 4-7.

Tabl 4-7: Ficha de las existencias con el sistema LIFO

	Unidades	*Precio*	*Euros*	*Saldo unidades*	*Precio*	*Saldo euros*
1 de enero				100	10 €	1000
5 de enero	+200	20,5	+4100	300	100 a 10 € 200 a 20,5 €	5100
28 de enero	-50	20,5	-1025	250	100 a 10 € 150 a 20,5 €	4075

Si se utiliza el sistema promedio, las materias primas consumidas han costado el promedio de las que había en el almacén (17 euros la unidad). Por lo tanto, el saldo final asciende a 4250 euros, como se ve en la tabla 4-8.

Tabla 4-8: Ficha de las existencias con el sistema promedio

	Unidades	*Precio*	*Euros*	*Saldo unidades*	*Precio*	*Saldo euros*
1 de enero				100	10€	1000
5 de enero	+200	20,5	+4100	300	17€ es el precio promedio	5100
28 de enero	-50	17	-850	250	17€ es el precio promedio	4250

El ejemplo expuesto permite comprobar que el método de valoración de existencias que se utilice influye en el valor del consumo de materiales y también en el valor de las existencias que hay en el almacén:

	FIFO	**LIFO**	**Promedio**
Consumo de materiales	500	1025	850
Valor de las existencias finales	4600	4075	4250

El sistema de valoración de existencias que se utilice influye en el valor que tendrán las existencias, en el consumo de materiales y también en el resultado del período.

Sistemas de costes

Los sistemas de costes son los métodos que se pueden utilizar para conocer los costes de los distintos productos y determinar el resultado del período. El sistema de costes que elige una empresa depende de las características de ésta, de los objetivos del sistema y de la complejidad o sencillez que se desee.

Hay circunstancias que explican que una empresa necesite un sistema de costes que proporcione información más detallada:

- ✔ Sector en el que hay mucha competencia en precio; por ejemplo, componentes del automóvil, industria agroalimentaria o textil.
- ✔ La empresa tiene mucha presión de los clientes que demandan más descuentos en el precio. En este caso, es muy importante conocer con precisión hasta dónde se puede bajar el precio sin entrar en pérdidas.
- ✔ La empresa genera pérdidas o un beneficio muy reducido.

Cálculo de costes en empresas uniproducto

En las empresas que trabajan con un solo producto, el cálculo del precio de coste se simplifica mucho. El precio de coste unitario de los productos fabricados se hallará dividiendo los costes totales del período por el número de unidades producidas:

$$\text{Precio de coste unitario} = \frac{\text{Costes totales del período}}{\text{Número de unidades producidas}}$$

En caso de que haya *productos semiterminados* o *productos en curso* se necesitará conocer el porcentaje de realización para poder calcular su coste.

Piensa en una empresa que fabrica un solo tipo de calzado y que en el último mes ha producido 15 000 pares de zapatos. Si los costes totales de ese mes son de 500 000 euros, el precio de coste unitario del par de zapatos ha sido de:

$$\text{Precio de coste unitario} = \frac{500\,000}{15\,000} = 33{,}33\ €$$

Si en un período, además de productos acabados se han producido productos semiterminados o productos en curso, se debe imputar a estos últimos sus costes correspondientes. Para ello, debemos conocer el grado de finalización de los mismos.

Supongamos, siguiendo el mismo ejemplo, que en el mes siguiente los costes totales han ascendido a 700 000 euros, con una producción de 12 000 pares de zapatos completamente acabados y 7000 pares de zapatos en curso de fabricación, que se encuentran al 80 % del proceso:

Unidades = 12 000 + 0,80 × 7000 = 17 600 pares de zapatos producidas

$$\text{Precio de coste unitario} = \frac{700\,000}{17\,600} = 39{,}77\ €$$

Los zapatos semiterminados, al estar finalizados en 80 %, tendrán un coste unitario de:

39,77 × 0,80 = 31,81 €

Cálculo de costes de una empresa uniproducto

Una empresa se dedica única y exclusivamente a producir tinta para cartuchos de impresora. Se trata de calcular el precio de coste de la tinta por cartucho. La empresa sólo fabrica tinta de color negro y se trabajan veinte días al mes, en semanas laborales de cinco días. Se facilitan los datos siguientes:

- **Producción diaria:** 1000 l/d.
- Los cuatro **tipos de costes** son: personal, energía, materias primas y gastos generales.

- **Gastos de personal.** Hay veinte empleados, repartidos en tres turnos de ocho horas cada uno. El coste por hora de cada empleado es de 11,33 euros. Este coste ya incluye la Seguridad Social y el porcentaje de las pagas extras. Por lo tanto, el coste semanal por empleado será de 453,2 euros (11,33 €/h × 8 h/d × 5 d/sem).
- **Energía.** Para el cálculo del gasto de energía se sabe que dispone de una nave industrial que tiene 500 m^2, que cada metro cuadrado de la nave consume 150 W/mes y que el coste por kilovatio asciende a 0,25 €/kW.
- **Materias primas.** Para 1000 l, se consumen:

800 l de agua desionizada × 2 €/l	=	1600 €
20 l de alcohol isopropílico × 2,75 €/l	=	55 €
100 l de dientilenglicol × 3 €/l	=	300 €
30 kg de colorante × 2 €/kg	=	60 €
Total €		2015 €

- **Gastos generales.** 500 000 euros/mes.
- Se sabe también que cada cartucho de tinta de color negro contiene 0,20 l de tinta y su precio de venta es de 7 euros.

Con los datos anteriores ya es posible calcular el precio de coste unitario de los cartuchos y su beneficio unitario.

Cálculo de los costes totales por mes

Materias primas

Al mes se consumieron

2015 € × 20 d 40 300 €

Personal

Al mes se gastarán 453,2 € ×

4 sem × 20 empleados 36 256 €

Energía	
500 m² × 150 kW/m² × 0,25 €/kW	18 750
Gastos generales	500 000
Total euros	595 306

Cálculo del número de cartuchos de tinta rellenados al mes:

$$\frac{1000\ \text{l/d} \times 20\ \text{d}}{0{,}20\ \text{l}} = 100\,000\ \text{cartuchos rellenados}$$

Cálculo del coste unitario del cartucho de tinta:

$$\frac{595\,306\ €}{100\,000\ \text{cartuchos}} = 5{,}953\ €$$

Cálculo del beneficio unitario del cartucho de tinta:

Precio de venta unitario	7,00 €
Precio de coste unitario	5,953 €
Beneficio unitario	1,047 €

Cálculo del coste hora de la empresa

Hay empresas que lo que producen es horas de sus empleados. Si sólo hay un tipo de empleado, el coste hora se hallará dividiendo los costes totales del período por el número de horas producidas:

$$\text{Precio de coste hora} = \frac{\text{Costes totales del período}}{\text{Número de horas producidas}}$$

Supongamos que un médico tiene un consultorio en el que trabaja también una enfermera. Los costes anuales son los siguientes:

Salario y Seguridad Social del médico	60 000 €
Salario y Seguridad Social de la enfermera	30 000 €
Alquiler del local	12 000 €
Agua, gas y electricidad	2000 €
Otros costes	8000 €
Total	112 000 €

Se sabe también que el médico trabaja 1500 h/año.

Con estos datos, el coste por hora del médico que incorpora la totalidad de los costes de la empresa, asciende a:

Coste hora = 112 000 / 1 500 = 74,67 €/h

Por lo tanto, los ingresos que hay que facturar por cada hora del médico tendrían que superar los 74,67 euros, con el fin de no tener pérdidas.

Cálculo del coste hora de la empresa cuando hay más de un tipo de empleados

Cuando hay varios tipos de empleados, se calculará el coste por hora de cada uno de ellos. Para ello deben repartirse los costes generales entre los diferentes tipos de empleados. Se puede usar el criterio de reparto más conveniente; por ejemplo, la misma proporción que los costes salariales de cada tipo de empleados. Una vez hecho el reparto se divide por el número de horas que trabaja cada tipo de empleado. Se dividirán los costes totales del período por el número de horas producidas.

Siguiendo con el ejemplo anterior, supongamos que interesa diferenciar el coste hora del médico del coste hora de la enfermera. Se sabe que cada uno de los dos trabaja 1500 h/año.

Los costes del año son los siguientes:

Salario y Seguridad Social del médico	60000
Salario y Seguridad social de la enfermera	30000
Alquiler del local	12000
Agua, gas y electricidad	2000
Otros costes	8000
Total	112000

Por lo tanto, los costes generales ascienden a 22 000 €.

Lo primero que se hará es repartir los costes generales entre el médico y la enfermera en proporción a su salario y calcular el porcentaje que representa cada uno en el total.

	Salario y S.S. (€)	%
Médico	60000	66,67
Enfermera	30000	33,33
Total	90000	100

A continuación repartiremos los costes generales en la misma proporción y ya tendremos los costes totales de cada tipo de empleado.

	Salario y S.S. (€)	%	**Costes generales (€)**	**Coste total (€)**
Médico	60000	66,67	14 667	74 667
Enfermera	30000	33,33	7333	37 333
Total	90000	100	22 000	112 000

Por último dividiremos el coste total de cada tipo de empleado por el número de horas de cada uno de ellos y así obtendremos los costes/hora.

	Salario y S.S. (€)	%	Costes generales (€)	Coste total (€)	Horas	Coste hora (€)
Médico	60000	66,67	14667	74667	1500	49,78
Enfermera	30000	33,33	7333	37333	1500	24,89
Total	90000	100	22000	112000		

Por consiguiente, los ingresos por hora que hay que facturar, para cubrir los costes, son 49,78 € (el médico) y 24,89 € (la enfermera).

Capítulo 5

Coste directo de un producto

En este capítulo

- Cálculo de costes en empresas que tienen varios productos
- Sistema de costes directos

En el capítulo 4 hemos visto cómo se calcula el coste de un producto en el caso de las empresas que sólo tienen un producto. Sin embargo, la mayoría de las empresas tienen un catálogo con muchos productos.

El objetivo de este capítulo es comprender cómo se calculan los costes de los productos con el sistema de costes directos.

Cálculo de costes en empresas multiproducto

Para el cálculo de costes en empresas multiproducto se utilizan, básicamente, dos sistemas: *direct costing* (costes directos) y *full costing* (costes completos o totales).

El sistema de costes directos imputa a cada producto los costes directos o asignables (que suelen ser también los costes variables) como la materia prima, la mano de obra que interviene directamente en la producción del producto, el embalaje, el coste de transporte de las unidades vendidas o las comisiones de los vendedores.

Este sistema facilita información para:

- ✔ Valorar los productos en curso y los productos acabados.
- ✔ Saber hasta dónde se puede rebajar el precio de un pedido sin perder dinero (ya que el precio del producto tiene que ser, como mínimo, la suma de sus costes variables). De todas formas, en este tipo de decisiones hay que tener en cuenta la utilización de la capacidad productiva de la empresa, ya que sólo serán válidas cuando ésta no utilice toda su capacidad productiva. Además, hay que asegurar que el resto de los costes (fijos o de estructura) serán cubiertos por los otros pedidos.

El sistema de coste completo imputa a cada producto, no sólo los costes directos sino también los indirectos o no asignables.

Para efectuar el reparto de los costes indirectos se utilizan criterios que siempre son subjetivos, como:

- ✔ Unidades de producto o servicio vendidos.
- ✔ Unidades monetarias vendidas.
- ✔ Coste de materias primas de cada producto.
- ✔ Coste de mano de obra directa de cada producto.

Es habitual que se repartan ciertos costes no asignables según un criterio, y otros según otros criterios.

El sistema de costes directos, o direct costing

Cuando se usa el sistema de costes directos para calcular el coste de un producto sólo se tienen en cuenta los costes directamente asignables (y con facilidad) al producto correspondiente.

En una empresa industrial se tendrán en cuenta los costes de las materias primas que se precisan para la fabricación del producto. En algunos casos, también se tendrán en cuenta los costes correspondientes a la mano de obra directa (es decir, la que interviene directamente en la elaboración del producto) y los costes directos de comercialización, tales como las comisiones y los transportes, por ejemplo. En una empresa comercial, los costes directamente asignables al producto son los costes de las mercancías vendidas.

Con este sistema se puede obtener la cuenta de resultados por producto, lo cual es muy útil para analizar el margen bruto que genera cada producto.

Supongamos una empresa que en el último ejercicio ha tenido unas ventas de 5300 euros (1800 del producto A, 2300 del producto B y 1200 del C), los precios unitarios de venta han sido de 3,60 euros para A, 2,56 euros para B, y 3 euros para C. Los costes que se han producido son:

	A	B	C	Total
Costes directos €	1400	1200	1450	4050
Otros costes (indirectos) €				800

La cuenta de resultados de la empresa será:

	A	B	C	Total
Ventas - Costes directos	1800 -1400	2300 -1200	1200 -1450	5.300 -4050
Margen bruto - Costes indirectos	400	1100	-250	1250 -800
Resultado				450

Para calcular el precio de coste unitario es necesario saber cuántas unidades se han vendido, ya que según el sistema de costes directos:

$$\text{Precio de coste unitario} = \frac{\text{Costes directos del producto}}{\text{Número de unidades vendidas}}$$

Si se han vendido 500 unidades de A, 900 de B y 400 de C:

$$\text{Precio de coste unitario} = \begin{array}{ccc} A & B & C \\ \hline \frac{1400}{500} = 2{,}8 & \frac{1200}{900} = 1{,}33 & \frac{1450}{400} = 3{,}63 \end{array}$$

El *precio de coste unitario* es el precio de venta mínimo de cada producto que se precisa facturar para cubrir los costes directos.

En el ejemplo anterior se observa que la empresa tiene ganancias pero el producto C genera un margen bruto negativo, lo cual podría suponer un problema.

Para tomar decisiones a partir de los datos de costes debemos tener en cuenta la diferencia entre costes variables y costes fijos. En principio, los costes que pueden desaparecer cuando se elimina un producto son los costes variables. Por lo tanto, al usar el sistema de *direct costing* debemos considerar los costes directos que son también variables.

En el ejemplo anterior, si se prescindiera del producto C, el resultado de la empresa seguramente sería positivo. Sin embargo, en este caso habría que saber si los costes directos del producto C desaparecerían en caso de que se eliminase dicho producto. Si estos costes directos fuesen también variables, entonces cabría esperar que desaparecieran si se eliminase el producto C. Por lo tanto, si los costes directos del producto C son también variables, podría ser interesante evaluar la posible eliminación de dicho producto, ya que mejorarían los resultados globales de la empresa.

También convendría potenciar el producto B, pues su margen es muy superior al de los otros productos.

De todas formas, para eliminar o potenciar productos hay que disponer además de información como la siguiente:

- ✔ ¿Cómo afecta a las ventas de cada producto el hecho de que se elimine algún producto del catálogo? A veces hay productos que tienen un margen bruto negativo pero contribuyen a que se vendan más otros productos de la empresa. Por ello, puede que sea conveniente mantenerlos.
- ✔ ¿Cómo afecta a la imagen de la empresa la desaparición de algún producto? Algunos productos son imprescindibles para mantener y mejorar la imagen y prestigio de la empresa. Por ello hay que mantenerlos aunque generen un margen bruto negativo. De todas formas, hay que garantizar que los beneficios de los demás productos cubren las pérdidas de aquellos productos no rentables.

Cálculo del coste directo de un producto o servicio

A continuación se calcula el coste de una bebida energética que fabrica una empresa. Para calcular el coste de una botella de 33 cl hay que saber las cantidades que se precisan de cada componente, y el precio unitario de cada uno. Acto seguido se divide el coste total por el número de botellas producidas; así se obtiene el coste unitario de la botella.

Cálculo del coste de una botella

Materia prima	Precio	Cantidad requerida	Coste €/l
Agua	0,20 €/l	0,75 l	0,15
Azúcares	2 €/kg	100 g	0,2
Taurina	20 €/l	0,05 l	1
Edulcorante	3,5 €/kg	50 g	0,18
Total			1,53
Número de botellas por litro			3
Coste directo de material unitario por botella			0,51

Por lo tanto, en el ejemplo anterior, el coste de la bebida energética para una botella de 33 cl ascendería a 0,51 euros. A dicho coste podría añadirse el coste de la mano de obra directa que ha intervenido en su elaboración. Para ello deberíamos contar el tiempo que cada empleado de fabricación ha destinado a la elaboración de la bebida. A continuación se calcularía el coste anual de cada empleado y se dividiría esta cantidad por las horas de trabajo efectivo del año. Así, se conocería el coste por hora de cada empleado, que habría que multiplicar por el tiempo que el empleado ha destinado a la elaboración de la bebida:

$$\text{Coste de un empleado que interviene en la elaboración de la bebida} = \frac{\text{Coste anual del empleado}}{\text{Horas de trabajo al año}} \times \text{Tiempo destinado a elaborar un litro de bebida}$$

Este cálculo debería hacerse para cada uno de los empleados que han intervenido de manera directa en la elaboración de la bebida. Por lo tanto, el precio de coste directo estaría integrado por la materia prima y el coste de la mano de obra directa.

Precio de venta de un producto

Vamos a exponer cómo se pueden establecer precios de venta orientativos a partir del coste directo y a las expectativas de beneficio que tiene la empresa.

Si sabemos a cuánto ascienden el coste directo por unidad de producto y el porcentaje que representa el coste directo respecto al precio de venta, se puede calcular el precio de venta. Esto se hace dividiendo el coste directo por el tanto por uno que representa este coste sobre el precio de venta:

$$\text{Precio de venta por unidad de producto} = \frac{\text{Coste directo por unidad}}{\text{Tanto por uno que representa el coste directo sobre el precio de venta}}$$

En una farmacia, el coste de un medicamento es de 5 euros, y se sabe que el coste representa el 70 % del precio de venta. El precio de venta será:

= 5 € / 0,70 = 7,14 €

Aunque el precio de venta tiene que cubrir los costes, la política de fijación de precios depende de la estrategia de marketing. Por ello, el precio de venta de un producto o servicio suele fijarse en función del análisis del precio de mercado. Este precio depende de los precios de la competencia y de la política de marketing que se diseñe. En definitiva, el precio de venta es una variable más del plan de marketing.

Siguiendo con el ejemplo de la bebida energética, para fijar el precio de venta de 33 cl de producto hay que ser conscientes de que en el coste anterior de 0,51 € sólo se ha tenido en cuenta una parte de los costes. Habría que incorporar también como costes la mano de obra (trabajadores encargados de las máquinas, mantenimiento de estas máquinas, etc.), otros consumos (lubricante, electricidad, etc.) y los gastos de estructura (alquiler del local, tributos, etc.). Por ello, para calcular el precio de venta a partir del coste directo obtenido, que sólo incluye el coste de ciertos consumos, sería preciso fijar un porcentaje que permita también cubrir los demás costes y obtener un beneficio. Este porcentaje se suele fijar basándose en la experiencia de años anteriores y en los precios de mercado para la categoría de producto (bebida energética) correspondiente.

Una forma de fijar este porcentaje consistiría en analizar los costes del año anterior. Para ello, se divide el coste total entre los costes directamente imputables a la bebida energética y el resto de los costes de la empresa. A lo anterior hay que añadir el beneficio deseado y así se fija el porcentaje de margen que obtendremos. Siguiendo con el ejemplo, añadimos los datos siguientes en relación con el año anterior:

	€	%
Coste anual de componentes directamente imputables a la bebida	110 750	27,4
Otros costes	198 500	49,1
Costes totales del año anterior	309 250	76,5
Beneficio anual deseado	95 000	23,5
Total de costes más beneficios deseados	404 250	100

Por lo tanto, los costes imputados a la bebida suponen, más o menos, el 27,4 % del ingreso total que cubre el resto de los costes y proporciona el beneficio deseado.

En este caso, para determinar el precio de venta de una botella de 33 cl de capacidad se dividirá el coste de la materia prima imputada a los 33 cl de cada botella por 0,274 (expresión en tanto por uno del 27,4 %):

$$\text{Precio de venta de la botella} = \frac{\text{Coste de materiales}}{\text{Coste de materiales sobre el ingreso total en tanto por uno}} = \frac{0{,}51}{0{,}274} = 1{,}86\ €$$

Al aplicar el método expuesto se tendrá que verificar cuál es el precio de mercado de la bebida energética. También deberá comprobarse que la proporción entre los costes de materiales y el resto de los costes se mantiene con respecto al año anterior.

El problema más importante de este método es que parte del supuesto de que se debe aplicar el mismo porcentaje de margen para todos los productos y servicios.

Precio de venta de varios productos con márgenes diferentes

Como lo más habitual es que interese aplicar un porcentaje de margen distinto para cada producto, se puede utilizar otro método, un poco más complejo, que se describe a continuación.

El punto de partida implica saber cuál es el beneficio total que deseamos obtener, así como el coste de estructura no asignable a los distintos productos. A continuación se fija el margen de contribución que debe generar cada producto o servicio. Este margen de contribución, sumado al de los restantes productos, es el que tiene que cubrir los costes indirectos de toda la empresa y el beneficio deseado:

Venta del producto X
– Costes directos del producto X
– Costes de estructura asignables al producto X

Margen de contribución del producto X

El *margen de contribución de un producto* es el que se obtiene si a las ventas de un producto se le restan los costes directos de dicho producto y los costes de estructura asignables a dicho producto. Este margen de contribución es el que debe servir para cubrir el resto de los costes de estructura y el beneficio de la empresa.

Los costes de estructura asignables a un producto son aquellos que, a pesar de ser fijos, son directos, ya que se pueden imputar de forma objetiva a dicho producto. Por ejemplo, el personal del servicio posventa suele ser fijo, pero si cada empleado de dicho servicio está asignado a un producto determinado, su coste sería de estructura asignable. En cambio, el sueldo del director de la empresa es un coste de estructura no asignable. Si se conocen los costes directos, los costes de estructura asignables al producto y el margen de contribución que debe generar cada producto, se pueden determinar los ingresos que hay que obtener:

Ingresos que hay que obtener con un producto = Costes directos
+ Costes de estructura asignables
+ Margen de contribución

La proporción que representa el coste directo sobre el precio de venta será:

$$\text{Sobre precio de venta tanto por uno de coste directo} = \frac{\text{Costes directos}}{\text{Ingresos del producto}}$$

El precio de venta debería ser:

$$\text{Precio de venta} = \frac{\text{Costes directos}}{\text{Tanto por uno de coste directo sobre el precio de venta}}$$

Piensa en una empresa que fabrica todo tipo de bebidas, desde refrescos hasta bebidas alcohólicas. Para el próximo año desea conseguir un beneficio de 800 000 euros y prevé unos gastos de estructura no asignables de 2 000 000 euros. Para cubrir estos 2 800 000 euros se ha decidido que cada producto debe generar el siguiente margen de contribución:

Productos	**Margen de contribución que hay que generar**
Refresco	800 000
Té	500 000
Energética	300 000
Zumo	400 000
Vino	500 000
Sangría	300 000
Margen de contribución total	2 800 000

Como sabemos que las bebidas energéticas deben generar 300 000 euros de margen de contribución, precisamos conocer los clientes potenciales que consumirán esta bebida. De esta forma, podemos hacer una estimación del coste directo (materias primas) y del coste de estructura asignable a las bebidas energéticas (trabajadores, electricidad, etc.) que se va a producir con las ventas previstas.

Por ejemplo, el coste directo previsto asciende a 400 000 euros y el coste de estructura asignable a las bebidas energéticas a 325 000 euros. Por lo tanto, ya sabemos que las bebidas energéticas tendrán unos determinados costes directos (400 000 euros de costes variables y 325 000 euros de costes de estructura asignables). Además, ha de generar un margen de 300 000 euros.

Así pues, los ingresos que hay que generar serán de 1 025 000 euros (el importe que obtenemos al sumar 400 000, 325 000 y 300 000 euros). En este caso, el coste de materiales representa el 39,02 % de los ingresos totales que hay que generar (400 000 euros dividido por 1 025 000 euros).

En el ejemplo anterior, si el coste de la botella de bebida energética de 33 cl era de 0,51 euros, el precio de venta debería ser igual a los costes directos:

$$\text{Precio de venta} = \frac{\text{Costes directos}}{\text{Tanto por uno de costes directos}} = \frac{0{,}51}{0{,}3902} = 1{,}30\ €$$

En este caso, el margen se puede calcular para cada familia de producto que vende la empresa.

Precio de venta de un producto en función del coste total

El precio de venta también puede calcularse a partir del coste total incrementándolo en el margen deseado:

Precio de venta = Coste total × (1 + Tanto por uno de margen)

El coste total de una unidad de producto es de 10 euros. Si el margen deseado es del 20 %, el precio de venta será igual a 12 euros:

Precio de venta = 10 € × 1,20 = 12 €

El cálculo del coste total de un plato en un restaurante (espaguetis a la carbonara con champiñones) se divide en varias partes. En primer lugar, se calcula el coste de los ingredientes:

Materia prima	Precio unitario	Cantidad para seis raciones	Coste para seis raciones
Espaguetis	1,2 €/kg	800 g	0,96 €
Panceta	5 €/kg	200 g	1 €
Yema de huevo	1,75 €/docena	6 huevos	0,88 €
Mantequilla	2,25 €/kg	100 g	0,23 €
Queso parmesano	3,50 €/kg	350 g	1,23 €
Champiñones	2,5 €/kg	200 g	0,5 €
Total			4,8 €
Coste para una ración (dividiendo por 6)			0,8 €

Lo habitual es que sólo se calcule el coste de las materias primas y, para llegar al coste total, se aplique un porcentaje como el que hemos expuesto con anterioridad. De todas formas, se podría calcular también el coste del personal directo de la cocina que ha intervenido en la elaboración del plato. Para ello tenemos que conocer el coste total anual de cada empleado (que incluye el sueldo bruto, la cuota correspondiente de la Seguridad Social y otros conceptos), las horas de trabajo efectivo anual y el tiempo que destina a la elaboración del producto:

Empleado	Coste total anual empleado	Tiempo de trabajo efectivo al año	Coste hora empleado	Tiempo destinado elaboración plato	Coste de seis raciones
Cocinero	30 000 €	1450 h	20,69 €	15 min	5,17 €
Pinche	10 800 €	1450 h	7,45 €	15 min	1,86 €
Total					7,03 €
Coste para una ración					1,17 €

Por lo tanto, el coste directo total asciende a:

Materias primas	0,8 €
Mano de obra	1,17 €
Total coste directo	1,97 €

El paso siguiente es obtener el coste total, y para ello hay que incluir todos los demás costes de difícil asignación (camarero, encargado, luz, agua, gas, alquiler del local, tributos, etc.). Para calcularlo se podría analizar la relación que hubo en el año anterior entre los costes directos (materias primas y mano de obra directa) y los restantes costes del restaurante. Supongamos que la relación fue la siguiente:

Costes directos	45 %
Resto de costes	55 %
Costes totales	100 %

El coste total del plato de espaguetis a la carbonara con champiñones sería:

$$\text{Coste total} = \frac{\text{Coste de materiales}}{\text{Coste de materiales sobre el ingreso total en tanto por uno}} = \frac{1{,}97}{0{,}45} = 4{,}37\ €$$

Para fijar el precio de venta se añadiría, al coste total, el margen de beneficio deseado. Por ejemplo, si se desea establecer un margen del 30 %, el precio del plato sería:

Precio = Coste total × (1 + Margen deseado) = 4,37 × 1,30 = 5,68 €

Capítulo 6

Cálculo del coste completo

En este capítulo

- Sistema de costes completos
- Sistema de tasa
- Sistema de secciones
- Secciones o centros de coste
- Unidades de obra
- Coste total por unidad de producto

Ahora que sabes cómo calcular costes con el sistema de costes directos puedes pasar a los sistemas de costes completos, denominados *full costing* en inglés. Se trata de sistemas que proporcionan más información.

El objeto de este capítulo es comprender cómo funcionan los sistemas de costes completos, tanto el sistema de tasa como el sistema de secciones.

El sistema de costes completos por tasa

Con este sistema, todos los costes se imputan a los productos que vende la empresa. Para ello, se dividen los costes entre directos e indirectos. Los costes directos (materias primas, embalajes, mano de obra directa, comisiones de los vendedores, etc.) se asignan al producto sin ninguna dificultad y sin necesidad de elaborar hipótesis subjetivas de reparto.

Los costes indirectos se asignan a los productos a partir de alguna tasa. Por ejemplo, se puede utilizar como tasa de reparto el peso que tienen los costes directos de cada producto sobre el total de costes directos. Otro tipo de tasa sería el peso de un coste directo de un producto (materia prima o mano de obra directa) sobre el total de ese coste directo.

Dado que con este sistema no se analizan a fondo los costes indirectos que se asignan a cada producto, hay que tomar con precaución los datos de costes totales que se obtienen.

Una fábrica metalúrgica produce cigüeñales y pistones de acero inoxidable. En relación con la producción del último mes, se informa de que se han producido 700 cigüeñales y 500 pistones.

Costes directos (€)

	Total	Cigüeñales	Pistones
Acero inoxidable	250 000	135 000	115 000
Mano de obra directa	100 000	65 000	35 000
Transportes	30 000	20 000	10 000
Total	380 000	220 000	160 000

Costes indirectos (€)

Encargado	960
Luz, agua	600
Costes generales	4440
Total	6000

Los costes indirectos se reparten en proporción al coste de mano de obra directa (65 % para cigüeñales y 35 % para pistones).

Si nos basamos en los datos anteriores y aplicamos el sistema de costes completos, podemos hacer los cálculos siguientes:

	Cigüeñales	Pistones	Total
Costes directos (€)	220 000	160 000	380 000
Costes indirectos (€)	3900	2100	6000
Costes totales (1) (€)	223 900	162 100	386 000
Unidades (2) (€)	700	500	
Coste unitario (1)/(2) (€)	320	324	

Por lo tanto, el coste unitario de un cigüeñal es de 320 euros, y el de un pistón, 324 euros.

El sistema de costes totales por secciones

Con este sistema se obtienen el coste total y su desglose entre las diferentes partes de la empresa. De este modo obtenemos el coste total de un producto o servicio a través de la suma de los costes de cada fase de su elaboración, a los que se añaden los costes de las materias primas.

CONSEJO

El sistema de costes totales por secciones es recomendable para aquellas empresas que deseen conocer los costes completos de sus productos o servicios y de sus departamentos. Es un sistema muy utilizado en empresas industriales (fabricantes de automóviles, empresas agroalimentarias, etc.) y de servicios (hospitales o escuelas).

En este sistema se utilizan *secciones* o *centros de coste*, que son partes de la empresa que tienen un responsable, unas personas y unos medios para llevar a cabo su trabajo. Las secciones suelen coincidir con los departamentos de la empresa. Las secciones también se denominan *centros de responsabilidad*.

Supón una empresa que produce un producto que pasa por las secciones de corte, ensamblaje y acabado. Su coste total se podría obtener sumando los siguientes costes:

- ✔ Coste de las materias primas precisas.
- ✔ Otros costes variables (comisiones de vendedores, por ejemplo).
- ✔ Coste de sección de corte.
- ✔ Coste de sección de ensamblaje.
- ✔ Coste de sección de acabado.

El problema de este sistema es que requiere seleccionar criterios fiables para la imputación, también denominada reparto o asignación, de los costes fijos.

Para aplicar el sistema de secciones se siguen los siguientes pasos:

Paso 1

Se divide toda la empresa en secciones o centros de costes (marketing, administración, dirección, relaciones públicas, corte, ensamblaje, almacén, compras, etc.). Si hay costes que no son imputables a ninguna sección, se asignarán a una sección de costes generales. Toda sección se caracteriza por tener un responsable y por tener unos costes asignados. Por regla general, las secciones suelen coincidir con los departamentos de la empresa.

Paso 2

Se asignarán los costes de un período determinado a cada sección. Cada coste se puede asignar según diferentes criterios. Por ejemplo, los costes de personal en función del número de empleados de cada una, los alquileres en función de la superficie que ocupa cada sección, la energía según la potencia instalada, la amortización del inmovilizado según los inmovilizados, etc.

De esta forma sabemos cuál es el coste de cada sección, que es uno de los objetivos de la contabilidad analítica.

En la tabla 6-1 puedes ver un ejemplo de estadística de costes.

Tabla 6-1: Estadística de costes

Costes total	***Secciones***					
	C	***E***	***Ac.***	***M***	***Ad.***	***D***
Consumo						
Personal						
Alquileres						
Amortización						
Energía						
Total 220 000	31 700	25 300	59 400	14 000	64 500	25 100

C: corte; E: ensamblaje; Ac.: acabado; M: mantenimiento;
Ad.: administración; D: dirección

Paso 3

A continuación, como se indica en la tabla 6-2, se asignan los costes de las secciones auxiliares de las secciones principales. Las *secciones principales* son aquellas que intervienen de manera directa en la elaboración del producto o servicio que produce la empresa (ensamblaje, corte, acabado, etc.), y las *secciones auxiliares* son las que apoyan a las secciones principales (mantenimiento, dirección, relaciones públicas, marketing, administración, etc.). Unas secciones pueden ser principales en una empresa y auxiliares en otra.

El reparto de los costes de las secciones auxiliares a las principales se hace en función de la dedicación de cada sección auxiliar a cada sección principal. Por ejemplo, el reparto de los gastos de mantenimiento se hará en función del tiempo empleado en reparaciones o mantenimiento de cada una de las otras secciones. Por lo general, el reparto se hace con criterios subjetivos como los siguientes:

- ✔ Proporcionalmente a los ingresos que genera cada una de las secciones principales.

- ✔ Proporcionalmente a los gastos de cada sección principal.

De este modo se obtiene el coste total de cada sección principal de la empresa.

En la tabla 6-2 se plantea un supuesto en el que los costes de las secciones auxiliares, que en total suman 103 600 euros (que resultan de sumar 14 000 + 64 500 + 25 100), se reparten como sigue: 16 000 para la sección de corte, 49 000 para la sección de ensamblaje y 38 600 para la sección de acabado.

Tabla 6-2: Reparto de las secciones auxiliares

Costes Total	***Secciones***					
	C	***E***	***Ac.***	***M***	***Ad.***	***D***
Consumo						
Personal						
Alquileres						
Amortización						
Energía						
Total	31 700	25 300	59 400	14 000	64 500	25 100
Reparto de las secciones auxiliares	16 000	49 000	38 600	–14 000	–64 500	–25 100
Coste total de las secciones principales	47 700	74 300	98 000	0	0	0

C: corte; E: ensamblaje; Ac.: acabado; M: mantenimiento; Ad.: administración; D: dirección

Paso 4

En las secciones en que sea posible se tiene que definir la *unidad de obra*, que es la unidad de medida de la actividad de cada sección. Las unidades de obra suelen ser unidades físicas. Por ejemplo, en la sección de corte pueden ser el número de cortes efectuados, y en la de ensamblaje, las unidades ensambladas. En muchos casos se utiliza el número de horas de mano de obra como unidad de obra.

Paso 5

Una vez que se han definido las unidades de obra de cada sección, se dividen los costes totales de cada sección principal por las unidades de obra producidas en el período considerado.

En el ejemplo, se plantea el supuesto de que la sección de corte ha efectuado 23 850 cortes, la sección de ensamblaje ha ensamblado 25 186 piezas y la sección de acabado ha procesado 1243 unidades de producto. De esta forma obtenemos el coste de cada unidad de obra, como se refleja en la tabla 6-3.

Tabla 6-3: Cálculo del coste de cada unidad de obra

	Total	*Corte*	*Ensamblaje*	*Acabado*
Coste total de las secciones principales	220 000	47 700	74 300	98 000
Número de unidades de obra		23 850	25 186	1243
Coste de cada unidad de obra		2	2,94	78,84

Paso 6

Se calcula cuántas unidades de obra de cada sección hacen falta para obtener una unidad de producto. Este número de unidades de obra necesarias se multiplica por el coste de una unidad de obra en la sección respectiva. Con ello obtenemos los costes de producción del producto por secciones.

Paso 7

Para calcular el coste total de una unidad de producto sumaremos el coste de las materias primas y otros costes variables directamente imputables al coste de las secciones.

Por ejemplo, para producir una unidad de producto se han necesitado materias primas por valor de 250 euros, 15 cortes en la sección de corte, 140 piezas en la sección de ensamblaje y 1 unidad en la sección de acabado. El coste de una unidad de producto será:

Coste de materias primas	250 €
Coste de corte (15 cortes x 2)	30 €
Coste de ensamblaje (140 piezas x 2,94)	411,6 €
Coste de acabado (1 unidad)	78,84 €
Coste por unidad de producto	770,44 €

Así podemos conocer el coste total del producto y el coste de cada una de las etapas de su elaboración. Con esta información se puede optimizar cada una de las etapas del proceso productivo.

El sistema de costes utilizado influye en los costes de los productos y, por lo tanto, en el valor de las existencias y en el resultado del período. Con un sistema de costes completos el valor de las existencias finales será más elevado y, por lo tanto, el beneficio de la cuenta de resultados será mayor. En cambio, con un sistema de costes directos, las existencias finales tendrán un valor más reducido al incorporar solamente los costes directos. En este caso, el beneficio de la cuenta de resultados será menor, ya que los costes indirectos se imputarán todos al período.

A continuación se presenta el coste por producto del ejemplo anterior con diferentes sistemas de costes.

Como ya sabemos cuál es el coste por unidad de producto con el sistema de secciones y el sistema de costes directos (considerando sólo el coste de los materiales), vamos a añadir información sobre el sistema de tasa.

Se sabe que la empresa tiene unos costes indirectos que representan el 150 % del coste de las materias primas. Este porcentaje nos servirá para aplicar el sistema de tasa.

En la tabla 6-4 se puede comprobar que el sistema que proporciona una información más detallada del coste de una unidad de producto, es el sistema de secciones:

Tabla 6-4: Comparación de sistemas de costes (datos en euros)

	Costes directos	*Costes completos por tasa*	*Costes completos por secciones*
Coste de materias primas	250	250	250
Costes indirectos por tasa (150% del coste de las materias primas)		375	
Coste de corte (15 cortes x 2)			30
Coste de ensamblaje (140 piezas x 2,94)			411,6
Coste de acabado (1 unidad)			78,87
Coste por unidad de producto	250	625	770,44

Por lo tanto, el sistema de costes directos es el más rápido y sencillo pero proporciona información sólo sobre una parte de los costes, los costes directos.

El sistema de tasa proporciona un coste completo, pero no analiza de manera detallada el coste indirecto asignado al producto.

Por último, el sistema de secciones es el que proporciona una información más detallada sobre los diferentes componentes del coste completo.

Parte III

Cómo se analiza una empresa

—ME DIJO SI QUERÍA PLAN PARA ESTA NOCHE... PERO ¡SOLAMENTE LE INTERESABA UN PLAN FINANCIERO!

En esta parte...

Aprenderemos a analizar las cuentas de las empresas. De esta forma podremos diagnosticar su situación financiera y su capacidad para generar riqueza. Se trata de aspectos que permiten conocer fortalezas y debilidades. También ayudan a tomar decisiones.

Capítulo 7

Análisis del balance

En este capítulo

- Análisis del balance
- Porcentajes del balance
- Gráficos del balance
- Estado de origen y aplicación de fondos
- Estado de flujos de efectivo
- Estado de cambios en el patrimonio neto

Una vez que sabemos cuáles son los aspectos más relevantes de la contabilidad financiera (balance y cuenta de resultados) y del cálculo de costes, podemos pasar a efectuar el análisis de las cuentas.

Dentro del esquema que relaciona la contabilidad y las finanzas, el análisis de los estados financieros se efectúa para obtener un diagnóstico de la situación en que se encuentra la empresa. Para ello se utiliza el balance y la cuenta de resultados. Este diagnóstico permite detectar problemas que, solucionados a tiempo, garantizan la viabilidad de la empresa.

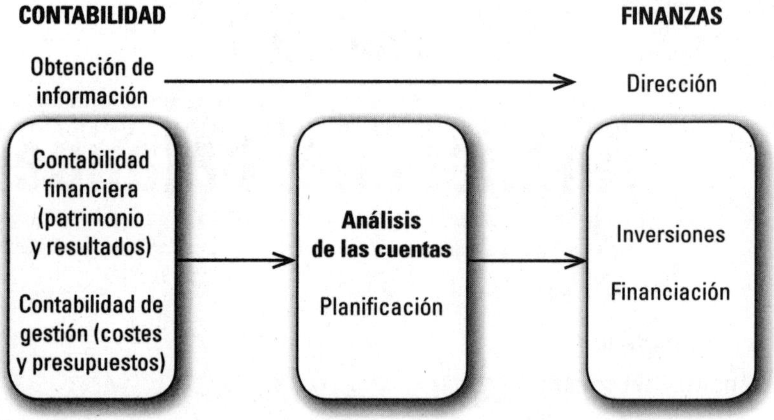

Figura 7-1: El análisis de las cuentas en el esquema general de las relaciones entre contabilidad y finanzas.

El objetivo de este capítulo es ver cómo se analiza un balance con porcentajes, gráficos y el estado de origen y aplicación de fondos. También se explica el estado de flujos de efectivo y el estado de cambios en el patrimonio neto. En el capítulo 8 se ampliará este tema con el estudio de ratios.

Los problemas más relevantes que se descubren analizando los estados financieros suelen ser:

- ✔ Estructura financiera deficiente. Esta situación puede producirse cuando la empresa tiene un capital insuficiente. Este déficit de capital va acompañado normalmente de unas deudas excesivas que disminuyen considerablemente los beneficios. Para solucionar este problema, es necesario que los propietarios de la empresa aporten más capital.

  El balance también puede estar desequilibrado cuando hay un exceso de pasivo corriente, ya que se puede producir la suspensión de pagos.

- ✔ Rentabilidad insuficiente causada por unas ventas reducidas, por unos precios de venta bajos o por unos gastos excesivos. Esta situación debe solventarse, ya que, si no, la empresa puede llegar a tener pérdidas.

A continuación veremos cómo deben analizarse los balances de una empresa.

Análisis del balance

El análisis del balance, al que también se llama *análisis patrimonial*, consiste en hacer un diagnóstico a partir del estudio de uno o más balances.

El análisis patrimonial puede hacerse con un solo balance (análisis patrimonial estático) o con varios balances (análisis patrimonial dinámico), para ver la evolución de la empresa.

Análisis de un solo balance (análisis patrimonial estático)

Para efectuar el análisis de un solo balance hay que calcular porcentajes y confeccionar gráficos. También pueden calcularse ratios, como se expone en el capítulo 8.

Cálculo de porcentajes

El cálculo de porcentajes consiste en dividir cada elemento del balance por el total del activo. Así, se puede apreciar la importancia de cada elemento con respecto al total del activo o patrimonio neto más pasivo.

A continuación verás cómo calcular los porcentajes del balance de la tabla 7-1.

Tabla 7-1: Balance en valores absolutos (datos en euros)

Activo		*Patrimonio neto más pasivo*	
Activo no corriente	300	Patrimonio neto	350
Existencias	140	Pasivo no corriente	175
Realizable	90	Pasivo corriente	75
Disponible	70		
	600		600

Los porcentajes se calculan dividiendo cada grupo de cuentas por el total del activo y multiplicando por 100. Por ejemplo, para el activo no corriente se hará:

$$\frac{300}{600} \times 100 = 50\,\%$$

Para el disponible, se hará:

$$\frac{70}{600} \times 100 = 11{,}67\,\%$$

Para el patrimonio neto se hará:

$$\frac{350}{600} \times 100 = 58{,}33\,\%$$

El balance, en porcentajes, quedará como se muestra en la tabla 7-2.

Tabla 7-2: Balance en euros y en porcentajes

Activo			***Patrimonio neto más pasivo***		
	Importe (€)	Porcentaje		Importe (€)	Porcentaje
Activo no corriente	300	50	Patrimonio neto	350	58,33
Existencias	140	23,33	Pasivo no corriente	175	29,17
Realizable	90	15	Pasivo corriente	75	12,50
Disponible	70	11,67			
	600	100		600	100

Observa que los porcentajes del activo y del patrimonio neto más pasivo suman 100. Una vez que se han calculado los porcentajes, se pueden obtener algunas conclusiones.

En primer lugar hay que comprobar si los componentes del activo corriente (es decir, existencias, realizable y disponible) superan al pasivo corriente. En caso contrario, la empresa podría tener problemas de liquidez, ya que el activo corriente representa a todos los activos que hay que convertir en dinero antes de un año y el pasivo corriente refleja todas las deudas que se han de pagar antes de un año.

Para que no haya problemas de liquidez, lo que se cobre antes de un año ha de ser mayor que todo lo que hay que pagar en el mismo período.

En el balance anterior, el activo corriente (existencias, realizable y disponible) asciende a 300 euros (o al 50 %) y, por lo tanto, supera al pasivo corriente que asciende a 75 euros (o al 12,50 %). Se puede afirmar que, en principio, esta empresa no debería tener problemas de liquidez a corto plazo.

La regla de que el activo corriente ha de ser mayor que el pasivo corriente es válida para la mayoría de las empresas. De todas formas, hay empresas que cobran muy rápido de sus clientes y, en cambio, pueden pagar mucho más tarde a sus proveedores. En estos casos, con menos activo corriente se puede hacer frente a las deudas a corto plazo.

En segundo lugar, se ha de analizar el peso de las deudas. En general, el pasivo (o sea las deudas) no debe ser superior al 50 o el 60 % de todo el balance, o sea, a la suma del patrimonio neto más pasivo.

En el ejemplo que se está estudiando, las deudas representan el 41,67 % (suma del pasivo no corriente y del pasivo corriente) del patrimonio neto más pasivo. Por lo tanto, esta empresa tiene poco endeudamiento y está capitalizada. Si la empresa tuviera un exceso de deudas, o lo que es lo mismo, que las deudas superasen el 60 %, eso significaría que la empresa tendría menos independencia financiera y estaría en manos de los acreedores.

La regla de que la deuda no ha de superar al 50 o el 60 % de todo el balance es válida para la mayoría de las empresas. De todas formas, hay empresas que pueden obtener un endeudamiento por el que no pagan costes financieros y lo obtienen muy fácilmente y sin problemas a la hora de renovarse. En este caso, el endeudamiento puede ser mayor y no supone ningún problema.

A continuación se puede analizar la composición del activo y del patrimonio neto más pasivo del balance. Así, en el balance que estamos estudiando, el activo se compone, básicamente, de un activo no corriente que representa el 50 %. El 50 % restante se reparte entre existencias, realizable y disponible. El patrimonio neto más el pasivo está formado, sobre todo, por patrimonio neto y pasivo no corriente.

Al revisar la composición del activo y del patrimonio neto más el pasivo se trata de comprobar que los importes son razonables de acuerdo con la actividad de la empresa.

En las empresas industriales y en empresas de servicios como hospitales y universidades, el activo no corriente representa una parte importante del activo. Y en el pasivo, estas empresas, suelen tener bastante pasivo no corriente para financiar su activo no corriente.

En cambio, en empresas comerciales, como los supermercados, las existencias son muy importantes y la financiación la obtienen sobre todo de proveedores.

En definitiva, una vez que se han calculado los porcentajes, se pueden hacer tres cosas: comparar el activo corriente con el pasivo corriente; analizar el peso de la deuda en el patrimonio neto más pasivo, y estudiar la composición del activo y del patrimonio neto más pasivo.

Representación gráfica del balance

Mediante la representación gráfica se pueden visualizar las conclusiones que hemos obtenido con el cálculo de los porcentajes.

Una vez que se han calculado los porcentajes del balance, se realiza el gráfico como sigue:

- ✔ En primer lugar, se dibuja un rectángulo dividido en dos partes iguales. La parte izquierda del rectángulo es el activo, y la parte derecha, el patrimonio neto más el pasivo (como en la figura 7-2).
- ✔ A continuación se sitúan los diferentes porcentajes del activo y del patrimonio neto más pasivo, considerando que la altura del rectángulo es 100 (mira la figura 7-3). El activo quedará como se ve en la figura 7-4, y el balance total como en la figura 7-5.

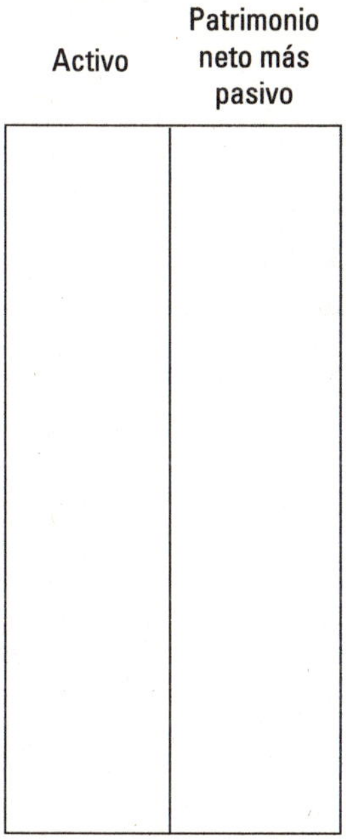

Figura 7-2: Representación gráfica del activo y del patrimonio neto más pasivo

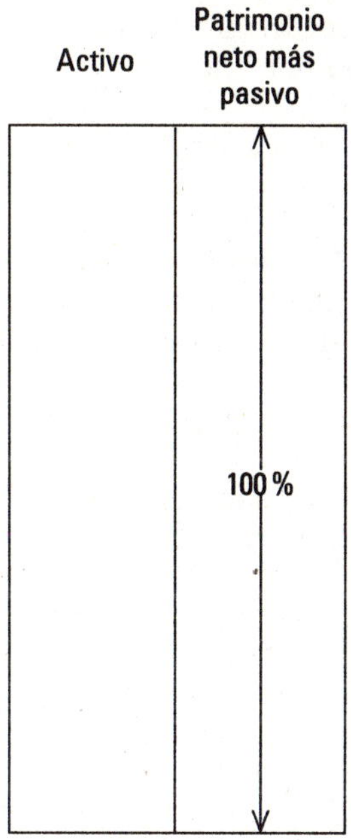

Figura 7-3: Representación gráfica del balance en porcentajes

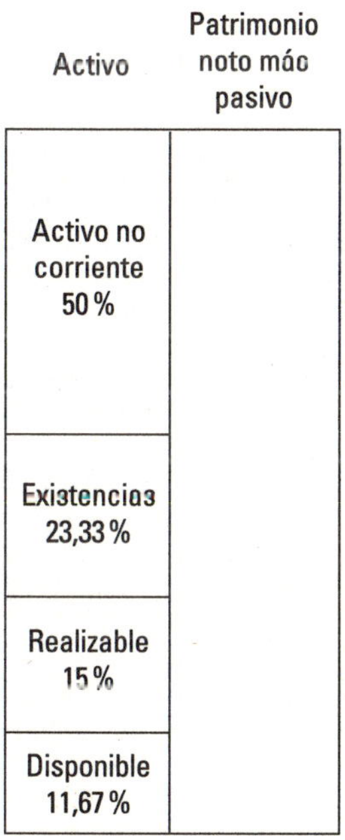

Figura 7-4: Representación gráfica de los grupos patrimoniales del activo en porcentajes

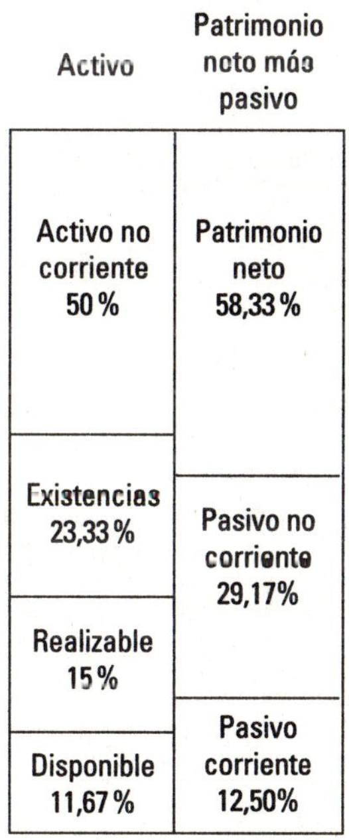

Figura 7-5: Representación gráfica del balance en porcentajes según grupos patrimoniales

CONSEJO

El gráfico del balance no suministra más información que los porcentajes. No obstante, permite ver, de forma más clara, la estructura del balance.

A continuación se presentan diversos balances de empresas con problemas de distinta índole.

EJEMPLO

El caso de la figura 7-6 corresponde a una empresa que está descapitalizada, ya que tiene un exceso de deudas. A esta empresa le falta capital y le sobran deudas. Sin embargo, parece que por el momento, podrá hacer frente a los pagos, puesto que el activo corriente supera al pasivo corriente.

EJEMPLO

En el caso de la figura 7-7, la empresa tiene suficiente patrimonio neto, no obstante, tendrá problemas de liquidez a corto plazo. El activo corriente es menor que el pasivo corriente y es muy posible que no pueda hacer frente a todos sus pagos.

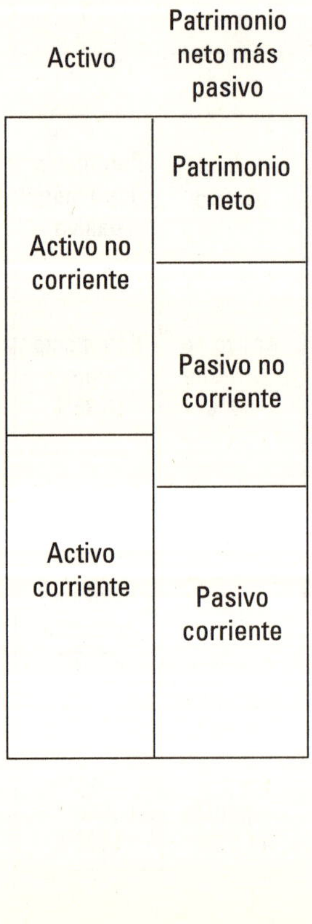

Figura 7-6: Ejemplo de empresa descapitalizada

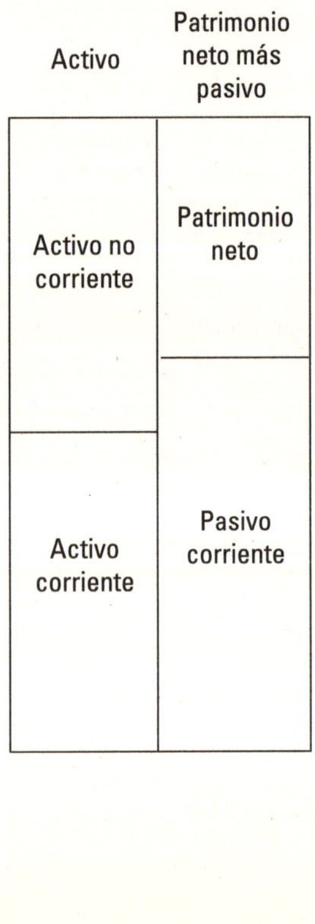

Figura 7-7: Ejemplo de empresa con excesivo pasivo corriente

En el caso de la figura 7-8, la situación final es aún peor, pues la empresa está descapitalizada (tiene un exceso de deudas), y además tiene un pasivo corriente mayor que el activo corriente. Por lo tanto, posiblemente tampoco podrá hacer frente a los pagos.

En el ejemplo de la figura 7-9 se presenta un caso de balance equilibrado.

En resumen, para que un balance esté equilibrado, es recomendable que:

- ✔ El activo corriente sea superior al pasivo corriente para poder pagar el pasivo corriente sin ninguna dificultad.
- ✔ Las deudas no representen más del 60 % del patrimonio neto más pasivo.

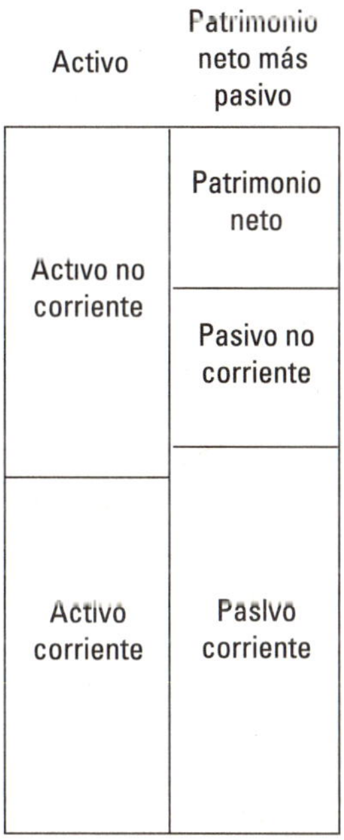

Figura 7-8: Ejemplo de empresa descapitalizada y con excesivo pasivo corriente

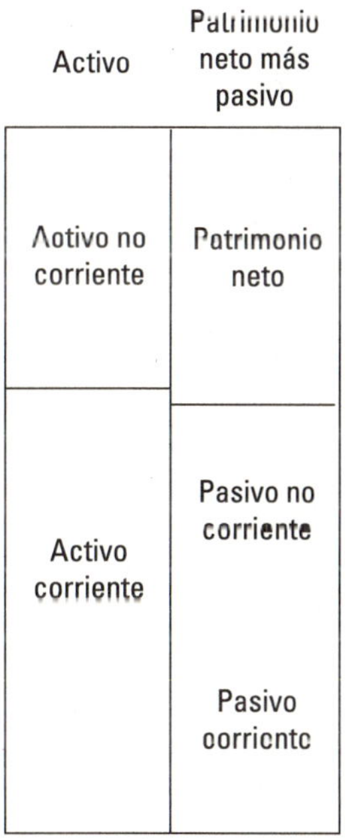

Figura 7-9: Ejemplo de balance equilibrado

Estas pautas son de tipo general, y son válidas para la mayoría de las empresas. Sin embargo, hay empresas que no tienen que cumplir estas condiciones, o bien por la forma de funcionar o bien por las características del sector en el que operan. Por eso es fundamental tener en cuenta las características especiales de cada empresa.

Por ejemplo, los supermercados o los restaurantes de comida rápida tienen un activo corriente que se mueve con mucha rapidez, ya que las mercancías se venden en pocos días y los clientes pagan al contado. Por ello suelen funcionar con un activo corriente que es menor que el pasivo corriente y no tienen problemas de tesorería.

Estado de origen y aplicación de fondos

El *estado de origen y aplicación de fondos*, también llamado *estado de fuentes y empleos*, calcula las inversiones que ha realizado la empresa y cómo las ha financiado. Es un instrumento muy útil para analizar el balance.

Se confecciona a partir de dos balances de una misma empresa, y consiste en la integración de todas las variaciones que se han producido en el activo y en el patrimonio neto más pasivo.

Las variaciones del activo deben ser siempre iguales que las variaciones del patrimonio neto más pasivo.

El estado de origen y aplicación de los fondos se confecciona anotando, a la izquierda, los aumentos de activo y las disminuciones de patrimonio neto más pasivo (que son las aplicaciones de fondos) y, a la derecha, los aumentos de patrimonio neto más pasivo y las reducciones de activo (que son los orígenes de fondos).

En el siguiente ejemplo se explica el proceso de confección del estado de origen y la aplicación de fondos. Conociendo dos balances de una misma empresa (como en la tabla 7-3), se calculan los aumentos y disminuciones producidos entre los dos balances (tabla 7-4).

Tabla 7-3: Balances del año 1 y el año 2 (datos en euros)

31 de diciembre del año 1				*31 de diciembre del año 2*			
Activo		**Patrimonio neto más pasivo**		**Activo**		**Patrimonio neto más pasivo**	
Activo no corriente	12	Patrimonio neto	16	Activo no corriente	18	Patrimonio neto	16
Existencias	5	Pasivo no corriente	8	Existencias	6	Pasivo no corriente	12
Realizable	7	Pasivo corriente	6	Realizable	7	Pasivo corriente	7
Disponible	6			Disponible	4		
	30		30		35		35

Tabla 7-4: Aumentos y disminuciones producidos en el año 2 (datos en euros)

Activo		*Patrimonio neto más pasivo*	
Activo no corriente	6	Patrimonio neto	0
Existencias	1	Pasivo no corriente	4
Realizable	0	Pasivo corriente	1
Disponible	–2		
	5		5

En el ejemplo que estamos estudiando, el estado de origen y aplicación de fondos será el que se acompaña en la tabla 7-5.

Tabla 7-5: Estado de origen y aplicación de fondos del año 2 (datos en euros)

Aplicaciones		*Orígenes*	
Activo no corriente	6	Pasivo no corriente	4
Existencias	1	Pasivo corriente	1
		Disponible	2
	7		7

Se puede concluir que esta empresa ha invertido, sobre todo en activo no corriente, y lo ha financiado con pasivo no corriente, lo cual es positivo. El activo no corriente debe financiarse con patrimonio neto o con pasivo no corriente. El patrimonio neto, por su lado, no ha variado. El estado de origen y aplicación de fondos sirve para ver en qué ha invertido y cómo lo ha financiado. De esta forma, se puede comprobar si el crecimiento y su financiación son equilibrados o no.

En la tabla 7-6 se presentan dos balances de una empresa con el fin de calcular el estado de origen y aplicación de fondos.

Tabla 7-6: Balance de situación (datos en euros)

	31-12-año 1	*31-12-año 2*
Activo		
Inversiones financieras a largo plazo	15 000	24 000
Existencias	4000	5000
Caja	8000	8000
	27 000	37 000
Patrimonio neto más pasivo		
Capital	11 000	14 000
Reservas	8000	8000
Beneficio del año 2		2500
Proveedores	8000	12 500
Total	27 000	37 000

Por lo tanto, el estado de origen y aplicación de fondos obtenido a partir de los balances de la tabla 7-6 será el que aparece en la tabla 7-7.

Tabla 7-7: Estado de origen y aplicación de fondos del año 2 (datos en euros)

	Aplicación		*Aplicación*
Inversiones financieras a largo plazo	9000	Capital	3000
Existencias	1000	Beneficio	2500
		Proveedores	4500
Total	10 000	Total	10 000

En el estado de origen y aplicación de fondos obtenido se observa que esta empresa ha invertido en inversiones financieras y existencias, y lo ha financiado a través de un aumento en el capital social, reservas y proveedores.

En este caso, la financiación es algo desequilibrada, ya que una parte de la financiación de proveedores, a corto plazo, está financiando inversiones financieras a largo plazo. Por lo tanto, está financiando activo no corriente con pasivo corriente, lo cual no suele ser muy prudente.

En las tablas 7-8 y 7-9 puedes ver cómo se confecciona el estado de origen y aplicación de fondos a partir de dos balances:

Tabla 7-8: Balance de situación (datos en euros)

	31 de diciembre del año 1	*31 de diciembre del año 2*
Activo		
Maquinaria	80 000	115 000
Existencias	25 000	30 000
Clientes	35 000	30 000
Bancos	10 000	5000
Total	150 000	180 000
Patrimonio neto más pasivo		
Capital	45 000	45 000
Reservas	15 000	20 000
Préstamos a corto plazo	30 000	45 000
Proveedores	60 000	70 000
Total	150 000	180 000

El estado de origen y aplicación de fondos del año 2 será:

Tabla 7-9: Estado de origen y aplicación de fondos del año 2 (datos en euros)

	Aplicación		*Origen*
Maquinaria	35 000	Reservas	5000
Existencias	5000	Préstamos a corto plazo	15 000
		Proveedores	10 000
		Clientes	5000
		Bancos	5000
Total	40 000	Total	40 000

Fíjate en que esta empresa ha invertido en maquinaria y en existencias, que ha financiado a través de préstamos a corto plazo, proveedores y también mediante la reducción del saldo de clientes y del disponible en caja.

De nuevo vemos una financiación desequilibrada, ya que se están usando préstamos a corto plazo para financiar maquinaria. Como la maquinaria necesita un plazo largo para recuperar el importe invertido puede haber dificultades para devolver los préstamos a corto plazo.

En general, hay que financiar el activo no corriente con patrimonio neto y pasivo no corriente.

Estado de flujos de efectivo

El estado de flujos de efectivo es un estado muy similar al estado de origen y aplicación de fondos. Es un estado que informa de los movimientos y saldos de tesorería distinguiendo entre explotación, inversiones y financiación. Se trata de un estado de gran utilidad, ya que, desde una perspectiva económico-financiera, el éxito de una empresa se mide en función de los beneficios y tesorería que es capaz de generar.

Para calcularlo (mira la tabla 7-10), se parte del resultado y se incorporan los gastos que no se pagan (por ejemplo, las amortizaciones). Luego se añaden las reducciones de activos corrientes de explotación (existencias, clientes, etc.) y los aumentos de pasivos corrientes (proveedores). A continuación, se restan los aumentos de activos corrientes de explotación y las disminuciones de pasivos corrientes de explotación. De esta forma, se obtiene el flujo de caja de la explotación.

Acto seguido se incorporan los flujos de inversión, sumando las reducciones de activos no corrientes y restando los aumentos de activos no corrientes.

Por último se incorporan los flujos de financiación, sumando los aumentos de patrimonio neto, de pasivos no corrientes y de pasivos corrientes que no son de explotación (como los préstamos, por ejemplo). Se restan las reducciones de patrimonio neto, de pasivos no corrientes y de pasivos corrientes que no son de explotación.

De este modo se obtiene el flujo de tesorería generado durante el año que se añade al saldo existente a principio del año, para llegar al saldo final de tesorería.

Tabla 7-10: Estado de flujos de efectivo

Resultado (beneficio o pérdida)

+ Gastos que no se pagan	Amortizaciones, etc.
+/– Variaciones de activos y pasivos corrientes de explotación	+ Reducciones de activos corrientes de explotación (existencias, clientes, etc.). + Aumentos de pasivos corrientes de explotación (proveedores, etc.). – Aumentos de activos corrientes de explotación (existencias, clientes, etc). – Disminuciones de pasivos corrientes de explotación (proveedores, etc.).
= Flujo de caja de la explotación	
+/– Flujos de inversión	+ Reducciones de activo no corriente – Aumentos en activo no corriente.
+/– Flujos de financiación	+ Aumentos de patrimonio neto (capital, reservas, etc.). + Aumentos de pasivos no corrientes (préstamos a largo plazo). + Aumentos de pasivos corrientes que no son de explotación (préstamos bancarios a corto plazo, etc.). – Disminuciones de patrimonio neto (capital, reservas, etc.). – Disminuciones de pasivos no corrientes (préstamos a largo plazo). – Disminuciones de pasivos corrientes que no son de explotación (préstamos bancarios a corto plazo, etc.).
= Flujo total de caja generado en el año	
+ Saldo inicial de tesorería	
= Saldo final de tesorería	

El flujo de caja generado por la explotación da mucha información sobre la capacidad de generar riqueza de la empresa, ya que relaciona el beneficio con los restantes flujos de la explotación. Este flujo se puede contrastar con el flujo de las inversiones y el de la financiación para comprobar si la empresa se autofinancia de manera adecuada y si la financiación es equilibrada o no, en relación con las inversiones efectuadas.

En la tabla 7-11 se refleja un ejemplo de estado de flujos de tesorería que se ha calculado con los datos del ejemplo de la tabla 7.16.

En la tabla 7-11 puede comprobarse que esta empresa no ha variado el saldo de tesorería, ya que el flujo generado durante el año ha sido de cero. Esto se debe a que los flujos de la explotación han sido de +6000 euros, los de las inversiones, -9000, y los de la financiación, +3000.

Tabla 7-11: Estado de flujos de tesorería (datos en euros)

Resultado (beneficio o pérdida)	+2500
+ Gastos que no se pagan	
+/- Variaciones de activos y pasivos corrientes de explotación	-1000 Existencias +4500 Proveedores
= Flujos de caja de la explotación	+6000
+/- Flujos de inversión	-9000 Inversiones financieras a largo plazo
+/- Flujos de financiación	+3000
= Flujo total de caja generado en el año	0
+ Saldo inicial de tesorería	+8000
= Saldo final de tesorería	+8000

En el estado de flujos de tesorería los aumentos de activo se ponen restando, ya que significan inversiones para las que hay que desprenderse de tesorería. Lo mismo sucede con las reducciones de pasivo o de patrimonio neto.

En cambio, las reducciones de activo se ponen sumando, ya que van a aumentar la tesorería. Lo mismo sucede con los aumentos de pasivo o de patrimonio neto.

Estado de cambios en el patrimonio neto (ECPN)

Este estado informa de las variaciones producidas en el patrimonio neto. Como se puede apreciar en la tabla 7-12 las variaciones principales se deben al resultado del año y a las operaciones con socios, que suelen ser aumentos o reducciones de capital.

Tabla 7-12: Estado de cambios en el patrimonio neto (datos en euros)

Ejercicio 2	*Capital*	*Reservas*	*Resultado*	*Total*
Saldo año 0	200	100		300
Resultado			50	50
Operaciones con socios	100			100
Saldo año 1	300	100	50	450

En la tabla 7-12 puedes comprobar que la empresa del ejemplo ha aumentado su patrimonio neto con un incremento de capital de 100 y con el beneficio de 50.

Con el ECPN se puede evaluar si el crecimiento del patrimonio neto es equilibrado en relación con las inversiones que efectúa la empresa y con las deudas. En la medida en que el incremento del patrimonio neto sea razonable la empresa gozará de una estructura financiera sólida.

Capítulo 8

Estudio de los ratios

En este capítulo

- Ratios de endeudamiento
- Ratios de liquidez
- Plazos de cobro y pago
- Ratios de rotación
- Análisis dinámico del balance

Para completar el análisis del balance es conveniente calcular algunos ratios. El objetivo de este capítulo es comprender los principales ratios que se utilizan para el análisis del balance. Estos ratios ayudan a analizar el endeudamiento, la liquidez y los plazos de cobro y pago.

Los ratios

Un ratio es el cociente entre dos cantidades. El cálculo de ratios del balance permite completar el diagnóstico de la empresa.

¿Cuántos ratios hay que emplear? Dado que existen cientos de ratios es conveniente seleccionar los más interesantes, para cada empresa en concreto. No todas las empresas son iguales y, por lo tanto, los ratios que hay que utilizar varían en cada caso.

El diagnóstico de una empresa se debería hacer comparando los ratios de otras empresas del mismo sector económico, de semejante dimensión y de la misma zona geográfica.

Otra vía para conocer el valor óptimo de los ratios en una empresa en concreto sería analizar su evolución a lo largo de varios años.

A continuación se estudian algunos de los ratios más interesantes.

Ratio de endeudamiento

El ratio de endeudamiento se calcula dividiendo el pasivo, o sea todas las deudas, por el patrimonio neto más el pasivo.

$$\text{Ratio de endeudamiento} = \frac{\text{Pasivo}}{\text{Patrimonio neto} + \text{pasivo}}$$

RECUERDA

El valor del ratio de endeudamiento no debe ser mayor de 0,6, ya que, si no, se trataría de una empresa con exceso de deudas. De todas maneras, hay que conocer las características específicas de la empresa ya que en algunos casos se puede funcionar sin problemas con un volumen mayor de deudas.

Si el ratio de endeudamiento es:

- Mayor que 0,5 o 0,6, exceso de deudas.
- Igual a 0,5 o 0,6, la situación es correcta.
- Menor que 0,5 o 0,6, no hay exceso de deudas. La empresa está capitalizada.

EJEMPLO

El patrimonio neto más el pasivo de una empresa es de 70 000 euros y el pasivo, de 30 000. El ratio de endeudamiento será:

$$\text{Ratio de endeudamiento} = \frac{30\,000\,€}{70\,000\,€} = 0{,}43$$

Por lo tanto, esta empresa no tiene exceso de deudas y está capitalizada.

Ratio de calidad de la deuda

Así como el ratio anterior indica si la empresa tiene mucha deuda o no, el ratio de la calidad de la deuda estudia la composición de ésta. Se calcula dividiendo el pasivo corriente por el pasivo:

$$\text{Ratio de calidad de la deuda} = \frac{\text{Pasivo corriente}}{\text{Pasivo}}$$

Cuanto menor sea el valor de este ratio, mejor será la calidad de la deuda de la empresa. Al pasivo corriente se le considera de poca calidad, ya que hay que devolverlo antes que el pasivo no corriente.

Si el valor de este ratio es muy elevado, eso significa que la deuda que tiene la empresa es de baja calidad, ya que predomina el pasivo corriente.

El pasivo total de una empresa es de 40 000 euros y el pasivo corriente, de 30 000. El ratio de calidad de la deuda de esta empresa será:

$$\text{Ratio de calidad de la deuda} = \frac{30\,000\,€}{40\,000\,€} = 0{,}75$$

El 75 % de la deuda de la empresa es a corto plazo. Por lo tanto, esta empresa tiene la mayor parte de la deuda de baja calidad.

Ratio de liquidez

El ratio de liquidez se calcula dividiendo el activo corriente por el pasivo corriente. Su valor debe ser superior a 1, ya que, en caso contrario, la empresa puede tener problemas de liquidez.

$$\text{Ratio de liquidez} = \frac{\text{Activo corriente}}{\text{Pasivo corriente}}$$

El valor ideal de este ratio acostumbra a fijarse entre 1 y 2. Si es posible, por encima de 1,5, aunque muchas empresas funcionan perfectamente con valores entre 1,2 y 1,4. De esta forma, el activo corriente será mucho mayor que el pasivo corriente.

El activo corriente de una empresa es de 44 000 euros y el pasivo corriente, de 40 000. El ratio de liquidez será:

$$\text{Ratio de liquidez} = \frac{44\,000\,€}{44\,000\,€} = 1{,}1$$

Por lo tanto, esa empresa está dentro de los límites aceptables del ratio de liquidez aunque está muy cerca de uno. Esto implica que puede hacer frente a los pagos más inmediatos, pero tendría que disminuir el pasivo corriente a fin de estar en una posición más holgada de liquidez.

Ratio de plazo de cobro

Este ratio se calcula dividiendo el saldo de la cuenta de clientes en el balance por la cifra de ventas anual y multiplicando por 365 días:

$$\text{Ratio de plazo de cobro} = \frac{\text{Clientes}}{\text{Ventas}} \times 365$$

Al saldo de clientes, hay que añadir todos aquellos importes que están pendientes de pago por parte de los clientes (efectos por cobrar, efectos descontados pendientes de vencer, etc.).

Su valor indica el número de días que la empresa tarda en cobrar, en promedio, de sus clientes.

Cuanto menor sea el valor de este ratio, tanto mejor, porque así la empresa cobrará antes de sus clientes.

Una empresa tiene un saldo de clientes de 125 000 euros y las ventas totales han supuesto 3 000 000 euros. El ratio de plazo de cobro será:

$$\text{Ratio de plazo de cobro} = \frac{125\,000\,€}{3\,000\,000\,€} \times 365\,\text{d} = 15\,\text{d}$$

Por lo tanto, el plazo medio de cobro será de quince días.

Morosidad

El plazo de cobro se puede complementar con un análisis de la morosidad en la empresa. Para ello resulta útil calcular el ratio de morosidad, que divide los saldos que han sido impagados por los clientes en un período determinado por los saldos que vencían en dicho período:

$$\text{Morosidad} = \frac{\text{Saldos impagados por los clientes en el período}}{\text{Total de saldos que vencían en el período}}$$

Cuanto menor sea el valor del ratio, mejor, debido a los inconvenientes que suponen los impagos de los clientes.

Antigüedad de saldos

Para estudiar de forma más completa la calidad de la clientela, se puede calcular el cuadro de antigüedad de saldos de los clientes. Este cuadro divide los saldos pendientes entre los que aún no han vencido y los que, a pesar de haber vencido, están pendientes de cobro. En este caso se puede dividir la parte vencida en diferentes plazos como en la tabla 8-1.

Tabla 8-1: Cuadro de antigüedad de saldos de clientes

Cliente	*Pendiente de vencer*	*Vencido menos de 30 días*	*Vencido entre 30 y 60 días*	*Vencido más de 60 días*	*Total*
1					
2					
...					
Total					

Ratio de plazo de pago

Se calcula dividiendo el saldo de la cuenta de proveedores por las compras anuales y multiplicando por 365:

$$\text{Ratio de plazo de pago} = \frac{\text{Proveedores}}{\text{Compras}} \times 365$$

Su valor indica el número de días que en promedio la empresa tarda en pagar a sus proveedores.

En principio, cuanto mayor sea el plazo de pago, mejor, siempre que la empresa atienda sus compromisos de pago en la fecha convenida.

Las compras de una empresa han sido de 1 750 000 euros, y el saldo de proveedores, de 250 000. El ratio de plazo de pago será:

$$\text{Ratio de plazo de pago} = \frac{250\,000\,€}{1\,750\,000\,€} \times 365\,\text{d} = 52{,}14\,\text{d}$$

Por lo tanto, el promedio de plazo de pago será de 52,14 días.

Ratios de rotación de activos

Los ratios de *rotación de activos* sirven para evaluar si la empresa gestiona sus activos de manera adecuada. Para ello se dividen las ventas por los activos, ya sean los activos totales, el activo no corriente o el activo corriente.

$$\text{Ratio de rotación del activo} = \frac{\text{Ventas}}{\text{Activo}}$$

$$\text{Ratio de rotación del activo no corriente} = \frac{\text{Ventas}}{\text{Activo no corriente}}$$

$$\text{Ratio de rotación del activo corriente} = \frac{\text{Ventas}}{\text{Activo corriente}}$$

Los ratios de rotación deben ser lo más elevados posibles, ya que de esta forma la empresa genera más ventas con el activo.

En la tabla 8-2 se refleja un balance del que se calcularán varios de los ratios explicados.

Tabla 8-2: Ejemplo de balance (datos en euros)

Activo		***Patrimonio neto más pasivo***	
Activo no corriente	40 000	Patrimonio neto	32 500
Existencias	18 600	Pasivo no corriente	27 500
Realizable	12 000	Pasivo corriente	20 000
Disponible	9400		
	80 000		80 000

Se sabe también que las ventas anuales ascienden a 730 000 euros y las compras anuales a 600 000 euros. El ratio de endeudamiento será igual a:

$$\text{Endeudamiento} = \frac{\text{Pasivo}}{\text{Patrimonio neto + pasivo}} = \frac{47\,500\,€}{80\,000\,€} = 0{,}59$$

El ratio está rozando el 0,60, lo que implica que hay un buen equilibrio entre deuda y patrimonio neto. De todas formas, si el pasivo aumentase más empezaría a producirse cierta descapitalización.

El ratio de calidad de la deuda será igual a:

$$\text{Calidad de la deuda} = \frac{\text{Pasivo corriente}}{\text{Pasivo}} = \frac{20\,000\,€}{47\,500\,€} = 0{,}42$$

El valor de este ratio indica que el 42 % de las deudas son a corto plazo.

El ratio de liquidez será:

$$\text{Liquidez} = \frac{\text{Activo corriente}}{\text{Pasivo corriente}} = \frac{40\,000}{20\,000} = 2$$

El ratio de liquidez presenta un valor elevado. Por lo tanto, parece que no tiene problemas de liquidez.

Si se parte de la base de que la totalidad del realizable corresponde a los clientes, el plazo de cobro de esta empresa será:

$$\text{Plazo de cobro} = \frac{\text{Clientes}}{\text{Ventas}} \times 365 = \frac{12\,000\,€}{730\,000\,€} \times 365\,\text{d} = 6\,\text{d}$$

El valor del ratio indica que esta empresa tarda en cobrar seis días, en promedio, de sus clientes. Por consiguiente, la empresa goza de un plazo muy reducido para cobrar sus ventas de los clientes, lo cual es positivo.

El ratio del plazo de pago se calcula como sigue, considerando que la totalidad del pasivo corriente son proveedores:

$$\text{Plazo de pago} = \frac{\text{Proveedores}}{\text{Compras}} \times 365 = \frac{20\,000\,€}{600\,000\,€} \times 365\,\text{d} = 12\,\text{d}$$

Por lo tanto, esta empresa paga a sus proveedores doce días después de hacer la compra.

En resumen, la empresa analizada tiene un balance bastante equilibrado aunque debería disminuir las deudas a corto plazo. Aunque el plazo de pago a proveedores es mayor que el de cobro de clientes, podría intentar aumentar el plazo de pago, ya que éste es bastante reducido. Todo ello se refleja en la tabla 8-3.

Tabla 8-3: Cuadro de ratios calculados según datos de la tabla 8-2

Ratio	*Valor*	*Significado*
Endeudamiento	0,59	La empresa está en un buen nivel de endeudamiento
Calidad de la deuda	0,42	El 42 % de la deuda es a corto plazo
Liquidez	2	Valor elevado
Plazo de cobro	6 días	Los clientes pagan a 6 días después de la venta
Plazo de pago	12 días	La empresa paga a sus proveedores a los 12 días de la compra

Análisis de dos o más balances (análisis patrimonial dinámico)

El análisis patrimonial dinámico consiste en el análisis conjunto de dos o más balances. Este análisis es más completo que el estático, ya que, además de estudiar un balance en un momento dado, analiza su evolución a lo largo del tiempo.

A continuación se efectúa un análisis dinámico con el ejemplo de la tabla 8-4. Además de calcular los porcentajes y los gráficos (como se ha explicado en el capítulo 7), en este caso se analizarán los ratios.

Cálculo de porcentajes

Esta fase ya se ha estudiado referida al análisis de un solo balance. Ahora, lo haremos referido a dos. En la tabla 8-5 se reflejan expresados en porcentajes los dos balances de situación de la tabla 8-4, donde se plasman en valores absolutos.

Tabla 8-4: Balances de una misma empresa, en los años 1 y 2 (datos en euros)

	31 de diciembre del año 1	*31 de diciembre del año 2*
Activo		
Activo no corriente	40 000	50 000
Existencias	18 600	22 000
Realizable	12 000	15 000
Disponible	9400	10 000
	80 000	97 000
Patrimonio neto más pasivo		
Patrimonio neto	32 500	45 000
Pasivo no corriente	27 500	30 000
Pasivo corriente	20 000	22 000
	80 000	97 000

Tabla 8-5: Balances de la tabla 8-4 expresados en porcentajes

	31 de diciembre del año 1	*31 de diciembre del año 2*
Activo		
Activo no corriente	50	51,55
Existencias	23,25	22,68
Realizable	15	15,46
Disponible	11,75	10,31
	100	100
Patrimonio neto más pasivo		
Patrimonio neto	40,63	46,39
Pasivo no corriente	34,37	30,93
Pasivo corriente	25	22,68
	100	100

En los porcentajes anteriores se puede apreciar que, mientras que el activo casi no ha variado de un año a otro, en el patrimonio neto más pasivo se han producido variaciones importantes. Así, el patrimonio neto ha aumentado y, en cambio, han disminuido tanto el pasivo corriente como el no corriente. En definitiva, han disminuido las deudas de la empresa y ha disminuido su riesgo debido al aumento en el patrimonio neto.

Representación gráfica de los balances

La representación gráfica de dos o más balances se hace de la misma forma que se ha estudiado para un solo balance.

En el ejemplo que estamos estudiando, la representación gráfica de los balances será como se muestra en las figuras 8-1 y 8-2.

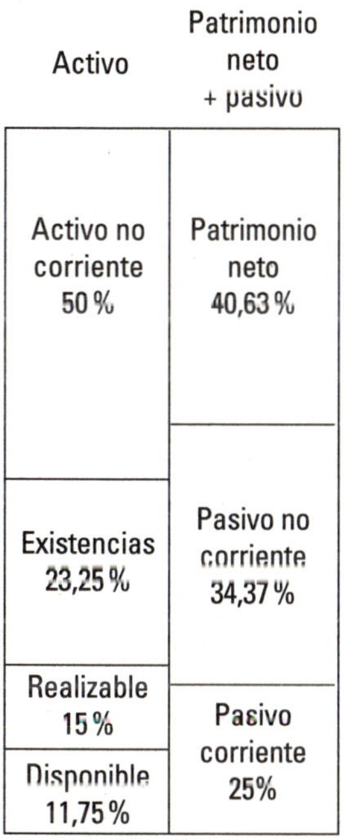

Figura 8-1: Balances del año 1 en porcentajes

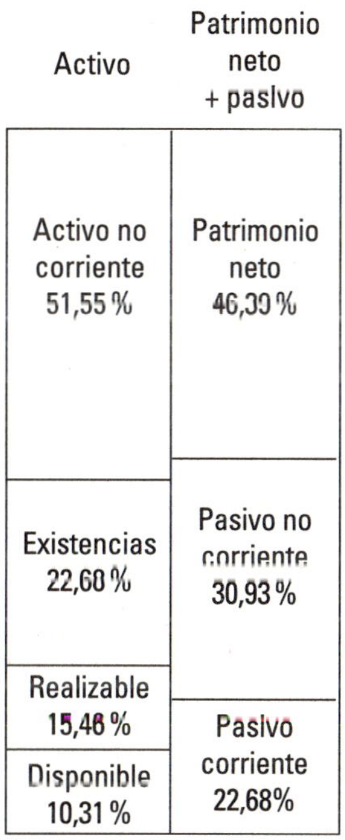

Figura 8-2: Balances del año 2 en porcentajes

Los gráficos de estas dos figuras permiten ver más claramente lo que los porcentajes ya habían permitido detectar.

En el análisis dinámico se pueden presentar también las evoluciones del activo y del pasivo por separado, a fin de resaltar de forma más clara las variaciones producidas.

Así, en la figura 8-3 se puede apreciar que la evolución del activo no ha sufrido variaciones importantes: se ha producido un ligero aumento del inmovilizado, tanto las existencias como el disponible disminuyen levemente, y el realizable aumenta ligeramente.

Por su parte, el pasivo (figura 8-4) sí ha sufrido variaciones importantes. La empresa se ha capitalizado a ojos vista, pues el patrimonio neto ha pasado de significar el 40,63 % a suponer el 46,39 %. Por contra, el pasivo (tanto el corriente como el no corriente) ha disminuido en su conjunto, y muestra un menor volumen de deuda.

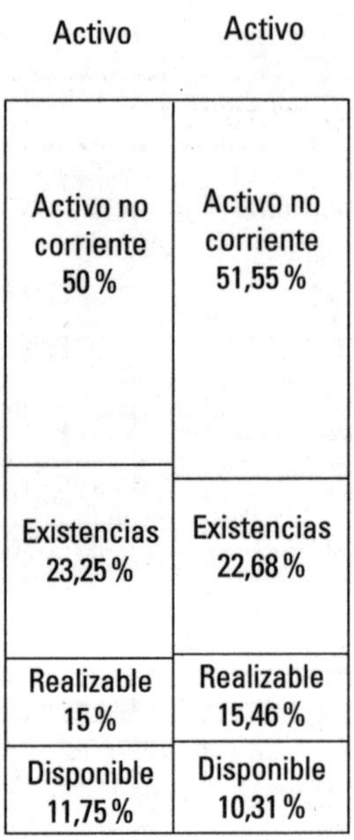

Figura 8-3: Evolución comparativa del activo

Figura 8-4: Evolución comparativa del patrimonio neto más el pasivo

Estudio de los ratios

Los ratios se calculan tal como se ha estudiado para un solo balance. El análisis dinámico permitirá apreciar la evolución de los ratios a lo largo del tiempo, con lo cual las conclusiones obtenidas podrían ser mucho más matizadas.

A continuación se calculan los ratios de los balances anteriores. Tendremos en cuenta las consideraciones siguientes:

- ✔ El saldo de clientes equivale al total del realizable.
- ✔ El saldo de proveedores equivale al total del pasivo corriente.
- ✔ Las ventas de los dos años fueron 730 000 euros en el año 1 y 825 000 euros en el año 2.
- ✔ Las compras de los dos años fueron 600 000 y 700 000 euros en los años 1 y 2, respectivamente.

El valor de los ratios será el que se puede ver en la tabla 8-6.

Tabla 8-6: Cuadro comparativo de ratios

Ratios	***Año 1***	***Año 2***
Endeudamiento = Pasivo / (Patrimonio neto + pasivo)	47 500 € / 80 000 € = 0,59	52 000 € / 97 000 € = 0,54
Calidad de la deuda = Pasivo corriente / Pasivo	20 000 € / 47 500 € = 0,42	22 000 € / 52 000 € = 0,42
Liquidez = Activo corriente / Pasivo corriente	40 000 € / 20 000 € = 2	47 000 € / 22 000 € = 2,14

Tabla 8-6: *(continuación)*

Ratios	*Año 1*	*Año 2*
$\text{Plazo de cobro} = \frac{\text{Clientes}}{\text{Ventas}} \times 365$	$\frac{12\,000€}{730\,000€} \times 365\text{ d} = 6\text{ d}$	$\frac{15\,000€}{825\,000€} \times 365\text{ d} = 6{,}6\text{ d}$
$\text{Plazo de pago} = \frac{\text{Proveedores}}{\text{Compras}} \times 365$	$\frac{20\,000€}{600\,000€} \times 365\text{ d} = 12\text{ d}$	$\frac{220\,000€}{700\,000€} \times 365\text{ d} = 11{,}5\text{ d}$

La interpretación de los ratios de esta figura es la siguiente:

- Respecto al ratio de endeudamiento, las deudas de la empresa están disminuyendo, pues han pasado de 0,59 a 0,54. Recordemos que este ratio conviene que no sea superior a 0,60. Por lo tanto, la empresa se está capitalizando.
- Por el ratio de calidad de la deuda, vemos que la situación se mantiene y el ratio en ambos años es 0,42. Es decir, en los dos años el pasivo corriente supone el 42 % del pasivo total.
- El ratio de liquidez muestra una tendencia creciente, y llega a 2,14 el segundo año. Por lo tanto, este valor tan elevado puede significar que la empresa tiene suficiente liquidez. Sin embargo, al ser su valor bastante elevado puede ser indicador de una infrautilización de los recursos ya que el activo corriente es más del doble del pasivo corriente.
- El plazo de cobro a los clientes se ha mantenido alrededor de los seis días.
- Por último, el plazo de pago a los proveedores ha disminuido, pasando de un promedio de doce días, en el año 1, a 11,5 días, en el año 2.

A modo de resumen del ejemplo estudiado, la empresa se ha capitalizado y mantiene un plazo de cobro reducido. Sin embargo, la liquidez es muy elevada. En conjunto, se trata de una empresa con un balance bastante equilibrado y sin problemas de liquidez ni de descapitalización.

Con este balance es más fácil que un banco le pueda dar un préstamo en caso de que lo necesite.

Capítulo 9

Análisis de la cuenta de resultados

En este capítulo

- Porcentajes y gráficos del análisis de la cuenta de resultados
- Ratios de ingresos y gastos
- Punto de equilibrio

El objeto de este capítulo es comprender cómo se analiza la cuenta de resultados. Este análisis se denomina *análisis económico* y suele presentar las etapas siguientes:

- ✔ Cálculo de porcentajes con respecto al volumen de ventas.
- ✔ Representación gráfica de la cuenta de resultados.
- ✔ Tasa de expansión de las ventas.
- ✔ Destino de cada 100 unidades monetarias vendidas.
- ✔ Análisis de los gastos.
- ✔ Punto de equilibrio de la empresa.

Es un análisis que ayuda a entender cómo se genera el resultado de la empresa y cuáles son los principales aspectos que lo determinan.

Cálculo de porcentajes

Con el cálculo de porcentajes se puede apreciar el peso de cada concepto con respecto al volumen de ventas. Si se hace este cálculo para dos o más cuentas de resultados, se podrá comprobar la evolución que presentan los gastos, los ingresos y los beneficios a lo largo del tiempo.

Los porcentajes se calculan dividiendo el importe de cada partida por las ventas y multiplicando por 100. En definitiva, las cuentas de resultados se expresan en porcentajes sobre las ventas.

Dado que uno de los objetivos de la mayoría de las empresas es ganar dinero, es importante conseguir que los gastos no crezcan en porcentaje sobre las ventas y, si es posible, que se reduzcan.

En la tabla 9-1, se han calculado los porcentajes de dos cuentas de resultados, correspondientes a los años 1 y 2.

Tabla 9-1: Análisis de las cuentas de resultados en los años 1 y 2 (datos en euros y en porcentajes)

Concepto	*Año 1*		*Año 2*	
	€	%	€	%
Ventas	7500	100	9400	100
– Coste de las ventas	–5000	–66,7	–7200	–76,6
= Margen bruto	2500	33,3	2200	23,4
– Costes fijos	–950	–12,7	–950	–10,1
= Beneficio antes de interés e impuestos	1550	20,7	1250	13,3
= Gastos financieros	–500	–6,7	–500	–5,3
= Beneficio antes de impuestos	1050	14	750	8
– Impuesto sobre beneficios	–262	–3,5	–187	–2
= Beneficio neto	788	10,5	563	6

Si comparamos las dos cuentas de resultados de la tabla 9-1 llegamos a las siguientes conclusiones:

- ✔ Las ventas han aumentado en valores absolutos en 1900 euros y el beneficio ha disminuido en 225 euros, por lo que han pasado del 10,5 % de las ventas al 6 %.
- ✔ La disminución del beneficio neto en porcentaje se ha debido a un aumento considerable del coste de las ventas. A pesar de que los demás costes disminuyen de manera porcentual, el beneficio neto se ha visto arrastrado por el coste de las ventas, que ha hecho disminuir el margen bruto (pasa del 33,3 % al 23,4 %), el beneficio antes de intereses e impuestos (pasa del 20,7 % al 13,3 %) y también el beneficio antes de impuestos (pasa del 14 % al 8 %).

Tal y como se puede comprobar, tanto los costes fijos como las cargas financieras se han mantenido estables en valor absoluto durante estos dos años, y en porcentaje han bajado el segundo año con respecto al primero. Aun así, el elevado aumento del coste de las ventas ha producido una reducción en el beneficio neto del 4,5 % respecto las ventas.

Representación gráfica

Al igual que en el balance, la representación gráfica de la cuenta de resultados permite visualizar lo dicho con los porcentajes. Lo más seguro es que los gráficos no aporten información adicional a los porcentajes, pero permiten una mejor visualización de la marcha de la empresa.

EJEMPLO

En las figuras 9-1 y 9-2 se han presentado de manera gráfica las cuentas de resultados de los años 1 y 2, respectivamente. A la derecha de cada uno de los gráficos se ponen las ventas y, a la izquierda, el destino de dichas ventas.

Para comparar mejor los gastos de un año con otro, se puede hacer un gráfico comparativo como el que se muestra en la figura 9-3. De esta manera es más fácil comparar la tendencia de la cuenta de resultados.

También podemos representar la proporción con respecto a los valores monetarios absolutos, como muestra la figura 9-4. De este modo se refleja la expansión de la empresa en valores absolutos.

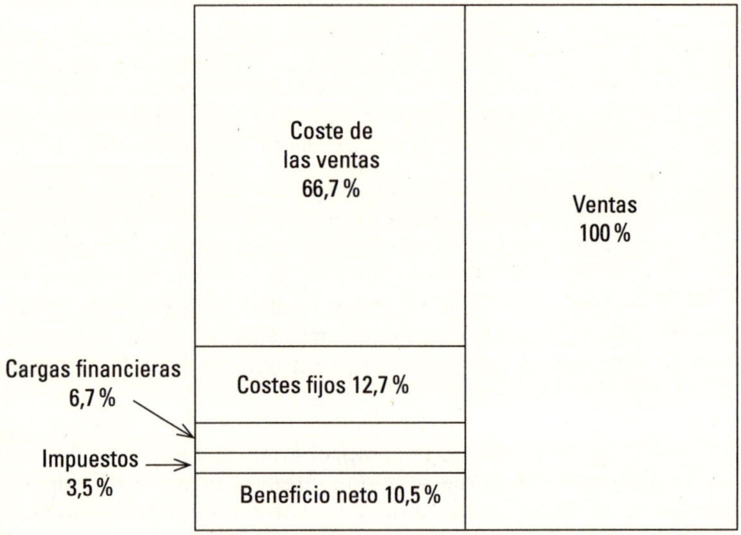

Figura 9-1: Cuenta de resultados del año 1

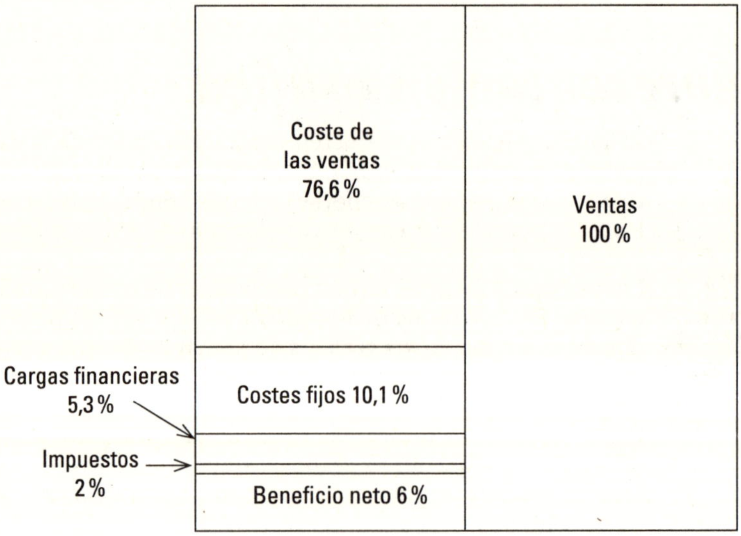

Figura 9-2: Cuenta de resultados del año 2

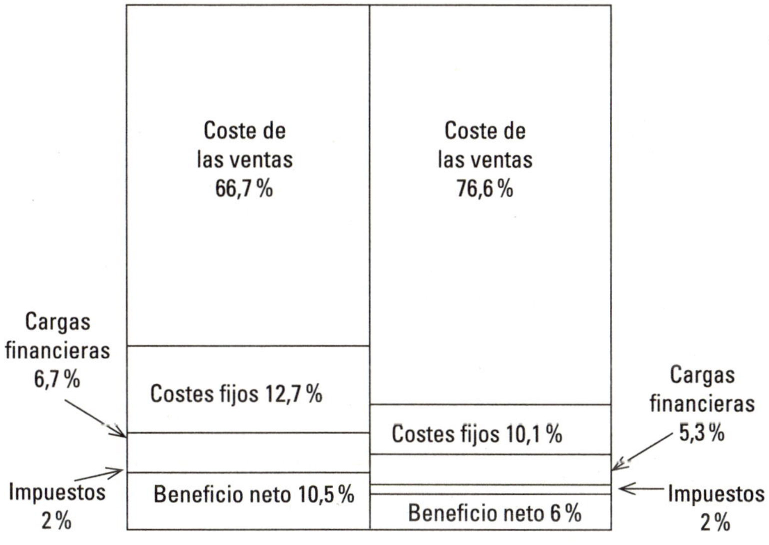

Figura 9-3: Cuentas de resultados comparativas de los años 1 y 2

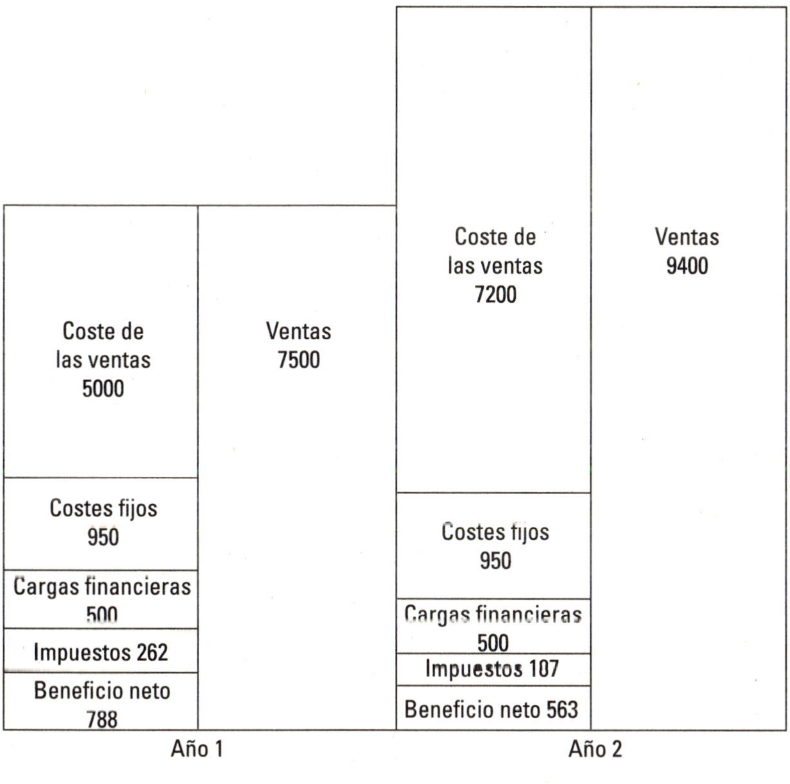

Figura 9-4: Representación gráfica de las cuentas de resultados proporcionales a los valores absolutos de los años 1 y 2

Tasa de expansión de las ventas

La tasa de expansión de las ventas se puede medir mediante el ratio siguiente:

$$\text{Tasa de expansión} = \frac{\text{Ventas del último año}}{\text{Ventas del año anterior}}$$

Si calculamos el ratio con las cifras de la tabla 9-1, obtendremos:

$$\text{Tasa de expansión} = \frac{9400}{7500} = 1{,}25$$

Esa cifra indicaría que, en el último año, ha habido una expansión del 25 % con respecto al año anterior.

Es importante que la tasa de expansión de ventas sea superior a 1, ya que eso indica que las ventas están creciendo.

Dado que es posible que gran parte del aumento de las ventas se deba a la inflación, es conveniente aislar ésta para saber cuál es el grado exacto de expansión de la empresa.

Si la inflación anual es del 5 % y la tasa de expansión de ventas de la empresa es del 4 %, eso significa que es posible que las ventas no hayan aumentado en términos reales.

Destino de cada 100 unidades monetarias vendidas

Es una variedad del cálculo de porcentajes de la cuenta de resultados. Para hallar el destino de cada 100 unidades monetarias vendidas, se clasifican todos los gastos según su naturaleza (materiales consumidos, mano de obra directa, amortizaciones, comisiones, otros gastos directos, mano de obra indirecta, alquileres, tributos, etc.).

Esta clasificación se puede apreciar en la tabla 9-2.

Tabla 9-2: Ejemplo de clasificación de los gastos según su naturaleza (datos en euros)

		Año 1	Año 2
Ventas		21 500	24 000
Coste de las ventas			
	Materiales consumidos	5000	6000
	Mano de obra directa	6000	6800
	Comisiones	2000	2500
Amortizaciones		700	800
Otros gastos directos		300	400
Gastos fijos			
	Mano de obra directa	2000	2200
	Alquileres	900	900
	Luz, agua, gas	500	500
Tributos		550	500
Impuesto sobre beneficios		300	350
Gastos financieros		750	300
Beneficio neto		2500	2750

A continuación se calcula el porcentaje que cada gasto supone sobre las ventas. Es lo que se ha hecho en la tabla 9-3. De ella se deduce que cada 100 unidades vendidas se han repartido, según muestra la tabla 9-4.

Tabla 9-3: Porcentaje de cada gasto con respecto a las ventas (datos en euros y en porcentajes)

		Año 1		Año 2	
		€	%	€	%
Gastos variables					
Materiales consumidos		5000	23,3	6000	25
Mano de obra directa		6000	28	6800	28,3

Tabla 9-3: ***(continuación)***

		Año 1		Año 2	
Comisiones		2000	9,3	2500	10,4
Amortizaciones		700	3,3	800	3,3
Otros gastos directos		300	1,4	400	1,7
Gastos fijos					
Mano de obra indirecta		2000	9,3	2200	9,2
Alquileres		900	4,2	900	3,8
Luz, agua, gas		500	2,3	500	2,1
Tributos		550	2,5	500	2,1
Gastos financieros		750	3,5	300	1,3
Impuesto sobre beneficios		300	1,4	350	1,5
Beneficio neto		2500	11,6	2750	11,5
Ventas (suma de todos los conceptos anteriores)		21 500	100	24 000	100,0

Tabla 9-4: Destino de cada 100 unidades monetarias vendidas

	Año 1	Año 2
Gastos variables		
Materiales consumidos	23,3	25,0
Mano de obra directa	28	28,3
Comisiones	9,3	10,4
Amortizaciones	3,3	3,3
Otros gastos directos	1,4	1,7

Tabla 9-4: *(continuación)*

Gastos fijos	**Año 1**	**Año 2**
Mano de obra indirecta	**9,3**	**9,2**
Alquileres	4,2	3,8
Luz, agua, gas	2,3	2,1
Tributos	2,5	2,1
Gastos financieros	3,5	1,3
Impuesto sobre beneficios	1,4	1,5
Beneficio neto	11,6	11,5
	100	100

Del estudio de las tres tablas anteriores, se pueden sacar las siguientes conclusiones:

- ✔ La suma total de los gastos variables ha pasado del 65,3 al 68,6 %, y se ha debido sobre todo al aumento de los materiales consumidos, que pasan del 23,3 al 25 %. Todas las demás partidas incluidas en los gastos variables han aumentado ligeramente, excepto las amortizaciones, que se han mantenido estables.
- ✔ Los gastos fijos varían de forma global, y han pasado del 18,3 al 17,2 %. Esta disminución corre en paralelo a las de todas las partidas de gasto fijo. Los alquileres y los tributos son las que más han disminuido.
- ✔ Los gastos financieros han disminuido bruscamente, al pasar del 3,5 al 1,3 %. En cambio, el impuesto sobre beneficios ha registrado un leve aumento de un 0,1 % de un año a otro.

Análisis de los gastos

Para profundizar más, se puede proceder al análisis específico de los diversos gastos.

Para ello se analizan en primer lugar los gastos en términos absolutos, es decir, en unidades monetarias, a fin de ver las variaciones. Esto debe hacerse gasto por gasto. Si se dispone de un presupuesto de gastos, este análisis permitirá ver las desviaciones entre lo presupuestado y la realidad.

En segundo lugar se analizan los gastos en porcentajes con respecto a las ventas. Por ejemplo:

Si los gastos de publicidad han sido 11 000 euros y las ventas 34 000 euros, el porcentaje que la publicidad supone sobre la cifra de ventas será el siguiente:

$$\text{\% gastos de publicidad} = \frac{\text{Gastos de publicidad}}{\text{Ventas}} \times 100$$

$$\text{\% gastos de publicidad} = \frac{11\,000\ €}{34\,000\ €} \times 100 = 32{,}35\ \%$$

Si los gastos del departamento de recursos humanos han sido 7500 euros y las ventas 34 000 euros estos gastos supondrán el siguiente porcentaje sobre las ventas:

$$\text{\% gastos de recursos humanos} = \frac{\text{Gastos de recursos humanos}}{\text{Ventas}} \times 100$$

$$\text{\% gastos de recursos humanos} = \frac{7500\ €}{34\,000\ €} \times 100 = 22\ \%$$

Si los gastos de calidad han sido 4000 euros y las ventas 34 000 euros ello supondrá el siguiente porcentaje sobre las ventas:

$$\% \text{ gastos de calidad} = \frac{\text{Gastos de calidad}}{\text{Ventas}} \times 100$$

$$\% \text{ gastos calidad} = \frac{4000\ €}{34\,000\ €} \times 100 = 11{,}76\,\%$$

Así se podría seguir con otros gastos, según el interés que tengan para la empresa.

Se pueden utilizar los que interese en cada caso concreto y se separan los de varios años si se puede ver la evolución de ese gasto en concreto, respecto al conjunto de las ventas.

Clasificación de los gastos para su análisis

Según el tipo de análisis que se quiera hacer, es interesante clasificar los distintos gastos. Como es evidente, el criterio de clasificación puede ser muy diverso. Los más frecuentes son los siguientes:

- ✔ Por productos:

$$\frac{\text{Gastos del producto 1}}{\text{Ventas del producto 1}}$$

Este ratio permite comprobar la relación entre los gastos e ingresos que genera cada producto.

- ✔ Por función:

$$\frac{\text{Gastos de producción}}{\text{Ventas}}$$

$$\frac{\text{Gastos de venta}}{\text{Ventas}}$$

$$\frac{\text{Gastos de administración}}{\text{Ventas}}$$

Estos ratios analizan el peso de cada departamento de la empresa: comercial, de producción, de administración, etc.

- ✔ Según la proporcionalidad con las ventas:

$$\frac{\text{Gastos fijos}}{\text{Ventas}}$$

$$\frac{\text{Gastos variables}}{\text{Ventas}}$$

Con estos ratios se distinguen entre aquellos gastos que dependen del volumen de las ventas -gastos variables- y los gastos fijos o de estructura, que se producen con independencia del volumen de las ventas.

- ✔ Según su naturaleza:

$$\frac{\text{Consumo de materiales}}{\text{Ventas}}$$

$$\frac{\text{Salarios}}{\text{Ventas}}$$

$$\frac{\text{Alquileres}}{\text{Ventas}}$$

$$\frac{\text{Agua, gas, electricidad}}{\text{Ventas}}$$

$$\frac{\text{Gastos financieros}}{\text{Ventas gastos}}$$

Con estos ratios se puede ver el peso que tiene cada uno de ellos dentro de la cuenta de explotación.

Como norma general, al analizar cualquiera de los ratios anteriores, interesa comprobar que tienden a disminuir. En caso contrario, el beneficio de la empresa estará en peligro.

El punto de equilibrio

Se entiende por *punto de equilibrio*, *punto muerto* o *umbral de rentabilidad* la cifra de ventas en que la empresa ni pierde ni gana; es decir, cuando la empresa se limita a cumplir todos sus gastos.

Evidentemente, es muy importante para la empresa saber dónde está su punto de equilibrio, pues si no vende por encima de él es seguro que tendrá pérdidas y, en la medida en que venda por encima de él, tendrá beneficios.

El punto de equilibrio se puede expresar en unidades de producto, o bien en unidades monetarias.

Elementos que intervienen en el cálculo del punto de equilibrio

Los conceptos que se manejan y, por lo tanto, hay que tener muy claros para calcular el punto de equilibrio de una empresa, son los siguientes:

- ✔ Cifras de ventas. Es decir, el importe de las ventas.
- ✔ Costes fijos. Como ya se ha expuesto en el capítulo 4, son aquellos que tendrá la empresa con independencia de que venda o no venda y de la cantidad que venda.

  Por ejemplo, el alquiler que se paga por el local que ocupa debe pagarse por igual, venda o no venda, venda mucho o venda poco.

- Costes variables. Son aquellos que están en función de las ventas. Por ejemplo, las comisiones que paga la empresa a los vendedores estarán en función de lo que vendan. La materia prima que se utiliza para elaborar el producto estará en función de los productos que fabrique, etc.
- Unidades vendidas. Es la cantidad que se vende. Si se expresa en unidades de productos, será la cantidad de productos vendidos. Si se expresa en unidades monetarias (euros, por ejemplo), coincidirá con el importe de las ventas.

Cálculo del punto de equilibrio

Existe una fórmula que permite calcular directamente la cifra que debe facturar la empresa para no perder ni ganar, es decir, para conocer el punto de equilibrio. Dicha fórmula es la siguiente:

$$\text{Punto de equilibrio} = \frac{\text{Costes fijos}}{1 - \dfrac{\text{Costes variables}}{\text{Importe de las ventas}}}$$

Una empresa tiene unos costes fijos anuales de 4000 euros y los variables representan el 50 % de las ventas. El punto de equilibrio de esta empresa es:

$$\text{Punto de equilibrio} = \frac{4000}{0{,}5} = 8000 \text{ euros}$$

Por lo tanto, esta empresa tiene que vender, al menos, por valor de 8000 euros para no obtener ni beneficios ni pérdidas. Esto se puede comprobar mediante el siguiente razonamiento:

- Los gastos variables suponen el 50 % de las ventas. Por lo tanto, al vender por valor de 8000 euros, los gastos variables serán 4000 euros.
- Los gastos fijos son 4000 euros, que, sumados a los 4000 euros de gastos variables, suponen que en el total de costes asciende a 8000 euros, que es lo que da la fórmula como punto de equilibrio.

En este caso:

Ventas	8000 €
Costes variables	- 4000 (50 %) €
Costes fijos	- 4000 €
Beneficio	0 €

A medida que la empresa venda por encima del punto de equilibrio se producirán beneficios. Por ejemplo, si las ventas son de 9000 euros:

Ventas	9000 €
Costes variables	- 4500 (50 %) €
Costes fijos	- 4000 €
Beneficio	500 €

En este ejemplo se puede comprobar que una vez que se ha alcanzado el punto de equilibrio, al aumentar las ventas los beneficios empiezan a aumentar muy rápidamente. Esto se debe a que, al estar cubiertos los costes fijos, una parte importante del aumento de ventas (50 %) va a beneficios.

El punto de equilibrio informa de la cifra de ventas que hay que alcanzar para que el beneficio sea igual a cero.

Cuando una empresa tiene beneficios, la cifra de ventas del punto de equilibrio ayuda a evaluar el riesgo de una caída de ventas, ya que informa de cuál es la caída de ventas que podría llegar a soportarse sin perder dinero.

Supón una empresa que ha tenido unas ventas en el último año de 10 000 euros y que tiene un punto de equilibrio de 8000 euros. En este caso, la empresa podría vender hasta 2000 euros menos y no tener pérdidas. Por lo tanto, la caída de ventas que podría soportar es del 20 % (2000 euros sobre 10 000 euros).

Cifra de ventas para alcanzar un determinado beneficio

Una ampliación que se puede realizar al estudiar el punto de equilibrio es la cifra de ventas para alcanzar un determinado beneficio. Para obtener este dato se pueden incorporar a la fórmula del punto de equilibrio los beneficios que se desea obtener:

$$\text{Punto de equilibrio} = \frac{\text{Costes fijos} + \text{Beneficios deseados}}{1 - \dfrac{\text{Costes variables}}{\text{Importe de las ventas}}}$$

Continuamos con el ejemplo anterior, en el que los costes fijos son de 4000 euros y los costes variables representan el 50 % de las ventas. Además, se sabe que la empresa desea obtener un beneficio de 2000 euros. En este caso, la cifra de ventas que se debería alcanzar es la siguiente:

Cifra de ventas que hay que alcanzar = (4000 + 2000) / 0,5 = 12 000 euros

Si las ventas ascienden a 12 000 euros, el resultado será de 2000 euros:

Ventas	12 000
Costes variables	- 6000 (50 %)
Costes fijos	- 4000
Beneficio	2000 euros

El valor de la empresa a partir del resultado

A veces, cuando se desea valorar una empresa, se utiliza el método PER (del inglés Price Earnings Ratio), que es un ratio que divide el precio por el beneficio. Así, por ejemplo, un PER 10 significa que tenemos que pagar diez veces el beneficio de una empresa.

Aunque todo depende de cada caso, es habitual que el precio que pague la empresa se sitúe entre ocho y quince veces el beneficio.

Una empresa ha obtenido en el último año un beneficio de 2 000 000 de euros y se quiere saber cuánto vale la empresa si tenemos un PER 15:

Valor de la empresa = Beneficio x PER = 2 x 15 = 30 000 000 €

Capítulo 10

Análisis de la rentabilidad

En este capítulo

- Rendimiento del activo
- Rentabilidad del patrimonio neto
- Análisis completo de los balances y las cuentas de resultados de una empresa

En los capítulos anteriores se ha expuesto cómo se analizan un balance y una cuenta de resultados. A continuación se trata de evaluar si la empresa es rentable. Para ello se analiza el rendimiento del activo y la rentabilidad del patrimonio neto.

El objetivo de este capítulo es comprender cómo se analizan el rendimiento y la rentabilidad. También se expone, al final, un ejemplo de análisis completo de los balances y cuentas de resultados de una empresa.

Rendimiento del activo

Al estudiar el *rendimiento del activo* se pretende analizar el beneficio obtenido en relación con la inversión realizada. El rendimiento del activo también se denomina *rentabilidad económica*. Como beneficio, se toma el beneficio antes de intereses e impuestos (BAII), para aislar el beneficio de la gestión financiera (gastos financieros) y de la política fiscal (impuestos).

$$\text{Rendimiento} = \frac{\text{BAII}}{\text{Total activo}}$$

Cuanto más elevado sea el valor de este ratio más indicios tendremos de que la empresa obtiene un mayor rendimiento con su activo y, por lo tanto, éste será mejor.

Lo ideal es que el rendimiento del activo sea superior al coste de la deuda. De esta forma, la deuda puede ser beneficiosa.

Cuando el rendimiento del activo supera al coste de la deuda se dice que la empresa tiene un *apalancamiento financiero* favorable. Esto significa que la deuda puede permitir que la empresa sea más rentable.

Rentabilidad del patrimonio neto

La *rentabilidad del patrimonio neto* es la relación entre el beneficio neto total obtenido por la empresa y el patrimonio neto de los propietarios. También se denomina *rentabilidad financiera*:

$$\text{Rentabilidad financiera} = \frac{\text{Beneficio neto total}}{\text{Patrimonio neto}}$$

Dado que uno de los principales objetivos de la empresa suele ser la consecución del máximo beneficio, la rentabilidad del patrimonio neto permite evaluar la gestión de la empresa, ya que compara el beneficio neto con las aportaciones de los propietarios de ésta.

El objetivo del ratio de rentabilidad financiera es el mismo que el del ratio de rendimiento: tener el valor más elevado posible. Lo ideal es que la rentabilidad financiera sea mayor que la rentabilidad mínima que desean obtener los accionistas.

Esta rentabilidad mínima recibe la denominación de *coste de oportunidad de los accionistas*.

Vamos a calcular el rendimiento y la rentabilidad de una empresa que facilita los siguientes datos:

	Año 1	Año 2
BAII	1800	2000
Beneficio neto	800	950
Activo total	15000	18000
Patrimonio neto	8000	8000

El valor de los ratios será:

	Año 1	Año 2
Rendimiento $= \dfrac{\text{BAII}}{\text{Activo}}$	0,12	0,11
Rentabilidad $= \dfrac{\text{Beneficio neto}}{\text{Patrimonio neto}}$	0,10	0,12

Los ratios anteriores indican que el rendimiento de la empresa ha empeorado de un año a otro. Sin embargo, la rentabilidad ha aumentado en el segundo año con respecto al primero, debido al aumento del beneficio neto respecto al patrimonio neto.

A continuación efectuaremos un análisis de los balances y las cuentas de resultados de Conservas del Mediterráneo, que es una empresa que se dedica a producir y comercializar conservas alimentarias.

En las tablas 10-1 y 10-2 se presentan sus tres últimos balances y las cuentas de resultados con el fin de poder analizarlos.

Además sabemos cuáles son los ratios medios de las empresas del mismo sector en que opera Conservas del Mediterráneo (se reflejan en la tabla 10-3).

Tabla 10-1: Balances de situación de Conservas del Mediterráneo (datos en euros)

	Año 3	Año 2	Año 1
Activo no corriente	**286 433**	**260 949**	**227 926**
Inmovilizado inmaterial	990	559	911
Inmovilizado material	270 987	248 560	223 308
Otros activos no corrientes	14 455	11 830	3707
Activo corriente	**200 787**	**162 089**	**155 134**
Existencias	116 797	99 866	100 014
Deudores	52 841	50 106	41 588
Tesorería y equivalentes	31 149	12 116	13 532
Total activo	**487 219**	**423 037**	**383 060**
Patrimonio neto	**290 772**	**251 940**	**232 956**
Capital suscrito	74 992	74 992	74 992
Reservas	215 780	176 948	157 964
Pasivo no corriente	**44 427**	**30 743**	**3038**
Acreedores a largo plazo	18 065	17 885	2734
Otros pasivos no corrientes	26 338	12 547	304
Provisiones	24	311	0
Pasivo corriente	**152 020**	**140 354**	**147 066**
Deudas financieras	0	15 832	24 349
Acreedores comerciales	122 543	107 485	73 210
Otras deudas a corto plazo	29 477	17 037	49 507
Total pasivo y patrimonio neto	**487 219**	**423 037**	**383 060**

Tabla 10-2: Cuentas de pérdidas y ganancias de Conservas del Mediterráneo (datos en euros)

	Año 3	Año 2	Año 1
Ventas	**1155023**	**1082510**	**1158889**
Consumo de materiales	915649	861254	940993
Margen bruto	**239374**	**221256**	**217896**
Gastos de personal	95315	90585	85989
Otros gastos de explotación	63661	63081	61013
Amortización del inmovilizado	22162	18479	17340
BAII	**58236**	**49111**	**53554**
Gastos financieros	–1951	–3017	–3275
Beneficio antes de impuestos	**56285**	**46094**	**50279**
Impuesto sobre beneficios	14425	11019	12330
Beneficio neto	**41860**	**35075**	**37949**

Tabla 10-3: Ratios medios del sector de las conservas

Activo corriente / Pasivo corriente	1,27
Deudas / Activo	0,64
Ventas / Activo	1,41
Ventas / Activo no corriente	3,2
Ventas / Activo corriente	2,53
Plazo de existencias	65
Plazo de cobro	75
Plazo de pago	42
Ventas año actual / Ventas año anterior	1,02
BAII / Activo	0,08
Beneficio neto / Patrimonio neto	0,11

Si nos basamos en los datos facilitados podemos efectuar el siguiente análisis.

La tabla 10-4 presenta los balances de situación en porcentajes. Se observa que:

- ✔ El volumen del balance ha crecido considerablemente, ya que ha pasado de 383 060 a 487 219 euros.
- ✔ El patrimonio neto es muy elevado, ya que representa más del 59 % del balance.
- ✔ El activo corriente es superior al pasivo corriente.
- ✔ No tiene deudas financieras a corto plazo (préstamos bancarios).

Por lo tanto, el balance de situación parece muy saneado, ya que está capitalizado y no parece que haya problemas de liquidez.

En la tabla 10-5 se acompañan las cuentas de resultados en porcentajes. Se observa que:

- ✔ Las ventas del año 3 son casi idénticas a las del año 1. Por lo tanto, se observa un cierto estancamiento en los ingresos.
- ✔ Es una empresa que tiene beneficios, ya que gana un poco más del 3 % sobre las ventas.
- ✔ Los gastos que han evolucionado mejor son los de consumo de materiales, ya que su porcentaje se ha reducido. Han pasado del 81,20 % sobre las ventas en el año 1 al 79,28 % en el año 3.

En la tabla 10-6 se efectúa una valoración de los ratios, que es positiva en todos los casos excepto la rotación de los activos y el plazo de las existencias, que han empeorado.

Tabla 10-4: Balances de situación de Conservas del Mediterráneo (en euros y en porcentajes)

	Año 3		Año 2		Año 1	
	€	%	€	%	€	%
Activo no corriente	**286 433**	**58,79**	**260 949**	**61,68**	**227 926**	**59,5**
Inmovilizado inmaterial	990	0,2	559	0,13	911	0,24
Inmovilizado material	270 987	55,62	248 560	58,76	223 308	58,3
Otros activos no corrientes	14 455	2,97	11 830	2,8	3707	0,97
Activo corriente	**200 787**	**41,21**	**162 089**	**38,32**	**155 134**	**40,5**
Existencias	116 797	23,97	99 866	23,61	100 014	26,11
Deudores	52 841	10,85	50 106	11,84	41 588	10,86
Tesorería y equivalentes	31 149	6,39	12 116	2,86	13 532	3,53
Total activo	**487 219**	**100**	**423 037**	**100%**	**383 060**	**100**
Patrimonio neto	**290 772**	**59,68**	**251 940**	**59,56**	**232 956**	**60,81**
Capital suscrito	74 992	15,39	74 992	17,73	74 992	19,5
Reservas	215 780	44,29	178 948	41,83	157 964	41,24
Pasivo no corriente	**44 427**	**9,12**	**30 743**	**7,27**	**3 038**	**0,79**
Acreedores a largo plazo	18 065	3,71	17 885	4,23	2 734	0,71
Otros pasivos no corrientes	26 338	5,41	12 547	3,04	304	0,08
Provisiones	24		311	0,07	0	0,00
Pasivo corriente	**152 020**	**31,2**	**140 354**	**33,18**	**147 066**	**38,39**
Deudas financieras	0		15 832	3,74	24 349	6,36
Acreedores comerciales	122 543	25,15	107 485	25,41	73 210	19,11
Otras deudas a corto plazo	29 477	6,05	17 037	4,03	49 507	12,92
Total pasivo y patrimonio neto	487 219	100	423 037	100	383 060	100

Tabla 10-5: Cuentas de pérdidas y ganancias de Conservas del Mediterráneo (datos en euros y porcentajes)

	Año 3		Año 2		Año 1	
	€	%	€	%	€	%
Consumo de materiales	915 649	79,28	861 254	79,56	940 993	81,2
Margen bruto	**239 374**	**20,72**	**221 256**	**20,44**	**217 896**	**18,8**
Gastos de personal	95 315	8,25	90 585	8,37	85 989	7,42
Otros gastos de explotación	63 661	5,51	63 081	5,83	61 013	5,26
Amortización del inmovilizado	22 162	1,92	18 479	1,71	17 340	1,50
BAII	**58 236**	**5,04**	**49 111**	**4,54**	**53 554**	**4,62**
Gastos financieros	– 1951	– 0,17	– 3017	– 0,28	– 3 275	– 0,28
Beneficio antes de impuestos	**56 285**	**4,87**	**46 094**	**4,26**	**50 279**	**4,34**
Impuesto sobre beneficios	14 425	1,25	11 019	1,02	12 330	1,06
Beneficio neto	**41 860**	**3,62**	**35 075**	**3,24**	**37 949**	**3,27**

Tabla 10-6: Ratios de Conservas del Mediterráneo

	Media sector	Año 3	Año 2	Año 1	Comentario	Valoración
Activo corriente / Pasivo corriente	1,27	1,32	1,15	1,05	En el año 3 la empresa tiene más liquidez que el sector	Positiva
Deudas / Activo	0,64	0,4	0,4	0,40	Tiene muchas menos deudas que el sector	Positiva
Ventas / Activo	1,41	2,37	2,56	3,03	La rotación del activo es más elevada que en el sector, pero se ha ido reduciendo	Ha empeorado
Ventas / Activo no corriente	3,2	4,03	4,15	5,08	La rotación del activo es más elevada que en el sector, pero se ha ido reduciendo	Ha empeorado
Ventas / Activo corriente	2,53	5,75	6,68	7,47	La rotación del activo es más elevada que en el sector, pero se ha ido reduciendo	Ha empeorado
Plazo de existencias	65	46,56	42,32	38,79	La rotación de existencias es más baja que en el sector, pero ha ido aumentando en los tres años	Ha empeorado
Plazo de cobro	75	16,7	16,89	13,1	Es mucho más bajo que en el sector	Positiva

Tabla 10-6: *(continuación)*

	Media sector	*Año 3*	*Año 2*	*Año 1*	*Comentario*	*Valoración*
Plazo de pago	42	48,85	45,55	28,4	Es algo más elevado que el sector y ha ido aumentando	Positiva
Ventas n / Ventas n–1	1,02	1,07	0,93	*	En el año 2 se redujo, pero en el año 3 las ventas han crecido más que el sector	Ha mejorado en el último año
BAII / Activo	0,08	0,12	0,12	0,14	El rendimiento es más elevado que en el sector y ha ido creciendo	Positiva
Beneficio neto / Patrimonio neto	0,11	0,14	0,14	0,16	La rentabilidad se ha reducido pero es más elevada que en el sector	Ha empeorado pero es elevada

*No se calcula por faltar las ventas del año anterior

De los análisis efectuados puede concluirse que:

- ✔ El balance está muy saneado, ya que es una empresa muy capitalizada y con muy pocas deudas.
- ✔ Es una empresa que gana dinero, aunque las ventas han sufrido un cierto estancamiento y han vuelto a crecer en el último año.
- ✔ Los consumos de materiales se han reducido en porcentaje.
- ✔ Los plazos de cobro y pago son favorables.
- ✔ Lo que no ha evolucionado de la manera correcta son las rotaciones de los activos y el plazo de las existencias, aunque son más favorables que la media del sector.

- ✔ El rendimiento y la rentabilidad son muy favorables.

A modo de conclusión, parece que esta empresa está evolucionando de la manera correcta. Los retos que tiene ante sí consisten en mejorar los plazos de las existencias y la rotación de los activos. Por lo tanto, se pueden efectuar las siguientes recomendaciones:

- ✔ Optimizar la gestión de las existencias, con el fin de intentar reducir el plazo. Esto requiere estudiar el ciclo de aprovisionamientos, producción y venta para identificar mejoras.
- ✔ Mejorar la rotación de los activos, o bien aumentando las ventas o bien reduciendo aquellos activos que no sean imprescindibles.

RECUERDA

Con el balance podemos saber en qué situación se encuentra la empresa con respecto a la liquidez, el endeudamiento, la gestión de activos y los plazos.

Con la cuenta de resultados podemos evaluar las ventas, los gastos y los resultados.

Por último, para completar el análisis conviene estudiar el rendimiento del activo y la rentabilidad de los fondos propios.

Parte IV

Preparación y control de un presupuesto y de un plan financiero

—ALLÁ HAY UN GRUPO DE OPERARIOS QUE NUNCA TRABAJAN...
—DEBEN DE SER LOS QUE EN EL PLAN CONTABLE APARECEN COMO "PASIVOS"

En esta parte...

A continuación veremos cómo se preparan los presupuestos. Así, tendremos información sobre lo que se espera que le ocurra a la empresa en el futuro. Además, aprenderemos a controlar las desviaciones.

Tambien veremos cómo se elabora un plan financiero para evaluar la viabilidad de cualquier empresa.

Capítulo 11

Confección del presupuesto anual

En este capítulo

- Control presupuestario
- Presupuestos de ingresos
- Presupuestos de gastos

Una vez que hemos aprendido las bases de la contabilidad financiera y las principales técnicas de análisis, nos concentraremos en los presupuestos y los planes financieros siguiendo el esquema de la contabilidad y las finanzas.

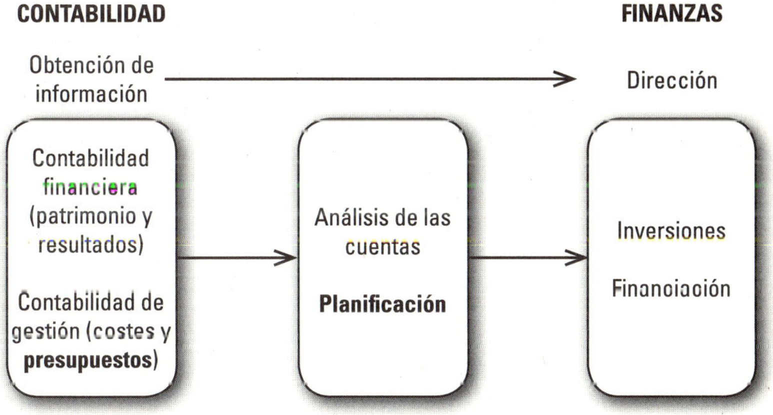

Figura 11-1: Planificación y presupuestos en el esquema general de las relaciones entre contabilidad y finanzas.

Para poder gestionar una empresa es imprescindible tener información sobre lo que puede ocurrir en el futuro. De esta forma, se pueden tomar decisiones a tiempo que ayudarán a la empresa a conseguir sus objetivos. Por esto es de gran utilidad formular presupuestos y controlarlos.

El objetivo de este capítulo es comprender cómo se confeccionan los diferentes presupuestos de ingresos y de gastos.

Concepto y objetivos de los presupuestos

Un *presupuesto* es un documento contable referido a una fecha futura.

Así como la contabilidad financiera persigue, entre otros objetivos, la obtención del balance de situación y de la cuenta de resultados históricos, la confección de presupuestos permite obtener balances de situación y cuentas de resultados de ejercicios futuros:

Tipo de contabilidad	*Objetivo*
Contabilidad financiera	Estados financieros históricos
Contabilidad de costes	Precios de coste
Contabilidad presupuestaria	Estados financieros futuros

Dado que las estimaciones sobre el futuro suponen un elevado grado de incertidumbre, los presupuestos no tienen como finalidad acertar o no. En realidad, se confeccionan para cuantificar lo que se cree que va a suceder en el futuro. De esta forma, la empresa puede tomar decisiones a tiempo para intentar incidir sobre el futuro y hacerlo más favorable.

El aspecto más importante de los presupuestos es que se consideren como una herramienta que permita mejorar la gestión. Con los presupuestos se puede controlar la evolución de la empresa, al comparar lo previsto con la realidad. Por último, permiten tomar medidas correctivas, a partir de las desviaciones detectadas antes de que sea demasiado tarde.

En la figura 11-2 se presenta el esquema general de funcionamiento de los presupuestos.

Antes de confeccionar los presupuestos hay que saber cuáles son los objetivos de la empresa y los medios (personal, maquinaria, etc.) de que disponemos para alcanzarlos. Una vez fijados los presupuestos, hay que comparar con carácter periódico (un mínimo de una vez al mes) los resultados previstos con los reales. De estas comparaciones surgen las desviaciones y, si éstas son importantes, será preciso tomar las medidas correctivas pertinentes.

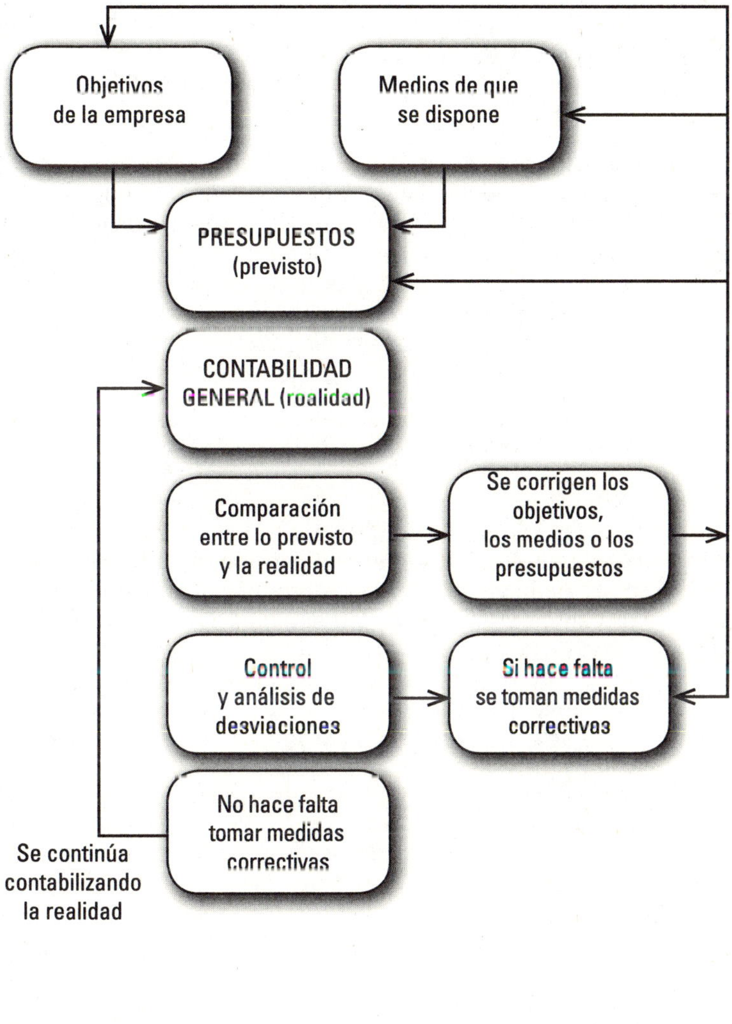

Figura 11-2: Esquema general del sistema presupuestario

Proceso de elaboración de los presupuestos a doce meses

El proceso de elaboración de presupuestos se inicia con el presupuesto de ventas, ya que es el dato del que suelen depender los presupuestos de la mayoría de las empresas.

Sin embargo, en algunas empresas existen restricciones importantes a la capacidad productiva. En estos casos puede ser conveniente confeccionar primero el presupuesto de capacidad productiva, que informará de la producción máxima que puede realizar la empresa en el próximo ejercicio. Éste sería el caso de un hospital con largas listas de espera. En este caso nos encontramos con una demanda superior a su capacidad de prestación de servicios.

Para obtener el presupuesto de ventas necesitamos disponer de un *plan de marketing*, documento en el que se incluyen las políticas comerciales de la empresa (precio, producto, publicidad, promoción, distribución, etc.) y las ventas previstas. Con el presupuesto de ventas se pueden establecer los presupuestos de gastos y obtener el resultado previsional. A continuación se resumirá el proceso de elaboración de presupuestos a doce meses.

Presupuesto de ventas

Este presupuesto contiene las ventas anuales detalladas por meses y por productos en unidades físicas y en euros, tal como refleja la tabla 11-1. El presupuesto puede diferenciar las ventas por canales de venta (tiendas, grandes almacenes, exportación, etc.), por zonas geográficas, por segmento de clientes o por la clasificación que convenga.

Para elaborar un presupuesto de ventas necesitamos determinar cuántas unidades de cada producto hay que vender y el precio de venta.

Tabla 11-1: Modelo de presupuesto de ventas en unidades físicas y unidades monetarias

	Mes 1	*Mes 2*	....	*Mes 12*	*Año*
Producto A Unidades €					
Producto B Unidades € Etc.					
Total ventas en euros					

Para conocer estos dos datos hay que estudiar las ventas de ejercicios anteriores. Además hay que realizar estudios de mercado para conocer más a la clientela y analizar la evolución que están siguiendo los competidores. Este presupuesto suele estar confeccionado por el departamento comercial de la empresa, que lo incluye en su plan de marketing.

Presupuesto de producción y existencias de productos acabados

Una vez que tenemos el presupuesto de ventas, podemos empezar a elaborar los presupuestos de producción y existencias de productos acabados. El presupuesto de producción contiene el número de unidades de producto que se van a producir en el período de un año. Para elaborarlo hay que saber cuántas unidades se van a vender, así como cuál será el nivel inicial de existencias de productos acabados, así como el deseado para el final de cada período:

+	Unidades que se van a vender
+	Existencias finales de productos acabados que se desea tener
-	Existencias iniciales de productos acabados
=	Unidades que hay que producir

Si un fabricante de automóviles tiene 5000 unidades de un determinado modelo, prevé vender 30 000 unidades durante el próximo año y desea tener 3000 unidades al final del período, debería producir 28 000:

+	Unidades que se van a vender	30 000
+	Existencias finales que se desea tener	3000
-	Existencias iniciales	- 5000
=	Unidades que hay producir	28 000

En la figura 11-3 se representa la relación entre el presupuesto de ventas y el de existencias con el presupuesto de producción.

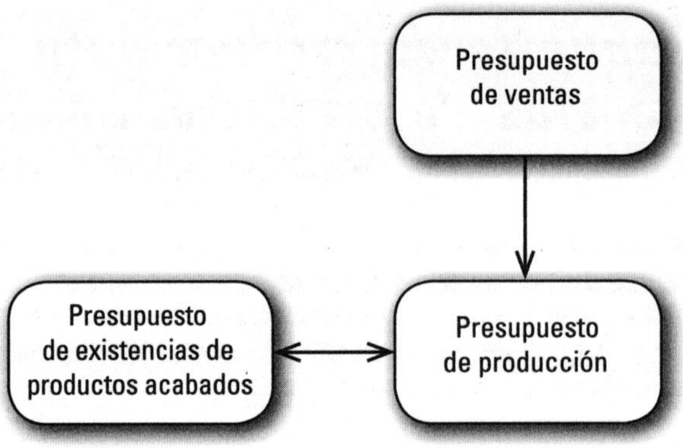

Figura 11-3: Relación entre presupuestos de ventas, existencias y presupuesto de producción

En la tabla 11-2 se presenta el formato habitual del presupuesto de producción y existencias de productos acabados.

Tabla 11-2: Modelo de presupuesto de producción y existencias

	Mes 1	*Mes 2*	....	*Mes 12*
Existencias iniciales de productos acabados +Producción –Unidades vendidas				
Existencias finales de productos acabados				

Presupuestos de consumos, compras y existencias de materiales

Si conocemos la producción prevista podemos determinar el consumo previsto de materiales. Para ello hay que analizar datos de ejercicios anteriores y conocer el coste de materiales por unidad de producto.

A partir de los consumos previstos de materiales se pueden estimar las compras si se fijan los niveles de existencias de materiales (ver figura 11-4).

El presupuesto de consumos, compras y existencias de materiales tiene el formato de la tabla 11-3 y debe hacerse por separado para cada tipo de material.

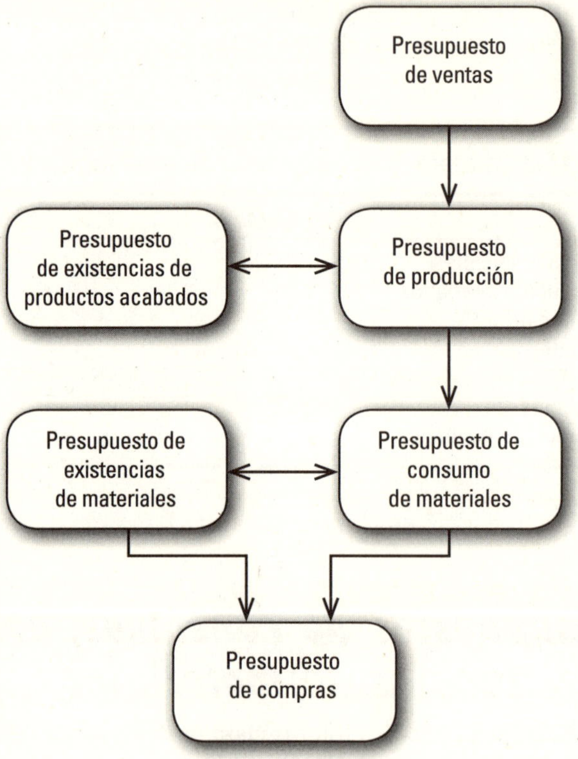

Figura 11-4: Confección del presupuesto de compras

Tabla 11-3: Presupuesto de consumos, compras y existencias de materiales

	Mes 1	*Mes 2*	....	*Mes 12*
Saldo inicial de materiales +Compras –Consumos				
Saldo final de materiales				

Este presupuesto se suele hacer en unidades físicas y en euros.

En la tabla 11-4 se observa que, para poder estimar las compras, hay que conocer los consumos y las existencias iniciales, y fijar el nivel deseado de existencias finales.

El presupuesto de existencias de materiales permite prever las necesidades de espacio de almacenaje y los fondos que se invertirán en dichas existencias.

El presupuesto de compras permite programar con tiempo los pedidos a los proveedores. Además, cuando se informa a éstos de los pedidos que se van a hacer en el próximo año, es posible que se consigan descuentos, ya que esta planificación permite al proveedor programar mejor su producción.

Presupuesto de mano de obra directa y de otros gastos de producción

El presupuesto de mano de obra directa también se elabora a partir del de producción (como se ve en el esquema de la figura 11-5). Si utilizamos datos de años anteriores podemos estimar las necesidades de mano de obra directa en tiempo. Para conocer el coste de mano de obra directa por unidad producida hay que multiplicar el tiempo (en horas necesarias para producirla) por la tarifa horaria:

$$\text{Coste de mano de obra directa por unidad producida} = \text{Tiempo de mano de obra directa por unidad} \times \text{Tarifa horaria de mano de obra directa}$$

Una vez que conocemos el coste de mano de obra directa por unidad producida, lo multiplicaremos por las unidades totales que hay que producir. Entonces sabremos cuál es el coste total de mano de obra directa.

Una empresa prevé producir 800 unidades de cierto producto el próximo año y para cada unidad necesita 36 horas de mano de obra directa, cuyo coste horario es de 12 euros. El coste previsto de mano de obra directa será:

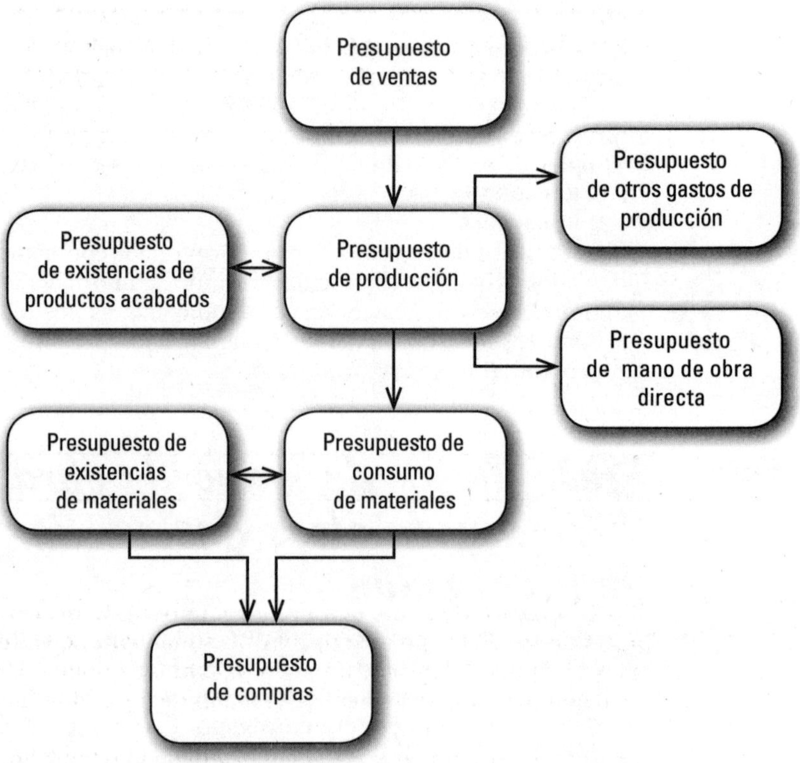

Figura 11-5: Confección de los presupuestos de mano de obra directa y otros gastos de producción

$$\text{Coste de mano de obra directa por unidad producida} = 36\text{ h} \times 12\text{ €/h} = 432\text{ €/unidad}$$

Estas previsiones serán más fáciles si la empresa tiene varios años de experiencia en lo relativo a la contabilidad de costes.

Si para elaborar el producto intervienen diferentes tipos de mano de obra directa se hará el cálculo para cada uno de ellos. En la tabla 11-4 se presenta un ejemplo de presupuesto de mano de obra directa.

Tabla 11-4: Modelo de presupuesto de mano de obra directa

	Mes 1	*Mes 2*	....	*Mes 12*	*Año*
Producto A Horas de operario 1 Horas de operario 2 €					
Producto B Horas de operario 1 Horas de operario 2 €					
etc.					
Total €					

El presupuesto de mano de obra directa permite prever con tiempo las necesidades de este tipo de personal para detectar sobrantes o faltantes. Además, este presupuesto facilita una previsión de la nómina correspondiente a la mano de obra directa.

A partir del presupuesto de producción, se puede elaborar también el presupuesto de otros gastos de producción. Para ello hay que multiplicar el número de unidades que hay que producir de cada artículo por el coste previsto unitario de los restantes gastos de fabricación (energía, materiales auxiliares, etc.).

Presupuesto de gastos de estructura

En principio, este presupuesto se confecciona con independencia del de ventas. Sin embargo, hay que tener presente que los gastos de estructura son fijos para ciertos intervalos de cifra de ventas. Si las ventas lo sobrepasan, los gastos de estructura deberían crecer. Por ejemplo, si una empresa dobla sus ventas, tal vez necesite más personal en el departamento de contabilidad o un ordenador con más capacidad. Por ello, los gastos de estructura crecen dando saltos, en forma de escalera, como se representa en la figura 11-6.

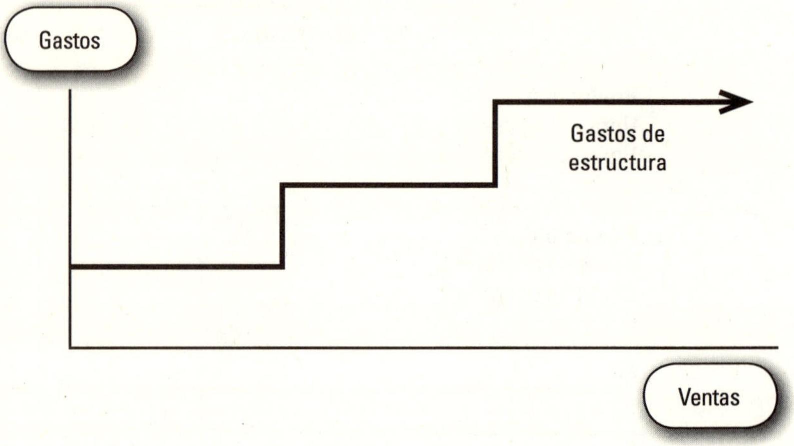

Figura 11-6: Evolución de los gastos de estructura

El presupuesto de gastos de estructura se confecciona en unidades monetarias. En la tabla 11-5 se acompaña un modelo de dicho presupuesto.

Tabla 11-5: Presupuesto de gastos de estructura

	Mes 1	*Mes 2*	....	*Mes 12*	*Año*
Gastos de personal					
Alquileres					
Amortizaciones					
Gastos financieros					
etc.					
Total €					

Presupuesto de gastos de comercialización

Es un presupuesto que se puede hacer directamente a partir del de ventas, como se ilustra en la figura 11-7. En él se incluyen todos los gastos proporcionales de comercialización (comisiones, portes, etc.). Este presupuesto suele estar incluido en el plan de marketing, que confecciona el departamento comercial. Para elaborarlo hay que multiplicar las unidades que se prevé vender por el coste unitario de cada concepto de comercialización, como en la tabla 11-6.

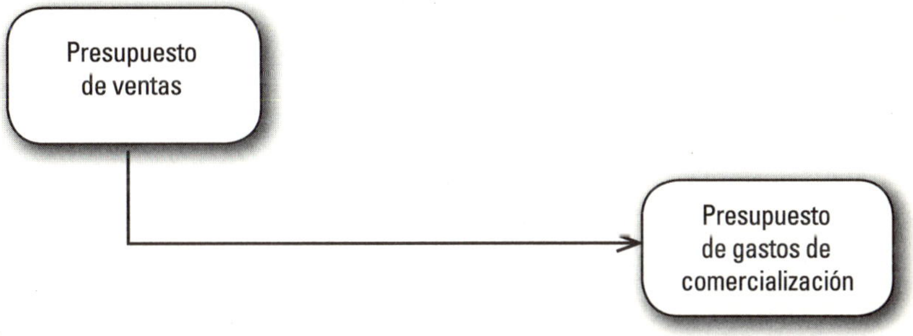

Figura 11-7: Confección del presupuesto de gastos de comercialización

De todos los presupuestos de ingresos y gastos, el más influyente y difícil de prever es el de ventas. Por ello es importante concentrar los esfuerzos en hacer bien la previsión de ventas, de manera que sea lo más fiable posible. Cuando existe mucha incertidumbre sobre lo que se puede vender en el próximo año, puede ser conveniente hacer varias previsiones en función de diferentes escenarios. Se suelen elaborar tres escenarios (el optimista, el pesimista y el normal) y, por lo tanto, tres versiones de todos los presupuestos.

Tabla 11-6: Presupuesto de gastos de comercialización

	Mes 1	*Mes 2*	....	*Mes 12*	*Año*
Comisiones					
Portes					
etc.					
Total €					

Una vez confeccionados los diferentes presupuestos de ingresos y gastos, se pueden preparar los presupuestos de los diferentes estados financieros (cuenta de resultados previsional, presupuesto de caja y balance previsional). Para ello, además, deberemos conocer la previsión de fecha de pago o cobro de los diferentes gastos e ingresos. Todo esto se expone en el capítulo 12.

Capítulo 12

Preparación de los estados financieros previsionales

En este capítulo

- Cuenta de resultados previsional
- Presupuesto de caja
- Balance previsional

Como se señala al final del capítulo anterior, una vez que tenemos los diferentes presupuestos de ingresos y gastos se pueden preparar los estados financieros previsionales. Para ello tendremos que disponer también de datos sobre fechas de cobro y pago, así como sobre las inversiones y la financiación. No es una materia fácil pero, de nuevo, la clave es que la previsión de ventas sea fiable.

El objetivo de este capítulo es comprender cómo se confeccionan los estados financieros previsionales a corto plazo, que son la cuenta de resultados previsional, el presupuesto de caja y el balance de situación previsional.

Cuenta de resultados previsional

Es de gran utilidad saber si la empresa va a ganar o perder dinero el próximo año, así como la cuantía de dicho resultado. La cuenta de resultados previsional, al igual que el presupuesto de caja y el balance de situación previsional, es un presupuesto que integra todos los que se han desarrollado en el capítulo anterior, como puedes ver en la figura 12-1), a los que hay que añadir el balance de situación inicial y las previsiones de cobros y pagos.

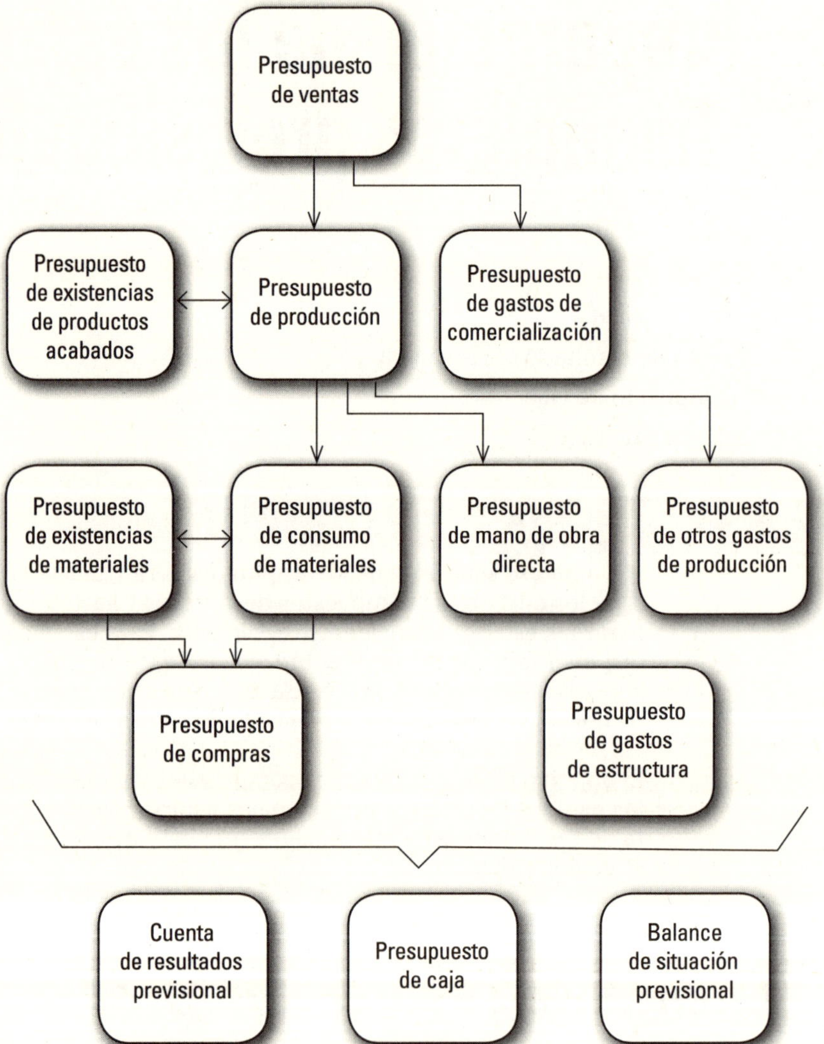

Figura 12-1: Integración de los distintos presupuestos

RECUERDA

Con la cuenta de resultados previsional se obtienen el beneficio antes de impuestos por la diferencia entre el presupuesto de ventas (y demás ingresos) y los diferentes presupuestos de gastos. Para obtener el beneficio neto previsional habrá que restar el impuesto sobre beneficios previsto. El modelo se presenta en la tabla 12-1:

Beneficio antes de impuestos previsto
- Impuesto sobre beneficios
Beneficio neto previsto

Tabla 12-1: Modelo de cuenta de resultados previsional

	Mes 1	*Mes 2*	*...............*	*Mes 12*	*Año*
Ingresos (presupuesto de ventas y de otros ingresos): - Materiales (presupuesto de consumo de materiales) - Mano de obra directa (presupuesto de mano de obra directa) - Otros gastos de producción (presupuesto de otros gastos de producción) - Gastos de comercialización (presupuesto de gastos de comercialización)					
Margen bruto previsto: - Gastos de estructura (prespuesto de gastos de estructura) Beneficio antes de impuestos: - Impuesto de beneficios previsto					
Beneficio neto previsto					

El caso más habitual es que la empresa prevea beneficios para el próximo año y, por lo tanto, se pueda estimar un gasto en concepto de impuesto sobre beneficios. Sin embargo, puede ser que la empresa prevea pérdidas. En este caso, dado que las pérdidas son deducibles de impuestos en los años futuros, se puede dar la situación de que el impuesto de beneficios mejore el resultado.

Una empresa prevé una pérdida antes de impuestos para el próximo ejercicio de 200. Si el porcentaje de impuesto sobre beneficios es el 30 %, estas pérdidas permitirán reducir el pago futuro de impuestos en 60 en los próximos años:

Pérdida antes de impuestos prevista	-200
-Impuesto sobre beneficios	+60
Pérdida neta prevista	-140

Con la cuenta de resultados previsional se dispone de una estimación del resultado que se obtendrá en el próximo ejercicio. Asimismo se puede conocer el flujo de caja previsional (o *cash flow* previsional) si se añaden las amortizaciones al beneficio neto previsto. Las amortizaciones se suman al beneficio neto, ya que son un gasto que no se paga:

Beneficio neto previsto
+ Amortizaciones previstas
= Flujo de caja previsional

Al calcular el flujo de caja, a veces se añaden determinados deterioros de activos, ya que éstos no suponen una salida de dinero de la empresa. Esto afecta, por ejemplo, a deterioros en inmuebles ni otros activos similares.

Al flujo de caja que es la suma del resultado neto más las amortizaciones se le denomina *flujo de caja económico*, ya que se calcula a partir de datos de la cuenta de resultados y da una idea aproximada de la liquidez que se generará en el próximo ejercicio. No obstante, el presupuesto de caja permite tener información más fiable de la liquidez que se generará.

Presupuesto de caja

El presupuesto de caja se confecciona a partir de todos los presupuestos explicados en el capítulo 11, que deben transformarse en cobros y pagos. Para ello hay que utilizar todos los ingresos y gastos y estudiar en qué mes del año se van a cobrar y pagar, respectivamente. De este modo deberemos conocer las condiciones de pago de los clientes y las de pago a los proveedores y otros gastos.

Además, en el presupuesto de caja hay que incluir otros cobros y pagos que no intervienen en la cuenta de resultados (ampliaciones de capital, obtención de deudas, pago de dividendos, devolución de deudas, pago por inversiones, etc.).

Este presupuesto puede tener varios formatos. Uno muy simple es el que integra todos los cobros y pagos sin distinciones, como en el modelo de la tabla 12-2.

Tabla 12-2: Modelo de presupuesto de caja

	Mes 1	Mes 2	....	Mes 12
Saldo inicial				
+ Cobros previstos				
– Pagos previstos				
Saldo final de tesorería				

En la tabla 12-3 se presenta otro modelo, en el que se distinguen los cobros y pagos relacionados con la explotación de la cuenta de resultados del resto de cobros y pagos. Este formato permite obtener por separado el flujo de caja y la liquidez total generada. Este otro flujo de caja, calculado a partir de la diferencia entre los cobros y los pagos de explotación, recibe la denominación de *flujo de caja financiero* o flujo de caja de explotación.

Cobros de explotación
– Pagos de explotación
= Flujo de caja financiero

Tabla 12-3: Modelo 2 de presupuesto de caja

	Mes 1	*Mes 2*	...	*Mes 12*	*Año*
1. Cobros de explotación Cobros de ventas					
2. Pagos de explotación Compras, personal, tributos, otros					
3. Flujo de caja de explotación (1 – 2)					
4. Otros cobros Ampliación de capital Aumento préstamos					
5. Otros pagos Dividendos Inversiones Amortización de préstamos					
6. Liquidez generada fuera de la explotación (4 – 5)					
7. Saldo inicial de tesorería					
8. Saldo final de tesorería (7 + 3 + 6)					

Nótese que, en la mayoría de los casos, el flujo de caja económico y el flujo de caja financiero no coinciden, ya que, mientras el flujo de caja financiero se basa en cobros y pagos, el económico se calcula a partir del beneficio (ingresos menos gastos) más las amortizaciones. Además, el flujo de caja financiero suele calcularse con los cobros y pagos de explotación y, normalmente, no tiene en cuenta otros conceptos de cobro y pago.

Una empresa prevé para el próximo ejercicio unas ventas de 40 000 euros y unos gastos de 38 000 euros. Entre estos gastos se incluyen unas amortizaciones del inmovilizado de 3000 euros.

Por otro lado, se espera cobrar 29 000 euros de los clientes y pagar 32 000 euros de los diferentes gastos de la explotación.

Con estos datos, los flujos de caja previstos serán:

Ventas previstas	40000
- Gastos previstos	- 38000
Beneficio previsto	+2000
+Amortizaciones	+3000
Flujo de caja económico previsto	+5000

En cambio, el flujo de caja financiero previsto ascenderá a:

Cobros previstos de explotación	29000
- Pagos previstos de explotación	- 32000
Flujo de caja financiero previsto	- 3000

En este caso, a pesar de que la empresa prevé un resultado positivo, la tesorería que generará es negativa, ya que una parte importante de las ventas no se cobrarán durante el año.

La importancia del análisis del flujo de caja radica en que éste mide la capacidad de generación de fondos que tiene la empresa a través de su actividad ordinaria. Por lo tanto, es un indicador de la capacidad de autofinanciación, que también dependerá de la política de reparto de dividendos que tenga la empresa.

Balance de situación previsional

El balance de situación previsional puede confeccionarse a partir de los datos de la cuenta de resultados previsional y del presupuesto de caja, tal como se ve en el modelo de la tabla 12-4.

Tabla 12-4: Balance de situación previsional

Saldo inicial (balance inicial)	*Aumentos*	*Reducciones*	*Saldo final (balance previsional)*
Activo			
Activo no corriente	+ Inversiones en activo no corriente	– Bajas de activo no corriente	Activo no corriente
– Amortización acumulada	+ Amortización del período	– Amortización acumulada, incluida en los activos no corrientes dados de baja	– Amortización acumulada
Existencias	+ Compras	– Consumos	Existencias
Clientes	+ Ventas	– Cobro de ventas	Clientes
Caja			Saldo final del presupuesto de caja
Total activo			
Patrimonio neto más pasivo			
Capital	+ Ampliaciones de capital	– Reducciones de capital	Capital
Reservas	+ Beneficios no distribuidos	– Reducción de reservas	Reservas
Préstamos	+ Aumento de préstamos	– Amortización de préstamos	Préstamos
Proveedores	+ Compras	– Pagos a proveedores	Proveedores
Resultado (beneficio o pérdida)			Saldo final de la cuenta de resultados previsional
Total patrimonio neto más pasivo			

El saldo de tesorería del balance de situación previsional debe coincidir con el saldo final del presupuesto de caja. Asimismo, el resultado final (ya sea beneficio o pérdida) del balance de situación previsional debe coincidir con el que se obtenga en la cuenta de resultados previsional.

Una vez que se han obtenido todos estos presupuestos, es conveniente analizarlos utilizando las técnicas de análisis de balances (tratadas en la parte III) para opinar sobre la conveniencia de aprobarlos o no. En caso de que los presupuestos sean desfavorables, debemos rehacerlos y tomar las medidas oportunas para que sean más positivos.

Confección de un presupuesto de tesorería

Una empresa facilita la siguiente información:

- ✔ Balance a 1 de enero (cifras en miles de euros):

Activo		*Patrimonio neto más pasivo*	
Terrenos	1400	Capital	1500
Existencias	550	Reservas	150
Clientes	550	Préstamo bancario	700
Créditos a empresas	300	Proveedores	1200
Caja	1000	Hacienda pública	250
Total	3800	Total	3800

- ✔ Las compras a proveedores realizadas durante el año próximo supondrán unos pagos de 400 000 euros todos los meses a partir de abril.
- ✔ Además, en enero, febrero y marzo hay que pagar 100 000, 300 000 y 500 000 euros, respectivamente, correspondientes a compras realizadas durante el año anterior.

- ✔ Las ventas supondrán unos cobros de 600 000 euros mensuales de febrero a septiembre, y de 700 000 euros de octubre a diciembre.
- ✔ En enero hay que cobrar las ventas de diciembre del año anterior, 550 000 euros, incluidas en el balance inicial.
- ✔ Hay que cobrar, en septiembre, 300 000 euros en concepto de créditos concedidos a varias empresas.
- ✔ Todos los meses se pagarán al contado 100 000 euros de gastos generales.
- ✔ En abril hay que pagar la deuda existente con Hacienda, que asciende a 250 000 euros.
- ✔ En agosto hay que devolver al banco el préstamo de 700 000 euros, incluido en el balance inicial.

El presupuesto de tesorería, elaborado a partir de los datos anteriores, se detalla en la tabla 12-5.

A través del presupuesto de tesorería de la tabla 12-5, se puede estimar que esta empresa tendrá superávit de liquidez en todo el período. Por lo tanto, la empresa podrá hacer frente a los pagos previstos. En el caso de que hubiera tenido déficit de liquidez, se tendrían que haber adoptado medidas para corregir este déficit, como por ejemplo adelantar los cobros o retrasar los pagos.

Tabla 12-5: Presupuesto de tesorería (datos en miles de euros)

	Enero	*Febrero*	*Marzo*	*Abril*	*Mayo*	*Junio*
Saldo inicial	1000	1050	1250	1250	1100	1200
Cobros						
Clientes	+550	+600	+600	+600	+600	+600
Crédito						
Pagos						
Proveedores	-400	-300	-500	-400	-400	-400
Gastos generales	-100	-100	-100	-100	-100	-100
Préstamo						
Hacienda				-250		
Saldo final	1050	1250	1250	1100	1200	1300

Tabla 12-5: ***(continuación)***

	Julio	*Agosto*	*Septiembre*	*Octubre*	*Noviembre*	*Diciembre*
Saldo inicial	1300	1400	800	1200	1400	1600
Cobros						
Clientes	+600	+600	+600	+700	+700	+700
Crédito			+300			
Pagos						
Proveedores	-400	-400	-400	-400	-400	-400
Gastos generales	-100	-100	-100	-100	-100	-100
Préstamo		-700				
Hacienda						
Saldo final	1400	800	1200	1400	1600	1800

Confección de estados financieros previsionales

Una empresa proporciona la siguiente información:

✔ Balance a 1 de enero (cifras en miles de euros):

Activo		*Patrimonio neto más pasivo*	
Maquinaria	1100	Capital	900
-Amortización acumulada	770	Reservas	250
Existencias	500	Préstamo bancario	300
Clientes	600	Proveedores	550
Caja	900	Hacienda pública	330
Total	2330	Total	2330

- Para el mes de enero se prevén los siguientes ingresos y gastos:
  - Ventas de 600 000 euros, que se cobrarán en febrero.
  - Compras de 250 000 euros, que se pagarán en marzo.
  - Gastos de personal de 75 000 euros, que se pagarán en enero.
  - Gastos financieros de 4,5 % del préstamo incluido en el balance inicial, y que se pagarán en enero. Por lo tanto, hay que pagar 13 500 euros.
  - Amortizaciones de 0,8 % de la maquinaria incluida en el balance inicial. Por consiguiente, es una amortización de 8800 euros.
  - Otros gastos de 100 000 euros, a pagar en enero.
- También se producirán en enero los siguientes cobros y pagos:
  - Cobro de 300 000 euros de clientes.
  - Pago de 150 000 euros a proveedores.
  - Pago de 50 000 euros en concepto de amortización de préstamos.
- El valor de las existencias, a finales de enero, se estima en 400 000 000 de euros. Así, el consumo de materiales ascenderá a:

Compras	250
+ Existencia inicial	+500
- Existencia final	- 400
Consumo de materiales	350

Los estados financieros del mes de enero se prevén como se detalla en las tablas 12-6, 12-7 y 12-8.

Tabla 12-6: Cuenta de pérdidas y ganancias previsional del mes de enero (en miles de euros)

Ventas	600
– Consumo de materiales:	– 350
Compras	– 250
Existencias iniciales	– 500
Existencias finales	+ 400
Margen bruto	+ 250
– Gastos de personal	– 75
– Gastos financieros	– 13,5
– Amortizaciones	– 8,8
– Otros gastos	– 100
Beneficio previsto	52,7

Tabla 12-7: Presupuesto de caja para el mes de enero (en miles de euros)

Saldo inicial	+ 900
+ Cobros	
Clientes	+ 300
– Pagos	
Gastos de personal	– 75
Gastos financieros	– 13,5
Otros gastos	– 100
Proveedores	– 150
Préstamos	– 50
Saldo final	811,5

Tabla 12-8: Balance previsional a finales de enero (en miles de euros)

	Saldo inicial	*Movimientos*	*Saldo final*
Activo			
Maquinaria	1100		1100
Amortización acumulada	-770	-8,8 (amortización mensual)	-778,8
Existencias	500	-100 (reducción existencias)	400
Clientes	600	+600 (ventas) -300 (cobros)	900
Caja	900	(según presupuesto tesorería)	811,5
Total	2330		2432,7
Patrimonio neto más pasivo			
Capital	900		900
Reservas	250		250
Préstamo	300	-50 (amortización préstamo)	250
Proveedores	550	-150 (pago) +250 (compras)	650
Hacienda pública	330		330
Beneficios	–	(según cuenta de resultados previsional)	52,7
Total	2330		2432,7

En este último ejemplo se puede comprobar que el resultado previsto (52,7) coincide en la cuenta de resultados previsional (tabla 12-6) y en el balance previsional (tabla 12-8). Además, el saldo final de caja (811,5) coincide en el presupuesto de caja (tabla 12-7) y en el balance previsional (tabla 12-8).

Una forma rápida de comprobar si se han cometido errores en el cálculo de los estados previsionales es comprobar si no coinciden el resultado previsto de la cuenta de resultados y el del balance, o si no coinciden el saldo final de caja del presupuesto de caja y el del balance.

A menudo se produce una situación en la que los presupuestos para el año siguiente dan cifras adversas para la empresa. Por ejemplo, cuando el beneficio es muy reducido, o se prevén pérdidas. O bien se prevé un saldo negativo de tesorería. En estas situaciones hay que reformular los presupuestos. En ese caso, se pedirá a cada departamento o bien que revise cómo puede aumentar los ingresos o reducir los gastos, o bien que se estudie la posibilidad de retrasar los pagos o adelantar los cobros. Ésta es una de las grandes ventajas de preparar presupuestos, ya que la empresa puede tomar medidas a tiempo para evitar problemas futuros.

Capítulo 13

Controlar el presupuesto y la marcha de la empresa

En este capítulo

- Control presupuestario
- Desviaciones
- Medidas correctivas

Cuando una empresa dispone de presupuestos puede controlarlos a medida que se plasman en la realidad. De esta forma se pueden adoptar a tiempo medidas correctivas, que contribuirán a que la empresa funcione lo mejor posible.

El objetivo de este capítulo es comprender cómo se calculan y analizan las desviaciones.

El proceso del control presupuestario

La confección de los presupuestos suele iniciarse varios meses antes de que comience el ejercicio económico. Su elaboración suele prolongarse dos o tres meses hasta que la dirección y el consejo de administración de la empresa los aprueban de manera definitiva.

Algunas empresas no aprueban los presupuestos hasta varios meses después del inicio del ejercicio al que hacen referencia. Esto genera problemas, ya que se pierde la oportunidad de utilizar los presupuestos como una herramienta de control y mejora de la gestión. Por ello es deseable que estén aprobados antes del inicio del ejercicio económico. De esta forma se pueden comparar los datos previstos con los reales, apenas unos pocos días después de finalizar el primer mes del ejercicio.

En la figura 13-1 se observa la secuencia temporal de los presupuestos que impera en muchas empresas. Como se puede comprobar, la confección de los presupuestos se inicia unos meses antes de que comience el ejercicio. Así, se pueden aprobar con suficiente antelación y tan sólo unos pocos días después del final del primer mes ya se pueden efectuar comparaciones entre la previsión y la realidad.

Una vez que se han aprobado los presupuestos, no hay que modificarlos durante el resto del año, ya que así se podrán analizar mejor las desviaciones. De todas formas, podría suceder que la realidad no se parezca en nada a las previsiones, por ejemplo si se produce la compra de otra empresa, se incendia la fábrica, o comienza una crisis económica muy grave. En estos casos tal vez sea preferible reformular los presupuestos, ya que, de no hacerlo, el análisis de desviaciones pierde sentido.

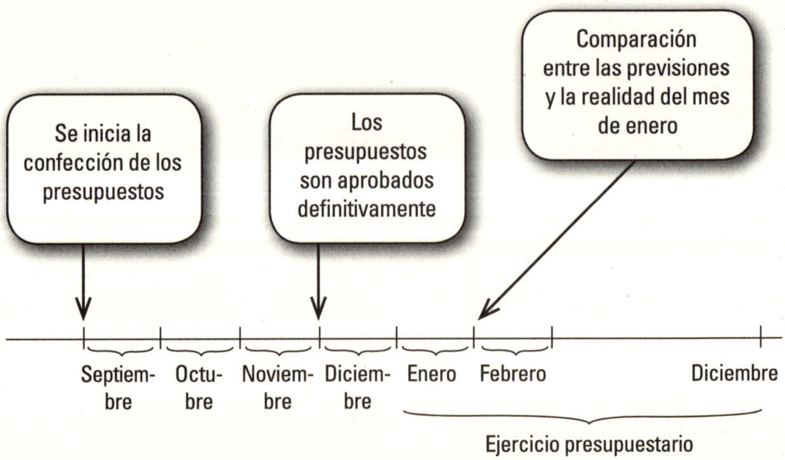

Figura 13-1: Proceso presupuestario

Obtención y análisis de las desviaciones

A medida que utilizamos la contabilidad financiera para obtener datos reales, tenemos que compararlos con los datos previsionales. La diferencia entre los datos previstos y los datos reales permite calcular las desviaciones en unidades monetarias y en porcentajes, como se plasma en la tabla 13-1.

Tabla 13-1: Control de los presupuestos

			Desviación		
	Previsto	*Realidad*	*€*	*%*	*Observaciones*
Cuenta de resultados					
Ventas					
–Consumo de materiales					
–Mano de obra directa					
–Otros gastos de producción					
Gastos de comercialización					
–Gastos de estructura					
Beneficio neto					
Presupuesto de caja					
Saldo inicial					
+Cobros					
–Pagos					
Saldo final					

Tabla 13-1: ***(continuación)***

	Previsto	*Realidad*	*Desviación*		*Observaciones*
			€	**%**	
Balance de situación					
Activo					
Activo no corriente					
– Amortización acumulada					
Existencias					
Clientes					
Tesorería					
etc.					
Total activo					
Patrimonio neto más pasivo					
Capital					
Reservas					
Préstamos					
Proveedores					
Beneficio					
etc.					
Total patrimonio neto más pasivo					

La desviación en importe se obtiene restando los datos reales de los previstos:

Desviación en importe = Cantidad prevista – Cantidad real

El porcentaje de desviación se obtiene dividiendo la desviación por la cantidad prevista:

$$\text{\% de desviación} = \frac{\text{Desviación en importe}}{\text{Cantidad prevista}}$$

Dado que suelen producirse desviaciones en todas las partidas presupuestadas, sólo hay que analizar las importantes. Por ello es conveniente establecer previamente el importe y el porcentaje mínimo a partir del cual se considerará importante una desviación. A esta práctica de control selectivo se la denomina *control por excepción*.

Una empresa podría definir como importante toda desviación superior a 200 000 euros o que sobrepase en el 5 % el importe previsto.

Presupuestos flexibles

Las desviaciones favorables se producen cuando los ingresos reales superan a los ingresos previstos, o cuando los gastos reales son menores que los gastos previstos.

En cambio, las desviaciones desfavorables se producen cuando los ingresos reales son menores que los previstos, o cuando los gastos reales son mayores que los previstos.

Análisis de desviaciones y medidas correctivas

Para ejercer un control más fiable de las desviaciones es conveniente confeccionar ciertos presupuestos (los de gastos, por ejemplo) de forma flexible. Así, en los presupuestos de gastos, que son proporcionales a las ventas, la previsión no se hace por el importe sino por el porcentaje. De este modo se intenta controlar la desviación producida en el porcentaje sobre las ventas, en lugar de la desviación en euros.

Una empresa que tiene previsto vender 800 000 euros y espera realizar unas compras de materiales del 60 % sobre las ventas. Si los datos reales fuesen 820 000 euros de ventas y 490 000 euros de compras de materiales, se podría efectuar el análisis reflejado en la tabla 13-2.

Tabla 13-2: Control de desviaciones con un presupuesto rígido

	Presupuesto rígido	*Realidad*	*Desviación*		*Observaciones*
			€	**%**	
Ventas	800000	820 000	+20000	+2,5	Desviación positiva ya que se ha vendido más de lo previsto
Compras	480000 (60 % de las ventas)	490 000	+10000	+2,1	Desviación negativa por haber gastado más de lo previsto

Si el presupuesto se estableciese de forma flexible, habría que hacer el análisis que se recoge en la tabla 13-3.

Tabla 13-3: Medidas correctivas y su control

	Presupuesto	*Realidad*	*Desviación*		*Observaciones*
			€	**%**	
Ventas	800000	820000	+20000	+2,5	Positiva por haber vendido más de lo previsto
Compras	492000 (60 % de las ventas reales)	490000	-2000	-0,4	Positiva por haber gastado menos

Para que el control presupuestario tenga sentido, no sólo hay que analizar las desviaciones. También hay que adoptar medidas correctivas con rapidez, y controlar con posterioridad la eficacia de estas medidas.

La mecánica que se suele seguir una vez se han identificado las desviaciones importantes (registradas en un impreso como el de la tabla 13-4) es la siguiente:

- ✔ Reunión con los directivos implicados para decidir las medidas correctivas que hay que adoptar. Esta reunión la lidera el gerente, si se trata de una pequeña empresa, o el *controller* en el caso de una empresa de mayor dimensión.
- ✔ En dicha reunión se fija la fecha en la que se controlará la eficacia de las medidas correctivas.
- ✔ En la fecha fijada se controla la eficacia de las medidas tomadas. Si los resultados no son positivos hay que adoptar otras medidas.

Tabla 13-4: Modelo de impreso de control de desviaciones importantes

Concepto	*Previsto*	*Realidad*	*Desviación*		*Responsable*	*Medidas tomadas*	*Control*
			€	*%*			

En la tabla 13-5 se adjunta un ejemplo de desviaciones y la persona responsable de dicha desviación. En las desviaciones significativas, los responsables deben explicar brevemente la causa, o causas, de tales desviaciones.

Además hay que incluir las propuestas de posibles soluciones para que la Dirección pueda tomar las oportunas medidas correctoras junto con la fecha en que se controlarán si las medidas han sido efectivas o no.

Tabla 13-5: Ejemplos de posibles causas de desviaciones en materia prima y mano de obra directa, e identificación de los responsables

Desviación	***Causas***	***Responsable***
Exceso de consumo en materias primas	Previsión mal hecha	Director de compras
	Mal funcionamiento de la maquinaria	Director de producción
	Errores de los empleados por falta de formación o de motivación	Director de recursos humanos
	Por calidad insuficiente de la materia prima	Director de compras
Exceso de precio en las materias primas	Mala gestión de las compras	Director de compras
	Subida de precios	Director de compras
Menor productividad de la mano de obra directa	Errores de los empleados por falta de formación o de motivación	Director de recursos humanos
Incremento del coste de los empleados	Incremento de los costes de personal	Jefe de recursos humanos

Como ya se ha indicado, el control presupuestario es una herramienta de mejora de la gestión. Por lo tanto, lo importante es que los presupuestos se utilicen para identificar las medidas correctivas que garanticen que la empresa está alcanzando sus objetivos.

Cafetera Imperial (cálculo de presupuestos)

A esta empresa comercial, que está especializada en la compraventa de café, le interesa confeccionar su presupuesto para el próximo mes de enero. Para ello, cuenta con la información consignada en la tabla 13-6.

Tabla 13-6: Balance inicial a 1 de enero (datos en euros)

Activo		***Pasivo + Patrimonio neto***	
Maquinaria	80000	Capital	25000
–Amortización acumulada	–48000	Reservas	5000
Existencias	12000	Préstamo bancario	20000
Clientes	4500	Proveedores	7000
Caja	8500		
Total	57000	**Total**	57000

- ✔ Las existencias iniciales están integradas por 4000 kilos de café, que tienen un coste unitario de 3 euros.
- ✔ Se comprarán 5000 kilos más de café a 4 euros/kilos. Por lo tanto, las compras ascenderán a 20000 euros. Estas compras se pagarán en el mes de marzo. Las mercancías son su único coste variable y la empresa sigue el sistema FIFO para valorarlas.
- ✔ Se venderán 6000 kilos de café a 6 euros/kilos y las ventas se cobrarán en febrero. Por consiguiente, las ventas ascenderán a 36000 euros.
- ✔ Los costes de estructura correspondientes a enero están integrados por los salarios (6000 euros, de los que 4800 se pagan en enero, y el resto en agosto y diciembre) y los intereses del préstamo (75 euros, que se pagan en enero).

- ✔ Además, en el mes de enero hay que devolver 5000 euros, que es una cuarta parte del préstamo pendiente a 1 de enero, y 3500 euros, que es la mitad del saldo de proveedores en esa misma fecha.
- ✔ También se espera pagar 800 euros en el mes de enero a los accionistas en concepto de dividendos sobre beneficios de ejercicios anteriores.
- ✔ Del saldo de clientes a 1 de enero se espera cobrar 1800 euros, que representan el 40 % del saldo, durante el mes de enero. El resto se cobrará entre febrero y marzo.
- ✔ La empresa posee una máquina que compró hace seis años, con una vida útil de diez años, por 80 000 euros. El coste de amortización de la máquina para el mes de enero, es el 0,8337 % de su precio de adquisición. Por lo tanto, la amortización mensual asciende a 667 euros.

Para calcular la cuenta de resultados previsional, el presupuesto de caja y el balance previsional del mes de enero, hay que empezar por confeccionar la cuenta de resultados previsional para el mes de enero, tal como se plasma en la tabla 13-7.

Tabla 13-7: Cuenta de resultados previsional de enero (datos en euros)

Ventas	6000 kg × 6 €/kg	36 000
– Consumo de materiales:		– 20 000
– Existencia inicial	4000 kg × 3 €/kg = 12 000 €	
– Compras	5000 kg × 4 €/kg = 20 000 €	
+Existencia final	3000 kg × 4 €/kg = 12 000 €	
= Margen bruto		16 000
– Gastos de estructura		– 6742
– Salarios	6000 €	
– Gastos financieros	75 €	
– Amortización	667 €	
= Beneficio		9258

A continuación se confecciona el presupuesto de tesorería para el mes de enero, como en la tabla 13-8.

Tabla 13-8: Presupuesto de caja del mes de enero (datos en euros)

Saldo inicial de caja			8500
Resultado de explotación			-6575
– Pagos de explotación		-8375	
-Salarios	4800		
-Gastos financieros	75		
-Proveedores	3500		
+ Cobros de explotación		+1800	
+ Clientes	1800		
– Otros pagos		-5800	-5800
-A accionistas	800		
-Devolución del préstamo	5000		
Saldo final de caja			-3875

Por último se calcula el balance final previsional del mes de enero, cuya plasmación es la tabla 13-9.

Tabla 13-9: Balance previsional del mes de enero (datos en euros)

Activo		*Pasivo + Patrimonio neto*	
Maquinaria	80 000	Capital	25 000
-Amortización acumulada	-48 667	Reservas	4200
Existencias	12 000	Beneficio	9258
Clientes	38 700	Préstamos	15 000
Caja	-3875	Proveedores	23 500
		Personal	1200
Total	78 158	**Total**	78 158

Si examinamos las previsiones efectuadas comprobaremos que aunque se espera generar beneficios, la tesorería prevista es negativa. Esto requeriría reformular los presupuestos para garantizar que la tesorería sea positiva. Entre las posibles medidas que se pueden adoptar figuran las siguientes.

- ✔ Adelantar cobros.
- ✔ Atrasar pagos.
- ✔ Incrementar ventas.
- ✔ Reducir gastos.
- ✔ Cancelar el pago de dividendos y solicitar una ampliación de capital.
- ✔ Solicitar algún préstamo.

Cafetera Imperial (cálculo y análisis de desviaciones)

Se trata de analizar las desviaciones si se tiene en cuenta que los resultados reales del período han sido los siguientes:

- ✔ Se compraron 5000 unidades de café a 3,75 euros/kilo. Estas compras se pagarán en el mes de marzo.
- ✔ Se vendieron 5200 kilos de café a 5,5 euros/kilo, y las ventas se cobrarán en febrero.
- ✔ Los costes de estructura correspondientes a enero fueron los salarios (6800 euros, de los que 5400 euros se pagaron en enero, y el resto corresponde a las pagas extras, que se abonarán en agosto y diciembre) y los intereses del préstamo (100 euros, que se pagaron en enero).
- ✔ Además, en el mes de enero se devolvió una cuarta parte del préstamo pendiente a 1 de enero y la mitad del saldo de proveedores a esa misma fecha.
- ✔ También se pagaron 800 euros en el mes de enero a los accionistas en concepto de dividendos sobre beneficios de ejercicios anteriores.
- ✔ Del saldo de clientes a 1 de enero se cobró el 25 % durante el mes de enero.
- ✔ El coste de amortización de la maquinaria ascendió al 0,8337 % de su precio de adquisición.

Se pide:

1. Calcular la cuenta de resultados real, el saldo de caja real y el balance real.
2. Analizar las desviaciones entre las previsiones y la realidad.

Solución:

1. Calcular la cuenta de resultados real, el saldo de caja real y el balance real.

En primer lugar, se confecciona la cuenta de resultados real para el mes de enero, como se refleja en la tabla 13-10.

Tabla 13-10: Cuenta de resultados del mes de enero (datos en euros)

Ventas	5200 kg × 5,5 €/kg	28600
– Consumo de materiales:		–16500
– Existencia inicial	4000 kg × 3 €/kg = 12000 €	
– Compras	5000 kg × 3,75 €/kg = 18750 €	
+Existencia final	3800 kg × 3,75 €/kg = 14250 €	
= Margen bruto		12100
– Gastos de estructura		–7567
– Salarios	6800 €	
– Gastos financieros	100 €	
– Amortización	667 €	
= Beneficio		4533

A continuación se calcula el saldo real de caja de enero (tabla 13.11).

Tabla 13-11: Saldo real de caja del mes de enero (datos en euros)

Saldo inicial de caja			8500
Explotación			
– Pagos de explotación		– 9000	
– Salarios	5400		
– Gastos financieros	100		
– Proveedores	3500		
+ Cobros de explotación		1125	
+ Clientes	1125		
Total saldo de explotación			– 7875
– Otros pagos			
– Accionistas	800		
– Devolución del préstamo	5000		
Total saldo de otros pagos			– 5800
Saldo final de caja			– 5175

Por último se calcula el balance final real de enero (tabla 13-12).

Tabla 13-12: Balance real de enero (datos en euros)

Activo		***Pasivo + Patrimonio neto***	
Maquinaria	80 000	Capital	25 000
– Amortización acumulada	– 48 667	Reservas	4200
Existencias	14 250	Resultado	4533
Clientes	31 975	Préstamos	15 000
Caja	– 5175	Proveedores	22 250
		Personal	1400
Total	72 983	**Total**	72 983

En los estados anteriores se comprueba que el beneficio real es bastante menor que el previsto y que, en cambio, la tesorería real ha sido más negativa.

2. Analizar las desviaciones entre las previsiones y la realidad.

En la tabla 13-13 se compendia el cálculo de las desviaciones de la cuenta de resultados del ejemplo de la empresa Cafetera Imperial.

Tabla 13-13: Cálculo de las desviaciones de la cuenta de resultados (datos en euros)

	Previsto		*Real*		*Desviación*
Ventas	6000 kg × 6 €/kg	36 000	5200 kg × 5,5 €/kg	28 600	−7400
−Consumo de materiales:		−20 000		−16 500	+3500
−Existencia inicial	4000 kg × 3 €/kg		4000 kg × 3 €/kg		
−Compras	5000 ud. × 4 €/kg		5000 kg × 3,75 €/kg		
+Existencia final	3000 kg × 4 €/kg		3800 kg × 3,75 €/kg		
=Margen bruto		16 000		12 100	−3900
−Costes estructura		−6742		−7567	−825
−Sueldos	6000 €		6800 €		
−Gastos financieros	75 €		100 €		
−Amortización	667 €		667 €		
=Resultado		9258		4533	−4725

El resultado real ha sido inferior al esperado por los siguientes motivos:

- ✔ Unas ventas inferiores, tanto en unidades vendidas como en precio de venta.
- ✔ Unos gastos de estructura superiores a los previstos en lo que se refiere a sueldos y gastos financieros.

El saldo de caja real ha sido negativo (-5175 euros) y el previsto también era negativo (-3875 euros). Esto se ha debido a que:

- ✔ Se han pagado 600 euros más a los trabajadores en concepto de sueldos.
- ✔ Se ha producido un incremento en los gastos financieros de 25 euros.
- ✔ Sólo se ha cobrado el 25 % del saldo pendiente de clientes (1125 euros), cuando se preveía cobrar el 40 % (1800 euros).

Por lo que se refiere al balance, el hecho de no haber cumplido las previsiones relativas a la cuenta de resultados y a tesorería significa que el patrimonio está en peores condiciones que las previstas; eso implica que hay problemas más graves de tesorería y una disminución del beneficio.

Capítulo 14

Confección del plan financiero

En este capítulo

- Planificación a largo plazo
- Planificación financiera

A pesar de que los presupuestos a un año son útiles para prever el futuro y controlar las desviaciones, hay momentos en los que necesitamos formular previsiones a un plazo más largo. Para conocer mejor la situación y, sobre todo, las perspectivas de futuro de la empresa es conveniente formular previsiones a largo plazo (a más de un año). Un presupuesto de las cuentas de resultados y de la tesorería a largo plazo se denomina *plan financiero*. El objetivo de este capítulo es comprender cómo se formula un plan financiero.

Concepto y objetivos de la planificación financiera

La planificación financiera consiste en elaborar previsiones de la cuenta de resultados y de la tesorería a largo plazo. El horizonte de la planificación financiera debe ser, como mínimo, de tres o cinco años, aunque a veces puede llegar a los quince o veinte años.

La planificación financiera se puede aplicar cuando se quiere pedir un préstamo a largo plazo y hay que demostrarle al banco que la empresa podrá devolver las cuotas del préstamo. Otro posible caso es aquel en que queremos invertir en una fábrica o en instalaciones importantes que tienen una vida útil larga y hay que comprobar que se trata de una operación rentable.

Con la planificación financiera se pretende analizar de antemano el futuro de la empresa para poder prepararse mejor y sacar el máximo partido de esa previsión. Al igual que las previsiones a un año vista, con la planificación financiera se ha de poder dirigir más óptimamente la empresa y ejercer un control al comparar las previsiones con la realidad.

El principal inconveniente de la planificación financiera es que trata del futuro y a un horizonte a medio o largo plazo. Por lo tanto, estas previsiones van acompañadas de un elevado grado de incertidumbre, que cuestiona su fiabilidad.

Proceso de elaboración del plan financiero

Para elaborar el plan financiero se empieza por las cuentas previsionales de resultados.

Cuentas previsionales de resultados

Las cuentas previsionales de resultados permiten conocer el importe de los resultados previstos a largo plazo.

La elaboración de las cuentas previsionales de resultados se hace siguiendo el método descrito en el capítulo 12:

- ✔ Previsión de ventas e ingresos.
- ✔ A partir de la previsión de los ingresos se confeccionan los presupuestos de producción, existencias, consumos, mano de obra directa y otros gastos directos.
- ✔ Previsión de gastos de estructura.

- ✔ Previsión de gastos financieros.
- ✔ Previsión de amortizaciones.
- ✔ Previsión del impuesto sobre beneficios de cada año.

Los presupuestos anteriores se integran en las cuentas previsionales de resultados, tal como se refleja en la tabla 14-1.

Tabla 14-1: Modelo de cuentas previsionales de resultados

	Año 1	*Año 2*	....	*Año n*
Ventas				
+ Otros ingresos				
– Consumo de materiales				
– Mano de obra directa				
– Otros gastos directos				
– Gastos de estructura				
– Gastos financieros				
– Amortizaciones				
Beneficio antes de impuestos				
– Impuesto sobre beneficios				
Beneficio neto previsto				

La mayor dificultad que presenta la confección de las cuentas previsionales de resultados estriba en la previsión de las ventas. Para obtenerla hay que efectuar estudios de mercado y analizar la evolución histórica de las ventas. También pueden ayudar las previsiones económicas para los próximos años que elabora el gobierno y los servicios de estudios de bancos, cámaras de comercio y otras instituciones.

CONSEJO

Dada la enorme responsabilidad que entraña la preparación del presupuesto de ventas, ya que de él dependen la mayoría de los restantes presupuestos, los contables tienen la inmensa suerte de que sea el departamento comercial el que se responsabiliza de ello.

Por lo general, las principales desviaciones entre las cuentas previsionales de resultados y las cuentas reales de resultados las ocasionan las desviaciones de ventas.

Plan de tesorería

Como veíamos, las cuentas previsionales de resultados intentan prever el resultado futuro. Por el contrario, el plan financiero trata de estimar la liquidez futura.

El plan de tesorería se suele confeccionar de alguna de las tres formas siguientes:

a) Presupuesto de caja a largo plazo

Consiste en elaborar un presupuesto de caja a largo plazo. Para ello hay que estimar los cobros y pagos que se producirán cada año, como en el modelo de la tabla 14-2.

Tabla 14-2: Modelo de presupuesto de caja a largo plazo

	Año 1	*Año 2*	....	*Año n*
Saldo inicial de tesorería				
+ Cobros				
– Pagos				
Saldo final				

Al igual que en el presupuesto de caja, el saldo final de cada período será el saldo inicial del siguiente período.

b) Plan de tesorería con el formato de estado de origen y aplicación de fondos

En este tipo de plan, al saldo inicial de tesorería se le añaden los aumentos de patrimonio neto más pasivo y las reducciones de activo que se prevé que habrá cada año. Asimismo, se le deducen los aumentos de activo y las reducciones de patrimonio neto más pasivo estimado para cada año.

Esta modalidad de plan de tesorería (reflejada en la tabla 14-3) presenta la dificultad de que hay que prever los aumentos y reducciones anuales que habrá en el activo y en el patrimonio neto más pasivo del balance de la empresa.

Tabla 14-3: Modelo de plan de tesorería (tipo estado de origen y aplicación de fondos)

	Año 1	*Año 2*	....	*Año n*
Saldo inicial de tesorería				
+ Aumentos de patrimonio neto más pasivo (capital, reservas, deudas)				
+ Reducciones de activo[1] (ventas de activo no corriente, reducciones de otros activos)				
– Reducciones de patrimonio neto más pasivo (pérdidas, devoluciones de deudas)				
– Aumentos de activo[2] (inversiones en activo no corriente o en corriente)				
Saldo final de tesorería				

1. En estas reducciones no se incluyen las de la tesorería.

2. En estos aumentos no se incluyen los de la tesorería.

c) Plan de tesorería elaborado a partir de las cuentas previsionales de resultados

En este caso, el plan de tesorería (reflejado en la tabla 14-4) se elabora a partir del saldo inicial de tesorería y del beneficio neto anual obtenido. A lo anterior hay que sumar o restar todos aquellos cobros o pagos que no se han considerado en las cuentas previsionales de resultados.

Por ejemplo, hay que añadir los cobros por ampliación de capital o por obtención de préstamos. Asimismo, hay que sumar la amortización anual del inmovilizado, ya que se ha restado en las cuentas previsionales de resultados y es un gasto que no se paga.

Simultáneamente hay que deducir los dividendos repartidos y los pagos por inversiones o por devoluciones de préstamos.

Tabla 14-4: Modelo de plan de tesorería (a partir del resultado previsional)

	Año 1	*Año 2*	....	*Año n*
Saldo inicial de tesorería				
+ Beneficio neto				
+ Ampliación de capital				
+ Préstamos obtenidos				
+ Amortizaciones				
– Dividendos				
– Inversiones				
– Devolución de préstamos				
Saldo final de tesorería				

RECUERDA

Una vez confeccionado el plan financiero podemos conocer la situación de liquidez prevista para cada uno de los próximos años. En caso de que la liquidez o los resultados previstos sean insuficientes habrá que efectuar los retoques precisos en las cuentas previsionales de resultados y en el plan financiero hasta que éstos arrojen resultados positivos.

Planificación a largo plazo

EJEMPLO

A continuación proponemos un ejemplo de planificación a largo plazo. Supóngase que el objetivo que persigue la empresa es obtener una rentabilidad del capital igual o superior al 10%.

Al inicio del plan, la empresa cuenta con el siguiente balance de situación (en miles de euros):

Activo		Patrimonio neto más pasivo	
Inmovilizado	900	Capital	800
Existencias	200	Pasivo no corriente	450
Realizable	150	Pasivo corriente	250
Disponible	250		
Total	1500	Total	1500

Una vez estudiados el mercado y la competencia se llega a las previsiones siguientes de ventas (en miles de euros):

Año	Miles de euros
1	500
2	550
3	620
4	800
5	890
	3360

En cuanto a la previsión de los gastos, conocidas las ventas, se pueden estimar con mayor facilidad los gastos. El consumo de materiales, los sueldos y salarios y los gastos generales se estiman normalmente en porcentaje sobre las ventas:

Datos en %	Año 1	Año 2	Año 3	Año 4	Año 5
Consumo de materiales	45	45	46	47	47
Sueldos y salarios	25	25	25	25	25
Gastos generales	12	12	12	14	14

Las amortizaciones se calculan a partir de la inversión en activo no corriente existente en cada año. Supóngase que se esperan las siguientes amortizaciones del inmovilizado (en miles de euros):

Año	**Miles de euros**
1	20
2	23
3	21
4	24
5	25

Los gastos financieros se calculan a partir de la deuda que tenga la empresa. Supóngase que los gastos financieros serán los que siguen (en millones de euros):

Año	**Miles de euros**
1	10
2	12
3	14
4	15
5	17

Previsión de las cuentas de resultados

A partir de los datos anteriores, ya se pueden confeccionar las cuentas de resultados previsionales, como se refleja en la tabla 14-5.

Tabla 14-5: Cuentas de resultados previsionales (en miles de euros)

	Año 1	*Año 2*	*Año 3*	*Año 4*	*Año 5*
Ventas	500	550	620	800	890
– Consumo materiales	-225	-247,5	-285,2	-376	-418,3
– Sueldos y salarios	-125	-137,5	-155	-200	-222,5
– Gastos generales	-60	-66	-74,4	-112	-124,6
– Amortizaciones	-20	-23	-21	-24	-25
– Gastos financieros	-10	-12	-14	-15	-1
Beneficio	60	64	70,4	73	82,6

Una vez obtenidos los resultados previsionales, se deberían comparar éstos con el capital de la empresa para ver si se alcanza la rentabilidad deseada del 10 %.

Si se considera el capital inicial de 800 000 euros se puede comprobar que en los primeros cuatro años no se alcanza la rentabilidad del capital del 10 %:

	Año 1	**Año 2**	**Año 3**	**Año 4**	**Año 5**
Rentabilidad del capital: (miles de euros)	60/800	64/800	70,4/800	73/800	82,6/800
Beneficio/ Capital (%)	7,5	8	8,8	9,12	10,3

Plan de tesorería

A partir del resultado previsto que se acaba de obtener, ya se puede calcular el plan financiero. Para ello tenemos los siguientes datos:

- Inversiones que hay que realizar (en miles de euros):

Año		**Miles de euros**
1	....	60
2	....	72
3	....	90
4	....	96
5	....	110

- Dividendos para repartir (miles de euros): se prevé pagar 61 el primer año, 62,4 el segundo año, 64,6 el tercer año, 65,5 el cuarto año y 68,9 el quinto año.
- Ampliaciones de capital: se supone que no habrá.
- Aumentos o reducciones de deuda bancaria: se supone que no habrá.
- Saldo inicial de tesorería: 250 000 euros.

En función de lo anterior se puede obtener el plan reflejado en la tabla 14-6.

Tabla 14-6: Plan de tesorería (en miles de euros)

	Año 1	*Año 2*	*Año 3*	*Año 4*	*Año 5*
Saldo inicial	250	+209	+161,6	+98,4	+33,9
+Beneficio	+60	+64	+70,4	+73	+82,6
+Amortización	+20	+23	+21	+24	+25
-Aplicación:					
Inversiones	−60	−72	−90	−96	−110
Dividendos	−61	−62,4	−64,6	−65,5	−68,9
Saldo final	+209	+161,6	+98,4	+33,9	−37,4

Como se puede comprobar en el plan financiero del ejemplo de la tabla 14-6, se obtendrán superávit de fondos los cuatro primeros años. En cambio, en el quinto año se prevé un saldo negativo de tesorería.

Por lo tanto, para que el plan sea viable deberá aumentarse el beneficio (para llegar a la rentabilidad deseada del 10 % todos los años) y tener tesorería positiva en el quinto año.

Capítulo 15

Confección del plan de viabilidad

En este capítulo

- Viabilidad económica y financiera de la empresa
- Plan de viabilidad

A menudo una empresa tiene que saber si es viable de cara al futuro o no. Para ello es muy útil confeccionar un plan de viabilidad. Un *plan de viabilidad* es un estudio de la evolución financiera futura de la empresa que permite evaluar si sus planes de futuro son viables.

El objetivo de este capítulo es comprender cómo se confecciona y analiza un plan de viabilidad.

Para qué sirve un plan de viabilidad

El objetivo de un plan de viabilidad es analizar con detalle los resultados que prevé la empresa para determinar la conveniencia o no de llevar a cabo los planes previstos. Para ello hay que prever los ingresos y gastos, así como los cobros y pagos.

En principio, un proyecto será viable si va a generar beneficios y liquidez suficientes.

A continuación se desarrolla una metodología para confeccionar estudios de viabilidad de empresas. En el caso de que se quiera analizar la viabilidad de una inversión concreta se puede utilizar la misma metodología.

Esta metodología puede usarse tanto para empresas que inicien sus actividades como para las ya existentes. Es muy útil cuando hay que demostrarle a un banco que se podrán devolver los préstamos que se solicitan o para demostrar a los accionistas que la empresa será suficientemente rentable.

Para determinar la viabilidad o no de una empresa hay que elaborar presupuestos a largo plazo de inversiones, de financiación, de cuentas de resultados y de tesorería.

Presupuesto de inversiones

El presupuesto de inversiones comprende la relación de desembolsos por este concepto que tiene que efectuar la empresa durante el plazo de tiempo que se estudie (tabla 15-1). Los estudios de viabilidad se hacen normalmente a cinco o diez años vista. En caso de que la empresa piense solicitar un préstamo a más largo plazo, se suele utilizar este plazo como horizonte del estudio de viabilidad. La razón estriba en que uno de los objetivos del estudio es demostrar si se pueden devolver los préstamos que se solicitan o no.

En el presupuesto de inversiones se incluyen tanto las inversiones en activo no corriente como las inversiones en activo corriente (figura 15-1).

Para determinar las inversiones en activo no corriente (denominadas *CAPEX* en inglés) y en activo corriente, sobre todo de existencias y clientes, se suele utilizar un porcentaje sobre ventas basado en la experiencia previa de la empresa.

Tabla 15-1: Modelo de presupuesto de inversiones

	Año 1	*Año 2*	....	*Año n*
Activo no corriente				
Terrenos				
Maquinaria				
etc.				
Activo corriente				
Existencias				
Clientes				
etc.				
Total inversiones				

Presupuesto de financiación

Este presupuesto (tabla 15-2) incluye todas las fuentes financieras que utilizará la empresa para cubrir el presupuesto de inversiones, como se ve en la tabla 15-2.

Tabla 15-2: Modelo de presupuesto de financiación

	Año 1	*Año 2*	....	*Año n*
Capital				
Reservas (beneficios retenidos)				
Préstamos				
Proveedores				
etc.				
Total financiación				

RECUERDA

Una de las condiciones que hay que cumplir para que un proyecto sea viable es que el presupuesto de financiación cubra todos los años al presupuesto de inversiones. En caso contrario, la empresa no tendría la liquidez suficiente para llevar a cabo el proyecto. Si el presupuesto de financiación no cubre el plan de inversiones habrá que retrasar inversiones o solicitar financiación adicional.

Cuentas previsionales de resultados

Con estas previsiones se estiman los resultados anuales de la empresa. Para obtener las cuentas previsionales de resultados hay que aplicar las técnicas desarrolladas en el capítulo 12, tal como se refleja en la tabla 15-3. El proyecto será viable si los resultados previstos son positivos y suficientes. Para determinar este último punto se pueden usar dos métodos:

- ✔ El primero consiste en calcular el porcentaje anual de rentabilidad del patrimonio neto o del capital. Para ello se dividirá el beneficio neto de cada año por el volumen de patrimonio neto (o por el capital) de cada año:

$$\text{Rentabilidad anual del patrimonio neto} = \frac{\text{Beneficio neto anual}}{\text{Patrimonio neto del año}}$$

Tabla 15-3: Modelo de cuentas previsionales de resultados

	Año 1	*Año 2*	....	*Año n*
Ventas				
+ Otros ingresos				
– Materiales				
– Personal				
– Gastos financieros				

Tabla 15-3: (continuación)

	Año 1	*Año 2*	*...............*	*Año n*
– Tributos				
– Portes				
– Gastos generales				
– Amortización				
Beneficio antes de impuestos				
– Impuesto de beneficios				
Beneficio neto previsto				

RECUERDA

Para que el proyecto sea viable, la rentabilidad de cada año debería ser superior o igual a lo mínimo que esperan los accionistas.

Otra forma de determinar si los beneficios son suficientes consiste en aplicar las técnicas de selección de inversiones que se analizan en la parte V.

Plan de tesorería

Con este plan, se trata de prever cuál será el saldo de la tesorería al final de cada año (hay más información en el capítulo 15).

En un estudio de viabilidad, el plan de tesorería suele confeccionarse a partir del beneficio neto obtenido con las cuentas de resultados previsionales.

Para obtener la tesorería generada a partir del beneficio neto:

- ✔ Se suman las amortizaciones.
- ✔ Se suman aquellos cobros (préstamos obtenidos, ampliaciones de capital, etc.) que no se han incluido en las cuentas de resultados previsionales

- ✔ Se restan los pagos (dividendos, devoluciones de préstamos, inversiones, etc.) que no se han incluido en las cuentas de resultados previsionales (tabla 15-4).

Tabla 15-4: Modelo de tesorería generada a largo plazo (a partir del resultado previsional)

	Año 1	*Año 2*	*...............*	*Año n*
Beneficio neto				
+ Amortizaciones (gasto que no se paga)				
+ Préstamos obtenidos				
+ Ampliación de capital				
– Dividendos				
– Devoluciones de préstamos				
– Inversiones				
Tesorería generada				

Hay que destacar que parte de la información del plan de tesorería se obtiene del presupuesto de inversiones, del presupuesto de financiación y de las cuentas previsionales de resultados.

Para que el proyecto sea viable, el plan de tesorería debe demostrar que la empresa tendrá liquidez positiva al final de cada año. En el plan de tesorería hay que incluir el saldo de tesorería al principio de cada año e ir aumentándolo, como se refleja en la tabla 15-5.

Tabla 15-5: Modelo de plan de tesorería a largo plazo

	Año 1	*Año 2*	*...............*	*Año n*
Saldo inicial de tesorería				
+ Tesorería generada				
Saldo final de tesorería				

El saldo final de tesorería de cada año coincidirá con el saldo inicial de tesorería del año siguiente.

Presupuesto de caja

Por último, si queremos completar el plan de viabilidad es conveniente efectuar un presupuesto de caja para los doce meses del primer año (tabla 15-6).

Tabla 15-6: Modelo de presupuesto de caja

	Enero	*Febrero*	....	*Diciembre*
Saldo inicial				
+ Cobros				
– Pagos				
Saldo final				

Con ello se comprueba si la empresa tendrá liquidez positiva durante cada uno de los doce meses del primer año. Este presupuesto es importante, ya que el plan de tesorería podría indicarnos que va a haber un saldo positivo al final del primer año, pero hay que confirmar que el saldo será también positivo en cada uno de los meses del primer año.

Para que un proyecto sea viable, debe cumplir las condiciones siguientes:

- ✔ El presupuesto de inversiones debe cubrirse por el de financiación.
- ✔ Los resultados previstos deben ser positivos y suficientes.
- ✔ La liquidez prevista debe ser positiva cada año y cada uno de los meses del primer año.

Confección de un estudio de viabilidad

Una empresa intermediaria en el alquiler de grúas y plataformas elevadoras está estudiando la posibilidad de comprar una nave. La actividad de la empresa consiste en que tiene en depósito grúas y plataformas elevadoras. Para ello utiliza su almacén. Cuando alquila estos elementos percibe una comisión por la intermediación más unos cargos por el transporte. Los datos previsionales de que se dispone son los siguientes:

- Inversiones en activo no corriente. Las inversiones que hay que efectuar para poner en marcha la nave son:

Local	2000000€
Instalaciones	600000€
Utillaje	550000€
Mobiliario	350000€
	3500000€

Estas inversiones deben pagarse al contado.

- Financiación. La empresa puede obtener un crédito de 3200000 euros a devolver en ocho años (400000 euros cada año) a un tipo de interés del 14%. El resto de la inversión se financiará con capital aportado por los socios.
- Gastos anuales.
    - Sueldos y Seguridad Social de los empleados: 200000 euros al año.
    - Gastos financieros: los del préstamo que se solicita.
    - Gastos generales: 300000 euros al año.
    - Amortización: la amortización del local se hará en veinticinco años y el resto del activo no corriente en diez años.

Los gastos de personal y los gastos generales aumentarán el 10% cada año. El impuesto de beneficios ascenderá al 35% del beneficio antes de impuestos.

✔ Ingresos. Hay dos clases de ingresos:

- Ingresos por comisiones. Por la venta realizada se cobra una comisión del 12% sobre la venta. Para el año 1 se prevén unas ventas de 5000 euros diarios. Se prevén doscientos cincuenta días laborables al año. En los años siguientes se prevé un incremento de las ventas del 8% anual. A los proveedores se les liquida a sesenta días. Las comisiones se cobran a treinta días.
- Ingresos por transporte. Por cada transporte para llevar la grúa al lugar en cuestión se cobran 100 euros. En el año 1 se prevé hacer diez transportes diarios. En los años siguientes, se harán quince transportes diarios. El precio del transporte aumentará un 8% cada año. Estos ingresos se cobran al contado.
- Además, la empresa percibe alquileres por un importe igual a lo que gana con las comisiones y el transporte.

A partir de toda esa información hay que realizar un estudio de viabilidad que comprenderá los siguientes aspectos:

a) Presupuesto de inversiones.

b) Presupuesto de financiación.

c) Cuentas previsionales de resultados para los primeros cinco años.

d) Plan de tesorería de los primeros cinco años.

Estudio de viabilidad

a) Presupuesto de inversiones

Dado que las comisiones se cobran a treinta días y a los proveedores se les paga a sesenta días, no hay que realizar inversiones en existencias ni en clientes. Por lo tanto, las únicas inversiones que hay que efectuar son en activo no corriente.

Local	2 000 000 €
Instalaciones	600 000 €
Utillaje	550 000 €
Mobiliario	350 000 €
Total	3 500 000 €

La amortización anual del activo no corriente se calcula del siguiente modo:

- ✔ Local:

$$\frac{2\,000\,000\,€}{25 \text{ años}} = 80\,000\,€$$

- ✔ Resto del activo no corriente:

$$\frac{1\,500\,000\,€}{10 \text{ años}} = 150\,000\,€$$

Por lo tanto, la amortización anual calculada según el coste histórico asciende a 230 000 euros.

En el caso de que se pretenda financiar con las amortizaciones la reposición de estos activos no corrientes, habrá que ir actualizando cada año las cuotas de amortización.

b) Presupuesto de financiación

La financiación de las inversiones se hará como sigue:

Préstamo	3 200 000 €
Capital	300 000 €
Total	3 500 000 €

El cuadro de amortización del préstamo es:

(Miles de euros)	**Año 1**	**Año 2**	**Año 3**	**Año 4**	**Año 5**	**Año 6**	**Año 7**	**Año 8**
Devolución préstamo	400	400	400	400	400	400	400	400
Intereses	448	392	336	280	224	168	112	56
Total pagos	848	792	736	680	624	568	512	456

c) Cuentas previsionales de resultados

A continuación se calculan los ingresos de las cuentas de resultados.

✔ Ingresos por comisión

- Las comisiones ingresadas en el año 1 serán:

  0,12 × 5000 €/día × 250 días = 150 000

- Las comisiones del año 2 serán:

  0,12 × 5400 €/día × 250 días = 162 000

- Las comisiones de los años 3, 4, 5, 6, 7 y 8 seguirán creciendo a razón del 8 % anual.

✔ Ingresos por transporte:

- En el año 1 se ingresarán:

  100 € × 10 transportes/día × 250 días = 250 000 €

- En el año 2 se ingresarán:

  108 € × 15 transportes/día × 250 días = 405 000 €

- Los ingresos por transporte de los años 3, 4, 5, 6, 7 y 8 aumentarán el 8 % anual.

Además, cada año se percibirán alquileres por un importe igual a la suma de comisiones y transportes.

De las cuentas previsionales de resultados se desprende que esta empresa obtendrá beneficios a partir del tercer año, como se refleja en la tabla 15-7. Asimismo, la rentabilidad del patrimonio neto obtenida en el tercer año es del 11,66 % (34 970/300 000). En los años siguientes la rentabilidad aumentará de manera considerable.

Tabla 15-7: Cuentas previsionales de resultados (en miles de euros)

	Año 1	*Año 2*	*Año 3*	*Año 4*	*Año 5*	*Año 6*	*Año 7*	*Año 8*
Comisiones	150	162	175	189	204	220,3	238	257
Transporte	250	405	437,4	472,4	510,2	551	595	642,6
Alquileres	400	567	612,4	661,4	714,2	771,3	833	899,6
-Sueldos y S. S.	-200	-220	-242	-266,2	-292,8	-322,1	-354,3	-389,7
- Gastos financieros	-448	-392	-336	-280	-224	-168	-112	-56
- Gastos generales	-300	-330	-363	-399,3	-439,2	-483,2	-531,5	-584,6
- Amortización	-230	-230	-230	-230	-230	-230	-230	-230
Beneficio antes de impuestos	-378	-38	53,8	147,3	242,4	339,3	438,2	538,9
- Impuesto de beneficios	–	–	18,8	51,5	84,8	118,8	153,4	188,62
Beneficio neto	-378	-38	34,9	95,8	157,6	220,5	284,8	350,3

d) Plan de tesorería a cinco años (a partir del resultado previsional)

Al beneficio neto se le sumarán o restarán aquellas partidas que le afecten para hallar la tesorería generada (como se refleja en la tabla 15-8). En concreto se le sumarán las amortizaciones y se le restará las devoluciones del préstamo.

Tabla 15-8: Plan de tesorería (en miles de euros)

	Año 1	*Año 2*	*Año 3*	*Año 4*	*Año 5*	*Año 6*	*Año 7*	*Año 8*
Beneficio neto	-378	-38	34,9	95,8	157,6	220,5	284,8	350,3
+Amortizaciones	230	230	230	230	230	230	230	230
-Devoluciones préstamo	-400	-400	-400	-400	-400	-400	-400	-400
Tesorería generada	-548	-208	-135,1	-74,2	-12,4	+50,5	+114,8	+180,3
Saldo final	-548	-756	-891,1	-965,3	-977,7	-927,2	-812,4	-632,1

De los datos de la tabla 15-8, se desprende que esta empresa generará una tesorería positiva a partir del sexto año. Sin embargo, como parece que el saldo de tesorería será negativo en todos los años, habrá que tomar alguna medida. La necesidad máxima de tesorería es de 977 700 euros y se producirá en el año 5.

En esta situación habría que conseguir más financiación (una mayor aportación de capital o más préstamo) o bien retrasar las inversiones o la devolución del préstamo.

Parte V

Las inversiones: cómo se analizan y cómo se financian

—EN EL DEPARTAMENTO DE FINANZAS ME HAN DICHO QUE DEBEMOS INVERTIR...

En esta parte...

Veremos cómo se pueden analizar las inversiones. Para ello, tendremos en cuenta el valor del dinero en el tiempo.

Posteriormente, se expone cómo se financian las necesidades de fondos.

Capítulo 16

Las inversiones y valor del dinero en el tiempo

En este capítulo

- Tipos de inversión
- Beneficios de la inversión
- Valor del dinero en el tiempo
- Valor futuro
- Valor actual

En los capítulos anteriores hemos trabajado los principales conceptos contables, así como el análisis y la planificación financiera. Todas estas técnicas permiten conocer mejor la empresa y gestionar de forma adecuada sus *finanzas*, que consisten en gestionar las inversiones y la financiación de la empresa.

Entre las decisiones más importantes que deben tomar los responsables de una empresa se cuentan las relacionadas con las inversiones. Si se consigue hacer las inversiones adecuadas, la empresa podrá alcanzar los objetivos que se marcó y así generar un resultado adecuado. El objetivo de este capítulo es introducir los elementos clave que rigen el resultado de las inversiones y comprender el valor del dinero en el tiempo.

Ése es el siguiente paso en el esquema que relaciona la contabilidad y las finanzas de una empresa.

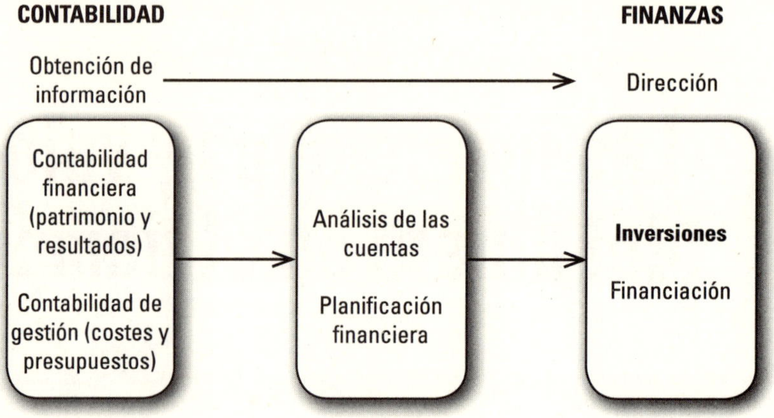

Figura 16-1: Las inversiones en el esquema general de las relaciones entre contabilidad y finanzas.

Aspectos previos a la selección de inversiones

Antes de proceder al estudio de los métodos de selección de inversiones, es conveniente tener en cuenta algunos aspectos previos:

- ✔ Tipos de inversión.
- ✔ Equilibrio entre rentabilidad, riesgo y liquidez.
- ✔ Beneficios que produce una inversión.
- ✔ Plan de tesorería de una inversión.

Tipos de inversión

Dentro del concepto de inversión hay que incluir tanto las que corresponden al activo no corriente como las que componen el activo corriente. De hecho, todo lo que está en el activo de un balance de situación es la inversión de la empresa.

De acuerdo con lo anterior, las inversiones se podrán agrupar en la tipología siguiente:

- ✔ Inversiones en activo no corriente.
- ✔ Inversiones en existencias.
- ✔ Inversiones en realizable.
- ✔ Inversiones en disponible.

Para poder analizar una inversión es preciso conocer el montante de ésta. En el caso de una inversión en activo no corriente, el importe a invertir es la suma de todos los desembolsos que ocasionará su adquisición.

En lo relativo a las inversiones en activo corriente hay que calcular la variación que se va a producir en los saldos medios de existencias, clientes o disponible. El importe aproximado de la inversión será el aumento que se producirá en el saldo medio de existencias, clientes o disponible. El cálculo del saldo medio puede hacerse tomando la suma de los saldos de doce meses consecutivos y dividiendo por doce.

El equilibrio entre rentabilidad, riesgo y liquidez

Dado que toda inversión debe financiarse, la gestión de las inversiones tiene que orientarse hacia la obtención de la máxima rentabilidad. Es decir, hay que perseguir el máximo beneficio con la mínima inversión posible:

$$\text{Rentabilidad de una inversión} = \frac{\text{Beneficio de la inversión}}{\text{Inversión efectuada}}$$

La idea de operar con la mínima inversión posible ha generado las técnicas de gestión que persiguen el nivel cero de existencias, saldo cero de clientes y saldo cero de disponible.

Así, por ejemplo, en los últimos años se están desarrollando nuevas técnicas de gestión, como el *cash management* (gestión de la tesorería) o el *credit management* (gestión de crédito a clientes), que tratan de rentabilizar al máximo la inversión en estas partidas.

Pero el objetivo de maximizar la rentabilidad tiene que combinarse con otros objetivos:

- ✔ Por un lado, hay que funcionar con un nivel de riesgo aceptable.
- ✔ Por otro, se debe garantizar que la empresa dispondrá de liquidez suficiente para atender sus compromisos de pago.

En definitiva, la empresa tiene que conseguir un adecuado equilibrio entre los tres objetivos de rentabilidad, riesgo y liquidez.

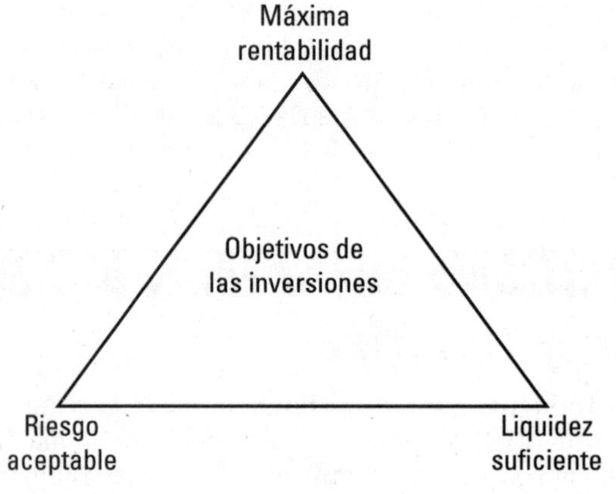

El objetivo de funcionar con un nivel de riesgo aceptable

El *riesgo* es la posibilidad de tener pérdidas como consecuencia de la ocurrencia o no de determinados eventos. Normalmente, para obtener más rentabilidad hay que arriesgar más. Por ejemplo, si se invierte en deuda pública existe poco riesgo, pero la rentabilidad no será muy elevada. En cambio, si se invierte en bolsa es posible que se obtenga una rentabilidad mucho más elevada, pero también existe un mayor riesgo:

Tipos de inversión	Rentabilidad esperada	Riesgo asumido
Inversión en Deuda Pública	Baja (alrededor del 3 o el 5 %)	Reducido
Inversión en acciones de empresas (generan un dividendo y un posible aumento del precio de las acciones) o en pagarés de empresa (su tipo de interés es más elevado que el de la Deuda Pública)	Alta (entre el 4 y el 15 % anual según el año)	Elevado

Cuando se evalúa la rentabilidad hay que tener en cuenta el nivel de riesgo que se está asumiendo. Las inversiones tienen que gestionarse de manera que impliquen unos niveles de riesgo aceptables.

Los principales riesgos financieros de la empresa son:

- *Riesgo de crédito*. Daños que se pueden producir si un cliente o un deudor no paga lo que debe. Este riesgo puede prevenirse con una buena gestión de los clientes. También existe la posibilidad de contratar un seguro de crédito, de manera que si el cliente no paga la empresa recibe una indemnización de la compañía aseguradora.
- *Riesgo de tipo de interés*. Daños que se pueden producir si caen los tipos de interés de las inversiones o suben los tipos de interés de la financiación. Para prevenir este riesgo la empresa puede contratar instrumentos financieros que cubren el riesgo de tipo de interés (este asunto se aborda en el capítulo 20).
- *Riesgo de tipo de cambio*. Daños que se pueden producir a consecuencia de fluctuaciones en los tipos de cambio de las divisas en las que la empresa tiene compromisos de cobro o pago. Para prevenir este riesgo la empresa puede contratar instrumentos financieros que cubren el riesgo de tipo de cambio (tratado en el capítulo 20).

- *Riesgo de cotización*. Daños que se pueden producir si bajan las cotizaciones de inversiones que ha efectuado la empresa. Por ejemplo, si la empresa tiene acciones que cotizan en bolsa, una caída del mercado puede generar pérdidas. El riesgo de cotización puede tener el premio de una mayor rentabilidad, es lo que se llama *prima de riesgo*.

Además de estos riesgos financieros, las empresas pueden sufrir daños como consecuencia de los riesgos de incendio, robo, catástrofe, etc. Todos estos riesgos pueden prevenirse contratando pólizas de seguros que cubran los posibles daños.

CONSEJO

El riesgo existe..., pero la prevención también. La mayoría de los riesgos pueden prevenirse.

El objetivo de garantizar que se dispondrá de liquidez suficiente

Además de la necesidad de equilibrar los objetivos de rentabilidad y de riesgo, es imprescindible garantizar que la empresa podrá atender siempre sus compromisos de pago. De hecho, uno de los fracasos más importantes se produce cuando no se pueden pagar las nóminas de los empleados o no se pueden atender deudas con proveedores o bancos a su vencimiento.

Para gestionar bien la liquidez es muy útil tener siempre actualizado un presupuesto de caja de los próximos doce meses (descrito en el capítulo 12). Además, hay que coordinar las inversiones con la financiación, de manera que los vencimientos de las deudas se produzcan cuando se van obteniendo los cobros de las inversiones.

Beneficios que produce una inversión

Una vez que se conoce el importe que hay que invertir es preciso calcular los beneficios que producirá la inversión.

Estos beneficios se obtendrán por la diferencia entre los ingresos adicionales que se percibirán gracias a la nueva inversión y los gastos adicionales correspondientes:

Ingresos adicionales
– Gastos adicionales
= Beneficios de la inversión

En el apartado de ingresos adicionales, hay que sumar las reducciones de gastos que se producirán con la nueva inversión.

Así, por ejemplo, una inversión en activo no corriente puede ocasionar ingresos adicionales (aumento de ventas o reducción de ciertos gastos) y elevar los gastos (gastos proporcionales al aumento de ventas).

Una inversión en existencias puede producir ingresos adicionales (aumento de ventas, beneficios por adelantarse a una subida de precios) y unos gastos adicionales (gastos financieros del aumento de existencias, espacio de almacenaje, etc.).

Una inversión en clientes, dándoles más facilidades de pago, también puede producir ingresos adicionales (aumento de ventas) y gastos adicionales (costes proporcionales al aumento de ventas, gastos financieros de la inversión en clientes, aumentos de impagados, etc.).

Por último, una inversión en disponible también puede generar ingresos adicionales (intereses bancarios) y gastos adicionales (coste financiero de financiar la inversión).

Como se ha visto en el capítulo 10, hay que conseguir que las inversiones tengan un ROI (rendimiento de la inversión) que supere al coste del dinero para la empresa.

Una empresa se financia con un préstamo que tiene un coste del Euríbor anual más un diferencial del 2 % anual. El Euríbor es el tipo de interés promedio al que los bancos se prestan dinero entre sí en Europa. Si se hace el supuesto de que el Euríbor anual está al 1,5 %, en este caso hay que conseguir que las inversiones que se realicen generen un rendimiento que supere el 3,5 % anual.

Plan de tesorería de una inversión

Para poder evaluar una inversión, además de conocer el importe a invertir y los beneficios que aportará la inversión, se necesita elaborar su plan de tesorería.

El plan de tesorería debe incluir todos los cobros y pagos relativos a la inversión. Estos cobros y pagos deben distribuirse por años (como se plasma en la tabla 16-1).

Al analizar la inversión comparamos el importe invertido con el flujo de caja adicional que proporciona la inversión.

Tabla 16-1: Plan de tesorería

	Año 1	*Año 2*	....	*Año n*
+ Cobros relativos a los ingresos adicionales				
– Pagos relativos a los gastos adicionales				
= Flujo de caja adicional				

Hay que destacar que en los pagos relativos a los gastos adicionales no se incluyen las amortizaciones del activo no corriente por no tener que desembolsarse.

El valor del dinero en el tiempo

El dinero pierde valor a medida que pasa el tiempo, entre otros motivos por la inflación, que hace que los precios de los bienes vayan subiendo. Esto implica que, con la misma cantidad de dinero, cada vez puedan adquirirse menos bienes.

Supongamos que la inflación anual es del 4%, lo que significa que los precios medios de todos los bienes suben una media del 4% al año. Si una empresa tiene 100 euros hoy y los deja en la caja fuerte, dentro de un año podrá comprar el 4% menos de los bienes que podría comprar hoy.

Cálculo del valor futuro de un importe

El *valor futuro* de una cantidad es la conversión a euros del futuro de unos euros que tenemos hoy. Por lo tanto, el valor futuro se obtiene transformando en euros del futuro un *valor actual*. Para efectuar la conversión de euros de hoy en euros futuros hay que tener en cuenta el *interés compuesto*, que es la tasa por la que se multiplica el valor actual para calcular el valor futuro. El interés compuesto representa el interés de un capital inicial a un tipo de interés durante un período de inversión, al final del cual los intereses obtenidos no se retiran sino que se reinvierten o añaden al capital inicial; es decir, se capitalizan.

Si se considera un solo año, el valor futuro es:

$$\text{Valor futuro} = \text{Valor actual} \times (1 + \text{Interés})$$

Si se consideran dos años:

$$\begin{aligned}\text{Valor futuro} &= \text{Valor actual} \times (1 + \text{Interés}) \times (1 + \text{Interés})\\ &= \text{Valor actual} \times (1 + \text{Interés})^2\end{aligned}$$

Si se consideran n años:

$$\text{Valor futuro} = \text{Valor actual} \times (1 + \text{Interés})^n$$

Hoy tenemos 1000 euros y el dinero tiene un valor del 12% anual. ¿Cuál debería ser su valor dentro de un año?

$$\begin{aligned}\text{Valor futuro} &= \text{Valor actual} \times (1 + \text{Interés})\\ &= 1000 \times 1{,}12 = 1120\ €\end{aligned}$$

Esto significa que 1120 euros es el valor dentro de un año de 1000 euros de hoy.

¿Cuál debería ser su valor dentro de dos años?

$$\text{Valor futuro} = \text{Valor actual} \times (1 + \text{Interés})^n$$
$$= 1000 \times (1 + 0{,}12)^2 = 1288\,€$$

Por lo tanto 1000 euros de hoy a un tipo de interés compuesto del 12 % valdrán 1288 euros dentro de dos años.

Cálculo del valor actual de un importe futuro

El *valor actual* de una cantidad que haya que cobrar o pagar en el futuro es la conversión a euros de hoy de unos euros futuros. Por lo tanto, el valor actual se obtiene transformando en euros de hoy un *valor futuro*. Para efectuar la conversión de euros futuros en euros de hoy debemos tener en cuenta la *tasa de actualización* o *tasa de descuento*, por la que se multiplica el valor futuro para calcular el valor actual. Como su nombre indica, es una tasa que convierte (actualiza) el valor futuro en valor actual.

Si vamos a cobrar 1120 euros dentro de un año y la tasa de actualización anual es del 12 %, percibiremos una cantidad cuyo valor actual es de 1000 euros. Para obtener el valor actual de 1120 euros se ha dividido dicho importe por 1 más la tasa de actualización:

$$\text{Valor actual} = \frac{\text{Valor futuro}}{1 + \text{Tasa anual actualización}} = \frac{1120}{1 + 0{,}12} = \frac{1120}{1{,}12} = 1000$$

Esto significa que es lo mismo cobrar 1120 euros dentro de un año que percibir 1000 euros hoy. Si queremos actualizar una cantidad que se cobrará o pagará dentro de más de un año utilizaremos la siguiente fórmula:

$$\text{Valor actual} = \frac{\text{Valor futuro}}{(1 + \text{Tasa anual actualización})^n}$$

Obsérvese que el denominador se eleva al número de años (n) que tardará en producirse el cobro o el pago.

Si se van a cobrar 1405 euros dentro de tres años y se sabe que la tasa anual de actualización es del 12%, el valor actual será:

$$\text{Valor actual} = \frac{\text{Valor futuro}}{(1 + \text{Tasa anual actualización})^n} = \frac{1405}{(1 + 0{,}12)^3} = \frac{1405}{1{,}405} = 1000\ €$$

Por lo tanto, si el dinero vale el 12% anual, es lo mismo 1405 euros de dentro de tres años que 1000 euros de hoy.

La fórmula que se está desarrollando puede expresarse de otra forma:

$$\text{Valor actual} = \text{Valor futuro} \times \underbrace{\frac{1}{(1 + \text{Tasa anual actualización})^n}}_{\text{Factor de actualización}}$$

El valor actual se obtiene multiplicando el valor futuro por el *factor de actualización*.

Continuando con el ejemplo anterior, se haría:

$$\text{Valor actual} = 1405 \times \frac{1}{(1 + 0{,}12)^n} = 1405 \times \frac{1}{1{,}405} = 1405 \times 0{,}711780 = 1000\ €$$

Por lo tanto, el factor de actualización del ejemplo desarrollado es igual a 0,711780.

El factor de actualización puede obtenerse más fácilmente con la ayuda de tablas financieras, como la que se muestra en la tabla 16-2. Por ejemplo, el factor de actualización de un valor futuro a tres años y con una tasa de actualización del 12% es igual a 0,711780. Esto significa que 1 euro dentro de tres anos con una tasa de actualización del 12% tiene un valor hoy de 0,711780 euros.

¿Cuánto vale hoy un euro que se va a cobrar dentro de treinta años si la tasa de actualización es del 30 %?

La respuesta, a partir de los datos de la figura 16-2, es 0,000381 euros.

Tabla 16-2: Tabla para obtener factores de actualización

N.º Años	*Tasa anual de actualización (%)*							
	10	12	15	18	20	22	25	30
1	0,909091	0,892857	0,869565	0,847457	0,833333	0,819672	0,800000	0,769230
2	0,826446	0,797193	0,756143	0,718184	0,694444	0,671862	0,640000	0,591715
3	0,751315	0,711780	0,657516	0,608630	0,578703	0,550706	0,512000	0,455166
4	0,683013	0,635518	0,571753	0,515788	0,482253	0,451399	0,409600	0,350127
5	0,620921	0,567426	0,497176	0,437109	0,401877	0,369999	0,327680	0,269329
6	0,564474	0,506631	0,432327	0,370431	0,334897	0,303278	0,262144	0,207176
7	0,513158	0,452349	0,375937	0,313925	0,279081	0,248588	0,209715	0,159366
8	0,466507	0,403883	0,326901	0,266038	0,232568	0,203761	0,167772	0,122589
9	0,424098	0,360610	0,284262	0,225456	0,193806	0,167017	0,134217	0,094299
10	0,385543	0,321973	0,247184	0,191064	0,161505	0,136899	0,107314	0,072538
11	0,350494	0,287476	0,214943	0,161919	0,134587	0,112212	0,085899	0,055798
12	0,318631	0,256675	0,186907	0,137219	0,112156	0,091977	0,068719	0,042921
13	0,289664	0,229174	0,162527	0,116287	0,093463	0,075391	0,054975	0,033016
14	0,263331	0,204619	0,141328	0,098548	0,077886	0,061796	0,043980	0,025397
15	0,239392	0,182696	0,122894	0,083516	0,064905	0,050652	0,035184	0,019536
16	0,217629	0,163121	0,106864	0,070776	0,054087	0,041518	0,028147	0,015028
17	0,197845	0,145644	0,092925	0,059979	0,045073	0,034031	0,022517	0,011560
18	0,179859	0,130039	0,080805	0,050830	0,037561	0,027894	0,018014	0,008892
19	0,163508	0,116106	0,070265	0,043076	0,031300	0,022864	0,014411	0,006840
20	0,148644	0,103666	0,061100	0,036505	0,026084	0,018741	0,011529	0,005261
25	0,092296	0,058823	0,030377	0,015956	0,010482	0,006934	0,003777	0,001417
30	0,057308	0,033377	0,015103	0,006974	0,004212	0,002565	0,001237	0,000381

El factor de actualización es igual al valor actual de 1 euro para un número de años y para una tasa de actualización dados.

Capítulo 17

Métodos para evaluar inversiones

En este capítulo

- Métodos estáticos: flujo neto de caja y plazo de recuperación
- Métodos dinámicos: valor actual neto y tasa interna de rentabilidad

Cuando hay que decidir si llevamos a cabo una inversión o no, debemos usar una metodología apropiada. Los métodos de selección de inversiones se utilizan para decidir la conveniencia o no de llevar a cabo un determinado proyecto de inversión. También se utilizan para decidir la alternativa más favorable entre varios proyectos de inversión.

Estos métodos pueden dividirse en estáticos y dinámicos. El objetivo de este capítulo es comprender los principales métodos de evaluación de inversiones. De esta forma, podremos tomar decisiones acertadas en relación con las inversiones.

Métodos estáticos

Los métodos estáticos consideran todos los cobros y pagos que conlleva una inversión, sin tener en cuenta el momento en el que se producen. Así, por ejemplo, un cobro recibido en el año 1 tiene el mismo tratamiento que otro cobro recibido en el año 3. Esta circunstancia simplifica los cálculos, pero tiene el inconveniente de que los resultados de estos métodos siempre son aproximados, en vez de exactos.

Los métodos estáticos más usados son el del flujo neto de caja y el del plazo de recuperación, o *pay-back*.

Flujo neto de caja

El *flujo neto de caja* es la suma de todos los cobros menos la suma de todos los pagos relacionados con una determinada inversión, incluyendo el desembolso inicial:

$$\text{Flujo neto de caja} = \begin{array}{c}\text{Cobros que}\\ \text{proporciona}\\ \text{la inversión}\end{array} - \begin{array}{c}\text{Pagos que ocasiona}\\ \text{la inversión}\end{array}$$

Según el método del flujo neto de caja, una inversión será favorable si produce un flujo neto de caja positivo. Si hay que escoger entre varios proyectos de inversión se decidirá por el proyecto que genere un flujo neto de caja mayor.

A continuación se calcula el flujo neto de caja de una inversión que precisa un desembolso inicial de 300 000 euros al inicio del primer año.

La inversión generará los cobros que siguen:

- 100 000 euros (al final del primer año).
- 150 000 euros (al final del segundo año).
- 150 000 euros (al final del tercer año).

El flujo neto de caja se puede calcular así:

$$\text{Flujo neto de caja} = -300\,000 + 100\,000 + 150\,000 + 150\,000 = 100\,000\ €$$

Se trata de decidir cuál de las dos inversiones siguientes es más conveniente utilizando el criterio del flujo neto de caja:

	1.ª inversión	2.ª inversión
Inversión inicial	-500 000	-500 000
Al final del primer año	0	0
Al final del segundo año	+700 000	0
Al final del tercer año	0	+700 000

El flujo neto de caja de las dos alternativas es igual a 200 000 euros. Por lo tanto, las dos alternativas son igualmente aconsejables desde el punto de vista del criterio del flujo neto de caja.

El principal problema de este método estriba en que no tiene en cuenta el momento en el que se producen los cobros y pagos. Tal y como hemos comprobado en el capítulo anterior, el dinero pierde valor a medida que transcurre el tiempo. Continuando con el ejemplo, no es lo mismo percibir 700 000 euros dentro de dos años que dentro de tres años.

Plazo de recuperación o pay-back

El *plazo de recuperación* o *pay-back* es el tiempo que tarda en recuperarse el importe invertido. Para calcular el plazo de recuperación, se han de ir sumando y restando los diferentes cobros y pagos por orden cronológico hasta que su suma sea igual al importe invertido. En ese momento se habrá recuperado el importe invertido.

RECUERDA

De entre todos los proyectos aconsejables, el más conveniente, según el método del plazo de recuperación, es aquel que tiene un plazo de recuperación más corto. De hecho, a medida que aumenta el plazo de recuperación, aumenta el riesgo de la misma.

A continuación, vamos a seguir este método para solucionar los dos ejemplos que habíamos estudiado al explicar el flujo neto de caja.

EJEMPLO

Tenemos una inversión inicial de 300 000 euros, con un cobro de 100 000 euros al final del primer año, otro de 150 000 euros al final del segundo año, y un tercero de 150 000 euros al final del tercer año.

Dado que los cobros se reciben al final de cada año, el plazo de recuperación es de tres años.

Se utilizará el método del plazo de recuperación a las dos inversiones siguientes:

	1.ª inversión	2.ª inversión
Inversión inicial	-500000	-500000
Al final del primer año	0	0
Al final del segundo año	+700000	0
Al final del tercer año	0	+700000

La primera inversión se recupera a los dos años, y la segunda, al cabo de tres años. Por lo tanto, según el criterio del plazo de recuperación, la primera inversión es preferible a la segunda.

El método del plazo de recuperación tiene serios inconvenientes:

- ✔ No considera lo que ocurre después del plazo de recuperación, lo que deja fuera del análisis una cantidad muy importante de información.
- ✔ Según este método, dos proyectos son igual de aconsejables si tienen el mismo plazo de recuperación. Así, un proyecto con un plazo de recuperación de cinco años, que durante los cuatro primeros recupera el 10 % del capital invertido, y el otro 90 % se recupera en el quinto año, es tan aconsejable como otro en el que se recupera el 90 % el primer año y, durante los cuatro siguientes, el 10 % restante.

Métodos dinámicos

Los métodos dinámicos tienen en cuenta el momento en el que se producen los cobros y los pagos. Consecuentemente, un determinado cobro o pago tendrá una distinta valoración según el momento en que se produzca.

Los métodos dinámicos más usados son:

- ✔ Método del valor actual neto (VAN).
- ✔ Método de la tasa interna de rentabilidad (TIR).

Valor actual neto (VAN)

El *valor actual neto* de una inversión es el valor actualizado de todos los cobros menos el valor actualizado de todos los pagos:

VAN = Valor actual de todos los cobros – Valor de todos los pagos

Cuando el VAN es positivo, eso significa que si la empresa lleva a cabo la inversión se obtendrá una rentabilidad que será el porcentaje correspondiente a la tasa de actualización más el valor en euros del VAN.

De entre varias alternativas, la inversión más aconsejable será la que tenga un VAN más positivo.

Una inversión será aconsejable si su VAN es positivo y desaconsejable si éste es negativo. Si el VAN es igual a 0, la inversión será indiferente.

A continuación se calcula el VAN de los ejemplos estudiados en apartados anteriores:

Inversión inicial	300 000 €
Cobro	100 000 € (al final del primer año)
Cobro	150 000 € (al final del segundo año)
Cobro	150 000 € (al final del tercer año)
Tasa de actualización	12 %

$$\text{VAN} = -\,300\,000 + \frac{100\,000}{1 + 0{,}12} + \frac{150\,000}{(1 + 0{,}12)^2} + \frac{150\,000}{(1 + 0{,}12)^3} =$$

$$= -\,300\,000 + \frac{100\,000}{1{,}12} + \frac{150\,000}{1{,}254} + \frac{150\,000}{1{,}405} =$$

$$= -\,300\,000 + 89\,285{,}71 + 119\,617{,}22 + 106\,761{,}56 = 15\,664{,}49$$

La inversión es aconsejable, ya que el VAN es positivo. En este caso, si la empresa lleva a cabo la inversión, ganará el 12 % más 15 664,49 euros. En el momento en que se lleva a cabo la inversión, si se cumplen todas las hipótesis, la empresa aumentará su riqueza en el 12 % más 15 664,49 euros.

Si se aplica el VAN a las dos inversiones siguientes:

	1.ª inversión	**2.ª inversión**
Inversión inicial	-500 000	-500 000
Al final del primer año	0	0
Al final del segundo año	+700 000	0
Al final del tercer año	0	+700 000

El VAN de la primera inversión es:

$$\text{VAN} = -\,500\,000 + \frac{700\,000}{(1 + 0{,}12)^2} = -\,500\,000 + \frac{700\,000}{1{,}254} =$$

$$= -\,500\,000 + 558\,213{,}72 = 58\,213{,}72$$

El VAN de la segunda inversión es:

$$\text{VAN} = -\,500\,000 + \frac{700\,000}{(1 + 0{,}12)^3} = -\,500\,000 + 498\,220{,}64 = -1779{,}36$$

Dado que la segunda inversión tiene un VAN negativo, es preferible la primera.

Tasa interna de rentabilidad (TIR)

La *tasa interna de rentabilidad (TIR)* es la rentabilidad media de una inversión. Como ya se ha indicado anteriormente, se tiene que conseguir que la rentabilidad de las inversiones supere el coste que supone la financiación utilizada.

Para calcular la TIR hay que hallar la tasa de actualización que hace que el valor actual neto de todos los cobros y pagos de una inversión sea igual a cero.

$$\text{VAN} = 0 = \begin{array}{c}\text{Valor actual de}\\ \text{todos los cobros}\end{array} - \begin{array}{c}\text{Valor de todos}\\ \text{los pagos}\end{array}$$

Según el método TIR, una inversión es aconsejable si su TIR es igual o mayor que el tipo de interés mínimo que se desea obtener.

La mejor alternativa, si hay que escoger entre varias, será la que tenga la TIR mayor.

El cálculo de la TIR es a veces complejo y, a menos que se disponga de una calculadora programable, se recomienda usar el sistema de prueba y error. Así, se calcula el VAN de la inversión para una tasa cualquiera. Según el valor del VAN que nos resulte, calcularemos nuevos VAN para diferentes tasas, hasta acotar con la suficiente exactitud el intervalo en el que se encuentra la TIR.

Partiendo de una tasa de actualización (t) del 8 %, VAN = –200; y para una t del 5 %, VAN = +100.

Por lo tanto, la TIR está entre el 5 y 8 %. Se calcularía entonces el VAN para una tasa del 6 %.

Si el VAN fuese de –50 para t = 6 %, indicaría que la TIR está entre 5 y 6 %.

Si este intervalo se considera muy amplio, se acortaría calculando el VAN para 5,75 y 5,50 %, y así sucesivamente.

Mientras que el VAN cuantifica el beneficio absoluto en euros, que va a producir la inversión, la TIR informa del porcentaje de rentabilidad de la inversión.

A continuación se estudian los dos ejemplos que se han utilizado en los puntos anteriores.

Ejemplo 1

Se calcula la TIR de una inversión inicial de 300 000 euros, de la que se obtendrán 100 000 euros dentro de un año, 150 000 euros dentro de dos años y 150 000 euros dentro de tres años. La TIR será aquella tasa que hará el VAN igual a cero:

$$VAN = -300000 + \frac{100000}{1 + TIR} + \frac{150000}{(1 + TIR)^2} + \frac{150000}{(1 + TIR)^3} = 0$$

Si se calcula por el método de prueba y error, se hará:

- ✔ Para TIR = 12 %, VAN = +15 631,83
- ✔ Para TIR = 13 %, VAN = + 9925,10
- ✔ Para TIR = 14 %, VAN = + 4385,15
- ✔ Para TIR = 15 %, VAN = – 994,49

Por lo tanto, la TIR estará comprendida entre el 14 y el 15=%.

	1.ª inversión	**2.ª inversión**
Inversión inicial	500 000	500 000
Al final del primer año	0	0
Al final del segundo año	700 000	0
Al final del tercer año	0	700 000

La TIR de la primera inversión es:

$$VAN = -500000 + \frac{700000}{(1 + TIR)^2} = 0$$

TIR = 18,32 %

La TIR de la segunda inversión es:

$$VAN = -\ 500\,000 + \frac{700\,000}{(1 + TIR)^3} = 0$$

$$TIR = \ 11{,}87\,\%$$

La primera inversión es preferible a la segunda, porque tiene la TIR más elevada.

Ejemplo 2

Se trata de evaluar la inversión siguiente utilizando los métodos del VAN y la TIR:

- ✔ Inversión inicial = 200 000 euros en bonos de la empresa Reunidos, S. A.
- ✔ Amortización de los bonos a los tres años.
- ✔ Intereses que se percibirán en el primer año - 52 000 euros.
- ✔ Intereses netos pagados por la empresa Reunidos, S. A. en los años 2 y 3 = 6 % anual.
- ✔ Tasa de actualización para el VAN = 12 % anual.

Cálculo del VAN

Se producirán los siguientes flujos de tesorería:

	Inversión inicial	- 200 000
Primer año	Intereses	+52 000
Segundo año	Intereses	+12 000
Tercer año	Intereses	+12 000
	Devolución de bonos	+200 000

Cálculo del VAN

$$VAN = -200000 + \frac{52000}{1,12} + \frac{12000}{1,12^2} + \frac{212000}{1,12^3} = +6892,31$$

Dado que el VAN es positivo, la inversión es aconsejable.

Cálculo de la TIR

La TIR será aquella tasa que iguale a cero el VAN:

$$TIR = -200000 + \frac{52000}{1 + TIR} + \frac{12000}{(1 + TIR)^2} + \frac{212000}{(1 + TIR)^3}$$

En este caso, la TIR sería igual a 13,53 %. Por lo tanto, la rentabilidad de esta inversión sería del 13,53 % anual.

La TIR obtenida debe compararse con la rentabilidad que desea la empresa, para que ésta decida si vale o no la pena invertir. En el supuesto de que la rentabilidad mínima deseada sea del 12 %, la inversión vale la pena, ya que la TIR es superior a dicha tasa.

Ejemplo 3

Se trata de evaluar un plan de pensiones teniendo en cuenta que el banco ofrece las siguientes condiciones:

- ✔ Hay que invertir 10 000 euros al año durante 35 años.
- ✔ Al final de los 35 años, el inversor percibirá 1 125 000 euros.

Se pide:

- ✔ ¿Cuál es el valor actual de la cantidad que se percibe al final?
- ✔ ¿A cuánto asciende la rentabilidad de este plan de pensiones?

$$\text{Valor actual} = \frac{\text{Valor futuro}}{(1 + t)^n} = \frac{1125000}{(1 + 0,12)^{35}} = 21306,97$$

Por lo tanto, si el inversor decide llevar a cabo este plan de pensiones, dentro de 35 años percibirá el equivalente a 21 306,97 euros de hoy.

Para conocer la rentabilidad del plan de pensiones hay que calcular la tasa interna de rentabilidad.

$$VAN = 0 = \frac{10\,000}{(1 + TIR)} - \frac{10\,000}{(1 + TIR)^2} - \ldots - \frac{10\,000}{(1 + TIR)^{35}} + \frac{1\,125\,000}{(1 + TIR)^{35}}$$

La TIR que iguala a cero el VAN de la ecuación anterior es el 6 % anual. Por consiguiente, la rentabilidad anual del plan de pensiones asciende a 6 %.

Dada la complejidad matemática de la ecuación anterior, se recomienda para su resolución el uso de una calculadora financiera que disponga de la operación TIR. Si no se dispone de una calculadora financiera, se puede utilizar la hoja de cálculo Excel que también permite efectuar este tipo de cálculos.

Se trata de evaluar la rentabilidad de una inversión en una máquina.

Una empresa tiene la posibilidad de adquirir una máquina que le permite reducir el coste de la mano de obra y de la energía. La máquina, que cuesta 800 000 euros, tendrá un valor residual de 50 000 euros al final de una vida útil de cinco años.

Los ingresos anuales (reducción de costes) que producirá la máquina serán:

Año		Ingreso anual
1	....	200 000 €
2	....	230 000 €
3	....	250 000 €
4	....	275 000 €
5	....	280 000 €

Para el método VAN se utilizará una tasa de actualización del 12 %.

Cálculo del VAN

$$VAN = -800000 + \frac{200000}{1{,}12} + \frac{230000}{1{,}12^2} + \frac{250000}{1{,}12^3} +$$

$$+ \frac{275000}{1{,}12^4} + \frac{330000}{1{,}12^5} = +\,101\,889{,}42$$

Dado que el VAN es positivo, esta inversión es rentable. Hay que destacar que en el quinto año se ha añadido el valor residual que se percibirá (280 000 + 50 000).

Cálculo de la TIR

La tasa que iguala a cero la ecuación del VAN es 15,43 %. Por lo tanto, la rentabilidad anual de esta inversión es del 15,43 %. Esta inversión es aconsejable, ya que la TIR supera el 12 %.

Capítulo 18

La financiación mediante capital y reservas

En este capítulo

- Financiación con capital y reservas
- Apalancamiento financiero
- Financiación con subvenciones

En capítulos anteriores se ha estudiado cómo pueden estimarse las necesidades financieras de una empresa. El análisis de balances permitía conocer si una empresa estaba descapitalizada o tenía problemas de liquidez. Con el presupuesto de tesorería a 12 meses se podía conocer si se preveía un déficit de tesorería a corto plazo. Con el presupuesto de inversiones y el plan financiero a largo plazo, se podían prever las necesidades de fondos a varios años. En el capítulo anterior se han visto métodos que permiten evaluar las inversiones. Una vez que se ha decidido efectuar una inversión hay que estudiar la mejor forma de financiarla.

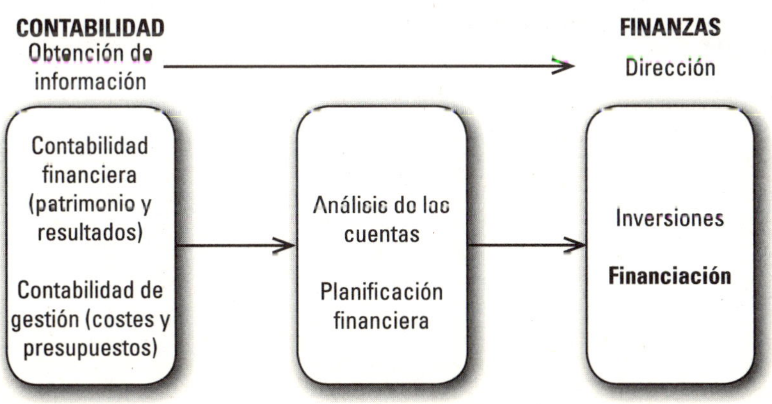

Figura 18-1: La financiación en el esquema general de las relaciones entre contabilidad y finanzas.

Dado que ya se han desarrollado las técnicas que permiten conocer las necesidades financieras, el objetivo de este capítulo es comenzar a estudiar cómo financiarlas. Empezaremos con la financiación con patrimonio neto. En los capítulos siguientes se desarrollará cómo financiarse con deuda.

Tipos de financiación

En principio, los recursos financieros pueden llegar a la empresa a través de:

- ✔ Capital. Fondos aportados por los accionistas.
- ✔ Autofinanciación. Aumento de las reservas con los beneficios no distribuidos.
- ✔ Subvenciones a fondo perdido. Concedidas por organismos públicos.
- ✔ Deudas. Fondos que tienen que devolverse y que pueden tener un coste financiero.

Cuando se gestiona la financiación hay que conseguir que su coste sea lo menor posible. Pero la financiación también comporta riesgos, ya sean de tipos de interés (que pueden subir), de tipo de cambio (cuando el préstamo es en divisas) o de plazos que no se puedan atender. Además, en algunos casos, los bancos piden garantías que la empresa no puede asumir. Por ejemplo, cuando para obtener un préstamo hay que hipotecar un inmueble o acompañar un aval de los socios, o depositar dinero en garantía.

RECUERDA

Por lo tanto, el objetivo de reducir el coste tiene que equilibrarse con el objetivo de minimizar el riesgo y con unos plazos adecuados y de unas garantías que sean razonables:

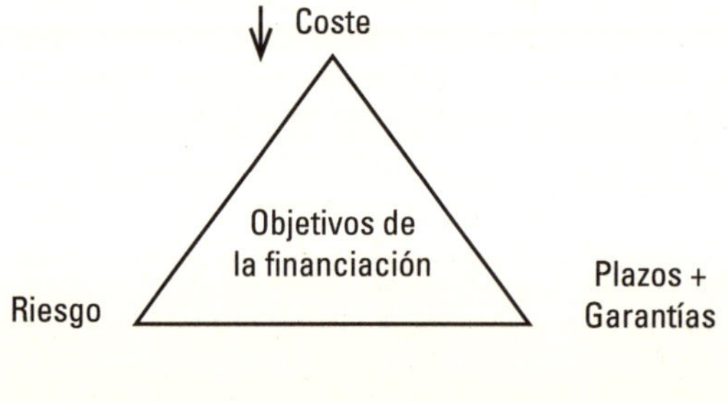

Y los objetivos de financiación deben ser coherentes con los objetivos de inversión que se han analizado en el capítulo anterior. Este equilibrio puede visualizarse como la balanza que se representa en la figura 18-2.

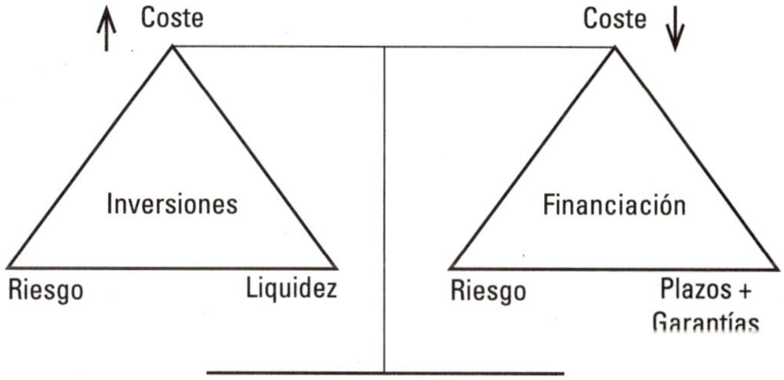

Figura 18-2: Equilibrio entre los objetivos de inversión y los de financiación

Una vez que se ha decidido efectuar una inversión, hay que decidir cómo financiarla. En este momento se debe valorar cuál es la proporción adecuada entre capital y deuda; eso es lo que representa el esquema de la figura 18-3.

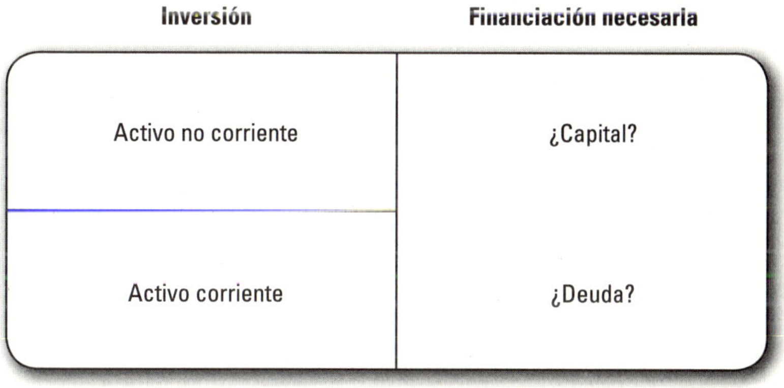

Figura 18-3: Decisión sobre la proporción entre capital y deuda para financiar las inversiones

Para poder determinar la proporción adecuada de capital y de deuda se deben considerar asuntos tales como la capacidad de generación de fondos que tiene la empresa, el nivel de riesgo con el que desea trabajar y la rentabilidad deseada por los accionistas. Todo ello se analiza en los apartados siguientes.

La financiación mediante capital y reservas

Toda empresa, para poder desenvolverse con normalidad, necesita un mínimo volumen de patrimonio neto (capital y reservas). En caso contrario, lo más probable es que tuviera un exceso de deudas que limitaría su independencia financiera y reduciría los beneficios a causa de los elevados gastos financieros.

A medida que aumenta la deuda se incrementa el riesgo de insolvencia de la empresa.

Por este motivo, en el capítulo 7 se afirma que el ratio de endeudamiento no debe superar, en general, el valor de 0,5 o 0,6:

$$\text{Ratio de endeudamiento} = \frac{\text{Pasivo}}{\text{Patrimonio neto} + \text{pasivo}} < 0{,}5\text{-}0{,}6$$

Por lo tanto, el patrimonio neto debe superar o igualar el 40 % del patrimonio neto más pasivo para evitar la descapitalización de la empresa.

Sin embargo, en el capítulo 10, al estudiar la rentabilidad se ha indicado que ésta tiene que ser lo más elevada posible:

$$\text{Rentabilidad} = \frac{\text{Beneficio neto}}{\text{Patrimonio neto}}$$

En definitiva, para que la rentabilidad sea elevada, se precisa un patrimonio neto reducido. Pero, por otro lado, para que no exista un exceso de deuda, el patrimonio neto debe ser elevado.

Una correcta gestión financiera debe conseguir equilibrar la balanza entre la capitalización y la rentabilidad a través de un volumen óptimo de patrimonio neto. Tal y como se ha estudiado en el capítulo 10, si la empresa consigue que con un aumento de la deuda se incremente su rentabilidad, se dice que tiene un *apalancamiento financiero* favorable.

Pensemos en tres empresas del mismo sector y con el mismo volumen de activo, aunque financiado de forma diferente:

	A	B	C
Activo	200	200	200
Patrimonio neto	200	100	1
Deudas	0	100	199

Las tres empresas consiguen el mismo beneficio antes de intereses e impuestos de 50. Se asume de que los gastos financieros ascienden al 5 % de la deuda y de que el impuesto de beneficios es el 20 % del BAI.

	A	B	C
BAII	50	50	50
Gastos financieros (5 % de la deuda)	0	–5	–10
BAI	50	45	40
Impuesto de beneficios (20 % del BAI)	- 10	- 9	- 8
Beneficio neto	40	36	32

A continuación se calculan la rentabilidad y el ratio de volumen de patrimonio neto.

	A	B	C
$\text{Rentabilidad} = \frac{\text{Beneficio neto}}{\text{Patrimonio neto}}$	$\frac{40}{200} = 0{,}2$	$\frac{36}{100} = 0{,}36$	$\frac{32}{1} = 32$
$\text{Volumen de patrimonio} = \frac{\text{Patrimonio neto}}{\text{Patrimonio neto + pasivo}}$	$\frac{200}{200} = 1$	$\frac{100}{200} = 0{,}50$	$\frac{1}{200} = 0{,}005$

Se puede comprobar que la empresa A es la más capitalizada, pero es la menos rentable (20 %). La empresa C es la más rentable (3200 %), pero está totalmente descapitalizada. La empresa B se halla en un término medio (36 % de rentabilidad) y, por lo tanto, puede ser la más equilibrada.

A lo largo de los últimos años ha ido aumentando la financiación a través de *empresas de capital riesgo*, que invierten en el capital de otras empresas para participar en determinados proyectos, pero con la condición de que pasado un período de tiempo venderán las acciones recuperando la inversión y cobrando una plusvalía.

Dado el riesgo que suponen estas inversiones la rentabilidad que se busca es elevada, ya que, si no, no compensa.

El coste del patrimonio neto

En principio, el coste del patrimonio neto viene dado por el dividendo:

$$\text{Coste del patrimonio neto} = \frac{\text{Dividendos}}{\text{Patrimonio neto}}$$

Sin embargo, la afirmación anterior es inexacta, ya que se tendría que considerar como coste del patrimonio neto el coste de oportunidad de los accionistas. Éste es un concepto que ya se ha tratado en el capítulo 4. Por coste de oportunidad de los accionistas se entiende la rentabilidad que podrían obtener si invirtieran sus capitales en otras alternativas con el mismo riesgo.

Si los accionistas tuviesen la posibilidad de invertir sus fondos en otra alternativa mejor por la que percibirían una rentabilidad del 20 % con un riesgo semejante, el coste de oportunidad sería del 20 %. En este caso, el coste del patrimonio neto sería del 20 %.

El coste del patrimonio neto puede estimarse a partir de la rentabilidad que dejan de obtener los accionistas por no invertir sus fondos en otras alternativas de riesgo semejante.

La financiación mediante subvenciones

Las subvenciones a fondo perdido son la alternativa financiera más ventajosa, ya que no hay que devolverlas y, además, no tienen ningún coste. Sin embargo, para obtener subvenciones se puede incurrir en costes de tramitación y, además, a menudo las subvenciones tardan en llegar una vez que se ha notificado su concesión.

La financiación con patrimonio neto reduce el riesgo de insolvencia pero puede hacer caer la rentabilidad. Por ello hay que buscar un equilibrio entre capital y deuda, de forma que la empresa consiga sus objetivos de rentabilidad para el accionista con un nivel de riesgo aceptable.

En la tabla 18-1 se presentan diversos datos de una empresa fabricante de material para la construcción que siempre ha tenido la política de mantener mucho patrimonio neto y poca deuda.

Esta empresa sufrió una caída muy importante de las ventas en los años 3 y 4, a pesar de la cual siguió generando beneficios, aunque mucho menores.

Tabla 18-1: Datos de la empresa

	Año 4	Año 3	Año 2	Año 1
Ventas (millones de euros)	131	185	210	196
Beneficio (millones de euros)	2,4	12,5	31,4	24,7
Activo (millones de euros)	329	363	385	415
Patrimonio neto (millones de euros)	232	232	226	240
Rentabilidad (%) (Beneficio neto / Patrimonio neto) x 100	1	5,4	13,8	10,2
Activo corriente / Pasivo corriente	3	2,7	2,6	2,3
Patrimonio neto / Activo	0,71	0,64	0,59	0,58
Cuota de mercado (%)	5,06	5,04	5,04	4,92

Dado que la caída de ventas se produjo en todo el sector, lo que puede comprobarse viendo que la empresa ha mantenido la cuota de mercado, varios de sus competidores desaparecieron entre los años 3 y 4 a causa de que no pudieron atender el exceso de deudas con que se financiaban.

Por lo tanto, en este caso, la empresa ha seguido funcionando gracias a que su estructura financiera estaba muy capitalizada. Así, en el año 4, el patrimonio neto representa el 71 % del activo.

La política de dividendos

Una de las consecuencias de financiarse con capital de los accionistas es que hay que decidir qué dividendo se les va a entregar.

Pagar mucho dividendo puede tener ventajas e inconvenientes.

- ✔ **Ventajas:**
  - Los accionistas estarán más satisfechos al ver que su inversión tiene una rentabilidad tangible ("Más vale pájaro en mano que ciento volando").
- ✔ **Inconvenientes:**
  - La empresa dispone de menos patrimonio neto y se tendrá que endeudar más, con lo que pierde independencia financiera.
  - Se pierde liquidez.
  - Según la fiscalidad de los accionistas, a veces el pago de dividendos puede ser desaconsejable.

CONSEJO

En principio, debe aumentarse el dividendo cuando los accionistas tengan expectativas de que deberían cobrarlo y tengan un elevado coste de oportunidad, o cuando la deuda sea beneficiosa para la empresa. También es necesario contar con una liquidez suficiente y no tener que efectuar inversiones grandes de forma inmediata.

RECUERDA

Las empresas intentan tener una política de dividendo que sea estable, o bien en porcentaje sobre el beneficio o sobre el capital de los accionistas. En la medida en que sea posible, habrá que incrementarlo.

El consejo de administración de Muebles Llosa, una empresa que lleva cuarenta años en el sector del mueble, se ha reunido para decidir si le conviene seguir con la política de endeudamiento y capitalización que ha mantenido hasta el presente. Todas las acciones de la empresa están en manos de la familia Llosa, en la siguiente proporción:

Óscar Llosa	55 %
Félix Llosa	10 %
María Llosa	10 %
Gigí Llosa	25 %
Total	100 %

La empresa ha optado por destinar a reservas la mayor parte de los beneficios obtenidos, lo que junto con la reducción de los tipos de interés, ha hecho que la carga financiera se haya ido reduciendo.

Sin embargo, algunos miembros de la familia, sobre todo Félix y María, no están conformes con la política de poco reparto de dividendo que está siguiendo la empresa. Ambos creen que si la empresa necesita fondos para financiar sus necesidades de inversión debería recurrir a la banca. En este sentido hay que tener en cuenta que no dejan de recibir visitas de diversos profesionales de la banca que ofrecen financiación en condiciones muy ventajosas para Muebles Llosa.

Óscar argumenta que la rentabilidad que consigue la empresa es superior a la que podrían alcanzar los accionistas si invirtiesen unos mayores dividendos en otras alternativas. De hecho, en la actualidad el coste de oportunidad de los accionistas es del 10 % anual. La posición de Gigí es ambigua, y no se decanta por ninguna de las dos posturas. Además, a Óscar le preocupa la posibilidad de perder independencia financiera y aumentar el nivel de riesgo.

Si se tienen en cuenta estas consideraciones, y los datos de las tablas 18-2 y 18-3, habrá que determinar la conveniencia de continuar con la política de endeudamiento y capitalización de la empresa.

Tabla 18-2: Balances de situación de Muebles Llosa (datos en miles de euros)*

Año	–1	0	+1
Activo no corriente	305	310	302
Existencias	433	473	441
Clientes	351	392	306
Disponible	96	110	143
Total	1185	1285	1192
Patrimonio neto	653	744	881
Deudas a largo plazo	155	165	41
Deudas a corto plazo	377	376	270
Total	1185	1285	1192

Tabla 18-3: Cuentas de resultados de Muebles Llosa (datos en miles de euros)*

Año	–1	0	+1
Ventas	929	1103	1220
Consumo materiales	–360	–469	–485
Gastos generales	–387	–435	–480
Amortizaciones	–26	–30	–40
BAII	156	169	215
Gastos financieros	–33	–26	–4
Ingresos financieros	+16	+11	0
BAI	139	154	211
Impuesto beneficios	–41	–54	–74
Beneficio neto	98	100	137

* Años –1 y 0 son datos reales; año +1 son previsiones de futuro.

Se sabe también que los dividendos pagados en el año - 1 y 0 han ascendido a 9 000 000 de euros cada año.

Para el próximo año, el accionista mayoritario ha comunicado la intención de no repartir dividendos pese a que se espera generar un beneficio de 137 000 000 de euros y no está previsto realizar inversiones. Lo que se hará con el resultado obtenido es reducir mucho las deudas.

Conclusión

En el balance de la empresa se observa que:

- ✔ Es una empresa muy capitalizada, ya que casi no tiene deuda.
- ✔ Tiene mucha liquidez.
- ✔ No tiene previsto efectuar inversiones en el año 1.

En la cuenta de resultados se observa que:

- ✔ En el año 1 está previsto generar un beneficio importante.
- ✔ Los gastos financieros son muy reducidos.

Si nos basamos en lo anterior, parece razonable que la empresa aumente el dividendo, ya que así podrá tener más satisfechos a los accionistas.

Capítulo 19

La financiación mediante deuda a corto plazo

En este capítulo

- Deuda a corto plazo
- Descuento de letras y pólizas de crédito
- *Factoring*

Las empresas necesitan endeudarse para llevar a cabo sus planes de inversión. Pero como se ha examinado en los capítulos dedicados al análisis del balance y de la cuenta de resultados, hay que usar la deuda con prudencia para no comprometer el futuro de la empresa. Por ello, la deuda debe estar bien estructurada en cuanto al plazo y a la cantidad, y la empresa debe poder asumir su coste.

El objetivo de este capítulo es analizar las principales características de la deuda a corto plazo, que es la que tiene que devolverse antes de doce meses.

La deuda a corto plazo

A continuación se estudiarán los principales tipos de deuda con sus características más relevantes.

Financiación de clientes, proveedores, Seguridad Social y Hacienda

El primer tipo de financiación a corto plazo que se suele utilizar es la denominada *financiación automática*, que es la que se genera por la actividad de la empresa y se materializa en el saldo de proveedores, el cobro al contado de clientes y otras financiaciones, como las cuotas a pagar dentro del plazo legal a la Seguridad Social o los impuestos a Hacienda. Con este tipo de financiación se desarrolla la actividad habitual de la empresa. En la tabla 19-1 se resumen sus características.

Tabla 19-1: Financiación automática

Tipo de deuda	Garantía	Coste	Entidad que lo concede	Vencimiento	Observaciones
Proveedores (aplazamiento del pago)	La empresa compradora	El coste suele ser el descuento pronto pago al que se renuncia. A veces el proveedor carga un coste financiero	Proveedores	Depende, suele ser 90 días	Es fácil de obtener cuando se es cliente habitual del proveedor
Clientes (adelantamiento del cobro)	Ídem	El coste es el descuento pronto pago que se paga al cliente	Clientes	–	
Hacienda y Seguridad Social	La propia empresa	Si las cuotas se pagan dentro del plazo legal no tienen coste	Hacienda y Seguridad Social	Según el plazo legal	

Aunque parece que pagar en la fecha convenida a los proveedores no tiene coste, hay que tener en cuenta que si la empresa renuncia al descuento pronto pago, el coste viene dado por el descuento pronto pago que deja de ganar.

Un proveedor indica que se paga a los noventa días el importe de la factura. Pero si se paga a diez días, el cliente puede beneficiarse de un descuento del 5% sobre el total de la factura. En este caso, si la empresa renuncia al descuento pronto pago eso significa que estará renunciando a un interés del 5% por una financiación de ochenta días.

Deuda bancaria a corto plazo

La financiación bancaria a corto plazo está integrada, básicamente, por los préstamos, las líneas de crédito y el descuento de letras. En estas financiaciones el tipo de interés suele ser el Euríbor más un margen diferencial que depende de la negociación entre el banco y la empresa.

En los préstamos la empresa utiliza la totalidad del dinero prestado y paga intereses por la totalidad del mismo. En cambio, en la línea de crédito sólo se pagan intereses por la parte que se ha utilizado.

La línea de crédito está indicada para financiar déficits puntuales de tesorería.

A veces los bancos cobran una comisión por la parte no utilizada de las líneas de crédito. Por lo tanto, no utilizar una buena parte de una línea de crédito, aunque reducirá los intereses, puede elevar las comisiones.

El descuento de letras se utiliza para financiar a las empresas que a su vez financian a sus clientes. Para poder descontar letras la empresa tiene que solicitar antes una clasificación de descuento al banco. La clasificación consiste en un límite de efectos que la empresa puede llevar al banco para que le anticipe la financiación. El banco suele encargarse de cobrarle al cliente el efecto al vencimiento. En caso de que el cliente no pague, el banco le carga el importe impagado a la empresa a la que le descontó el efecto. Por lo tanto, en principio, el banco no cubre el riesgo de impago.

En la tabla 19-2 se resumen las principales características de estos tipos de financiación.

Tabla 19-2: Deuda bancaria a corto plazo

Fuente	Garantía	Comisiones	Coste total anual aproximado	Amortización	Observaciones
Préstamo o línea de crédito	Hipoteca, aval o cuentas de ahorro que representan un % sobre el préstamo	Comisión de estudio y apertura, compensaciones (saldos mínimos en cuentas de ahorro o corrientes)	El tipo de interés es el euríbor más un diferencial que oscila entre el 0,5 y el 4 % anual	Depende de las condiciones pactadas	En los préstamos los intereses se pagan por el nominal del préstamo. En las líneas de crédito los intereses se pagan por la parte utilizada, pero puede pagarse una comisión por la parte no utilizada
Descuento comercial Se adelanta el importe de las letras de cambio o facturas, que el cliente endosa a la entidad financiera	Documentos endosados y cuentas de ahorro en garantía	Comisiones de estudio y apertura	El tipo de interés es el euríbor más un diferencial que oscila entre el 0,5 y el 4 % anual	El solicitante endosa a la entidad las facturas o letras a cargo de sus clientes. Éstos pagarán directamente a la entidad financiera al vencimiento	La entidad financiera no asume el riesgo de impago de las letras, recibos, talones o cheques endosados

Otras formas de financiación a corto plazo

Además de las fuentes de financiación a corto plazo anteriores, las empresas también utilizan el *factoring* y la compra a plazos, cuyas características se reflejan en la tabla 19-3. El *factoring* consiste en la adquisición de créditos provenientes de ventas de bienes muebles, de prestación de servicios o de realización de obras, otorgando anticipos sobre tales créditos, asumiendo o no sus riesgos. El comerciante o fabricante cede una factura u otro documento de crédito a una empresa de *factoring* a cambio de un anticipo financiero total o parcial. La empresa de *factoring* deduce del importe del crédito comprado la comisión, el interés y otros gastos.

Tabla 19-3: Otras formas de financiación a corto plazo

Fuente	Garantía	Coste	Entidad que lo concede	Amortización	Observaciones
Factoring, o factoraje. Consiste en la cesión al factor por parte del cliente, de sus créditos comerciales. El factor efectúa el cobro cuyo buen fin garantiza en caso de morosidad	Facturación del cliente	Suele ser elevado ya que incluye el coste de la financiación, más la gestión de cobro y el riesgo de impago	Entidades de *factoring*	El solicitante endosa a la entidad de *factoring* las facturas o letras a cargo de sus clientes. Éstos pagarán directamente al factor a su vencimiento	La entidad de *factoring* corre a cargo de una parte de la insolvencia de los clientes para empresas que quieren evitar el riesgo de impagados

Tabla 19-3: ***(continuación)***

Fuente	Garantía	Coste	Entidad que lo concede	Amortización	Observaciones
Compra a plazos	La empresa compradora	Suele ser elevado	Proveedor o entidades financieras	Depende, pero puede llegar a un año o más	Es fácil de obtener
Pagarés de empresa	La propia empresa. A veces tiene garantía hipotecaria	Similar al coste de un préstamo bancario, pero depende de cada caso	Inversores que adquieren los pagarés	Uno o dos años	Sólo lo utilizan grandes empresas que tengan solvencia suficiente

¡ADVERTENCIA!

El *factoring* puede tener un coste elevado pero hay que tener en cuenta que además del coste de la financiación, incluye la gestión de cobro al cliente y el coste del riesgo de impago.

Coste de la deuda a corto plazo

Para calcular el coste de una deuda, tenemos que saber cuántos intereses y otros conceptos (comisiones, por ejemplo) estamos pagando.

El cálculo de intereses suele hacerse mediante la fórmula del *interés simple*:

Intereses = Capital x Tipo de interés x Tiempo

El capital es el importe del préstamo, también llamado el nominal del préstamo.

El tipo de interés es el porcentaje que se aplica al nominal del préstamo. Suele referirse al período de un año, que en banca suele ser el *año comercial*, que es de trescientos sesenta días. Para el cálculo de los intereses, en la fórmula el tipo de interés se pone en tanto por uno.

El tiempo es el plazo del préstamo, que normalmente se mide en días.

Si tenemos un préstamo de 6000 euros a un tipo de interés del 5 % anual y para un plazo de ciento ochenta días, los intereses ascenderán a:

Intereses = Capital x Tipo de interés x Tiempo

= 6000 x 0,05 x 180/360 = 150 euros

Muchos bancos aplican el año comercial en los préstamos, pero no en los depósitos. La explicación está en que al referirse el coste de los préstamos a un año de trescientos sesenta días, si se concede un préstamo a un año, que realmente tiene trescientos sesenta y cinco días, el coste real será mayor. Por ejemplo, si el banco cobra un interés del 5 % anual, esto es lo que se pagará por los primeros trescientos sesenta días del préstamo. Por los cinco días restantes habrá que pagar unos intereses adicionales.

Coste anual de la deuda

El coste anual de la deuda, con vencimiento a un año vista, se obtiene dividiendo los gastos financieros correspondientes por el importe de la deuda:

$$\text{Coste de la deuda} = \frac{\text{Gastos financieros}}{\text{Importe de la deuda}}$$

Supóngase un préstamo de 60 000 euros a devolver al final de doce meses, cuyos intereses ascenderán a 2000 y se pagarán al amortizar el préstamo.

El coste anual será:

$$\text{Coste de la deuda} = \frac{2000}{60\,000} = 0{,}0333$$

Por lo tanto, el coste anual del préstamo es del 3,33 % anual. Si el plazo de la deuda es inferior a un año, hay que multiplicar la ecuación anterior por trescientos sesenta y cinco y dividir por el número de días de plazo:

$$\text{Coste de la deuda} = \frac{\text{Gastos financieros}}{\text{Importe de la deuda}} \times \frac{365}{\text{N.º días plazo deuda}}$$

En el mismo ejemplo anterior, pero con un plazo de devolución del préstamo de ciento cincuenta días, el coste anual será:

$$\text{Coste de la deuda} = \frac{2000}{60\,000} \times \frac{365}{150} = 0{,}0811$$

El coste del préstamo será del 8,11 % anual.

En caso de que se produzcan amortizaciones parciales antes del vencimiento final de la deuda será preciso calcular el importe medio de ésta.

De un préstamo de 60 000 euros hay que devolver 30 000 euros en el plazo de seis meses y 30 000 euros al cabo de un año. Los intereses de 2000 euros se pagarán en el plazo de un año. El préstamo medio será:

- ✔ Durante los seis primeros meses, el préstamo es de 60 000 euros.
- ✔ Durante los seis últimos meses del año, el préstamo es de 30 000 euros.
- ✔ El promedio de ambos será:

$$\frac{60\,000 + 30\,000}{2} = 45\,000$$

Por lo tanto, el coste anual del préstamo será del 4,44 %:

$$\text{Coste de la deuda} = \frac{2000}{45\,000} = 0{,}044$$

Cuando los gastos financieros se pagan por anticipado al obtener el préstamo, hay que reducir el importe de la deuda obtenido.

EJEMPLO

Un préstamo de 60 000 euros se devuelve al cabo de un año. Los intereses de 2000 euros se pagan en el momento de recibir el préstamo. El coste del préstamo será igual al 3,44 % anual:

$$\text{Coste de la deuda} = \frac{2000}{60\,000 - 2\,000} = \frac{2000}{58\,000} = 0{,}0344$$

Coste anual de un descuento comercial

A una empresa el banco le descuenta una letra de 60 000 euros con vencimiento a los ochenta días. El banco cobra unos intereses anuales del 3 % y una comisión sobre el importe de la letra del 1 %.

Los costes del descuento son:

$$\text{Costes} = \underbrace{0{,}03 \times \frac{80}{360}}_{\text{(intereses)}} + \underbrace{0{,}01 \times 60\,000}_{\text{(comisiones)}} = 400 + 600 = 1000\ €$$

Los intereses se han calculado para un año de trescientos sesenta días, ya que los bancos usan siempre el año comercial.

El importe de la deuda es el de la letra, deduciendo los costes, puesto que los bancos perciben éstos por anticipado en el descuento de letras.

Importe = 60 000 – 1000 = 59 000 €

El coste anual de esta deuda será:

$$\text{Coste de la deuda} = \frac{1000}{59\,000} \times \frac{365}{80} = 0{,}0773$$

Por lo tanto, el coste anual será del 7,73 %.

INFORMACIÓN TÉCNICA

Cuando una financiación se devuelve con una serie de pagos, se debería utilizar la forma de la TIR para calcular el coste:

$$VAN = 0 = \text{Préstamo} - \frac{\text{Pago}}{(1 + TIR)} - \frac{\text{Pago}}{(1 + TIR)^2} - \dots - \frac{\text{Pago}}{(1 + TIR)^n}$$

Como se trata de una deuda a corto plazo, los pagos se efectuarán dentro del año. En este caso, la TIR será normalmente un porcentaje mensual, ya que los pagos suelen tener esta periodicidad. Para obtener el coste anual hay que aplicar la fórmula del interés compuesto:

$$\text{Coste anual} = (1 + \text{Interés mensual})^{12} - 1$$

Coste anual de una compra a plazos (a corto plazo)

En la compra de una máquina, una financiera ofrece las siguientes condiciones:

- ✔ Precio de la máquina al contado 15 000 euros.
- ✔ Pago en doce mensualidades de 1300 euros cada una.

El coste de la deuda se puede obtener utilizando la fórmula de la TIR:

$$VAN = 0 = 15\,000 - \frac{1300}{(1 + TIR)} - \frac{1300}{(1 + TIR)^2} - \dots - \frac{1300}{(1 + TIR)^{12}}$$

En este caso, la TIR es igual a 0,60 % y es un porcentaje mensual, ya que los pagos tienen esta periodicidad. Para obtener el coste anual hay que aplicar la fórmula del interés compuesto:

$$\text{Interés anual} = (1 + \text{interés mensual})^{12} - 1 = (1 + 0{,}006)^{12} - 1 = 0{,}0744$$

Por consiguiente, el coste anual de esta financiación es del 7,44 %.

Coste de financiación mediante proveedores

Como ya se ha indicado, la financiación mediante proveedores tiene un coste, ya que supone renunciar al descuento por pronto pago.

Supongamos los siguientes datos:

- ✔ El proveedor indica que el importe de la factura se paga a los noventa días.
- ✔ No obstante, si se paga a diez días, el cliente puede beneficiarse de un descuento del 5 % sobre el total de la factura. En este caso, si la empresa renuncia al descuento pronto pago eso significa que estará renunciando a un interés del 5 % por una financiación de ochenta días.
- ✔ El importe de la compra al proveedor (sin deducir el descuento por pronto pago) si se paga a los ochenta días es de 60 000 euros.

El coste de la financiación será:

Coste = 0,05 x 60 000 = 3000 €

El préstamo será el importe de la compra deduciendo el descuento, ya que éste, en el fondo, es un cargo de tipo financiero.

Préstamo = 60 000 – 3000 = 57 000 €

Dado que el plazo de la financiación es de ochenta días (del día 10 al día 90), el coste anual será:

$$\text{Coste anual} = \frac{3000}{57\,000} \times \frac{365}{80} = 0{,}24\ €$$

Por lo tanto, el coste anual de esta financiación mediante proveedores es del 24 % anual.

A veces sale más a cuenta pagar al contado a proveedores y financiarse a través de otras fuentes de financiación más baratas. De todas formas, la financiación a través de proveedores tiene la ventaja de que es automática y, por lo general, no requiere papeleo ni garantías.

Capítulo 20

La financiación mediante deuda a largo plazo

En este capítulo

- Préstamos bancarios
- Cuadro de amortización de un préstamo
- *Leasing* y *renting*
- Gestión del riesgo de tipo de cambio y de tipo de interés
- Coste medio de la financiación

La deuda a largo plazo es aquella que hay que devolver a un plazo superior a los doce meses. Esta deuda, que integra el pasivo no corriente de la empresa, se utiliza para financiar los activos inmovilizados como inmuebles, fábricas, maquinaria, etc.

El objetivo de este capítulo es analizar las características fundamentales de este tipo de deudas. También se trata de comprender un concepto que tiene una gran relevancia financiera: el coste medio de la financiación que utiliza la empresa.

La deuda a largo plazo

Cuando la empresa necesita endeudarse para financiar inversiones en activo no corriente ha de utilizar la deuda a largo plazo, que también se utiliza para financiar el fondo de maniobra, es decir, la diferencia entre el activo corriente y el pasivo corriente.

Debe existir un adecuado equilibrio entre el plazo de recuperación de las inversiones y el plazo de la financiación. En general, las inversiones a largo plazo tienen que financiarse con patrimonio neto o deuda a largo plazo. En cambio, las inversiones a corto plazo se financian, por lo general, con deudas a corto plazo.

Un error que se comete con más frecuencia de lo que nos hacía pensar la lógica consiste en financiar inversiones a largo plazo con deuda a corto. Esto suele provocar tensiones de liquidez que desembocan en el *concurso de acreedores* que puede comportar una *suspensión de pagos* o la *quiebra* de la empresa.

La deuda a largo plazo suele estar formada por préstamos bancarios, por el *leasing* o por las obligaciones. El *leasing* puede ser financiero u operativo.

El *leasing financiero* es un contrato mediante el cual la empresa puede hacer uso de un activo no corriente a cambio de unos pagos periódicos, normalmente mensuales. Al finalizar el contrato, la empresa suele ejercer la opción de compra, por lo que pasa a ser la titular del bien.

El *leasing operativo* es un contrato de arrendamiento mediante el cual la empresa puede hacer uso de un activo no corriente a cambio de unos pagos periódicos, normalmente mensuales. Al finalizar el contrato la empresa no suele ejercitar la opción de compra. La cuota incluye el mantenimiento del bien.

El *leasing* operativo es similar al *renting*, que es un arrendamiento simple que, por lo general, no ofrece dentro del contrato la opción de compra al cliente. A diferencia del arrendamiento financiero, no se trata de una compraventa.

En la figura 20-1 se relacionan las características básicas de los principales tipos de deuda a largo plazo.

Tabla 20-1: Tipos de deuda a largo plazo

Fuente	Garantía	Coste	Amortización	Entidad que lo concede	Observaciones
Préstamo bancario	Hipoteca, aval o cuentas de ahorro que representan un % sobre el préstamo	El tipo de interés es el Euríbor más un diferencial que oscila entre el 0,5 y el 4 % anual. Suele tener también comisiones iniciales	Depende de las condiciones pactadas	Banco, caja de ahorros o cooperativa de crédito	En los préstamos los intereses se pagan por el nominal del préstamo. En las líneas de crédito los intereses se pagan por la parte utilizada, pero puede pagarse una comisión por la parte no utilizada
Arrendamiento financiero (*leasing* financiero)	La propia empresa y el activo que se adquiere	Suele ser más caro que un préstamo bancario	Depende de las condiciones pactadas	Compañía de *leasing*, banco, caja de ahorros o cooperativa de crédito	Normalmente, la empresa tiene la posibilidad de ejercer la opción de compra del activo
Alquiler puro (*leasing* operativo o *renting*)	La propia empresa y el activo a adquirir	Suele ser más caro que un préstamo bancario	El plazo es más corto que en el *leasing* financiero y no suele superar los diez años	El proveedor del bien	No existe opción de compra
Obligaciones	La propia empresa. A veces tiene garantía hipotecaria	Similar al coste de un préstamo bancario, pero depende de cada caso	Depende de cada caso, pero suele ser más de tres años	Inversores que adquieren las obligaciones	Sólo lo utilizan grandes empresas que tengan solvencia suficiente

Cuadro de amortización de un préstamo

En los préstamos, sobre todo cuando se trata de operaciones a varios años, conviene conocer el cuadro de amortización. En este cuadro, representado en la tabla 20-2, se informa de la cuota que se paga en cada período, distinguiendo la parte de devolución de principal de la parte de intereses.

Dado que al principio los intereses se calculan sobre la totalidad del préstamo, el pago de intereses es más elevado. Luego, a medida que disminuye el préstamo pendiente se reduce la parte de intereses.

Tabla 20-2: Cuadro de amortización de un préstamo

Meses	*Cuota del préstamo*	*Intereses*	*Amortización del principal*	*Préstamo amortizado*	*Préstamo pendiente*
1					
2					
3					
...					
n					

Existen diferentes sistemas para calcular las cuotas de los préstamos. Los más utilizados son el sistema francés, el sistema alemán y el sistema americano.

En los *préstamos con el sistema americano*, las cuotas son variables, ya que la parte de devolución de principal es constante y la parte de interés se reduce al ir disminuyendo el préstamo pendiente.

En los *préstamos con el sistema francés*, las cuotas son constantes y los intereses se pagan al final de cada período.

Se trata de calcular el cuadro de amortización de un préstamo de 6000 euros con el sistema americano a veinticuatro meses en el que el tipo de interés es del 5 % anual y se paga al final de cada período. La cuota de amortización del principal es constante durante los veinticuatro meses.

La amortización del principal en cada uno de los veinticuatro meses será: 6000/24 = 250 €

Pago de intereses en el primer mes = 6000 x 0,05 x 1/12 = 25 €

La amortización del principal será idéntica en cada uno de los veinticuatro meses, pero el pago de intereses se irá reduciendo a medida que vayan transcurriendo los meses, tal como se refleja en la tabla 20-3.

Tabla 20-3: Cuadro de amortización con el sistema americano

Meses	Cuota del préstamo	Intereses	Amortización del principal	Préstamo amortizado	Préstamo pendiente
0					6000,00
1	275,00	25,00	250,00	250,00	5750,00
2	273,96	23,96	250,00	500,00	5500,00
3	272,92	22,92	250,00	750,00	5250,00
4	271,88	21,88	250,00	1000,00	5000,00
5	270,83	20,83	250,00	1250,00	4750,00
6	269,79	19,79	250,00	1500,00	4500,00
7	268,75	18,75	250,00	1750,00	4250,00
8	267,71	17,71	250,00	2000,00	4000,00
9	266,67	16,67	250,00	2250,00	3750,00
10	265,63	15,63	250,00	2500,00	3500,00
11	264,58	14,58	250,00	2750,00	3250,00
12	263,54	13,54	250,00	3000,00	3000,00
13	262,50	12,50	250,00	3250,00	2750,00
14	261,46	11,46	250,00	3500,00	2500,00
15	260,42	10,42	250,00	3750,00	2250,00
16	259,38	9,38	250,00	4000,00	2000,00
17	258,33	8,33	250,00	4250,00	1750,00
18	257,29	7,29	250,00	4500,00	1500,00
19	256,25	6,25	250,00	4750,00	1250,00
20	255,21	5,21	250,00	5000,00	1000,00
21	254,17	4,17	250,00	5250,00	750,00
22	253,13	3,13	250,00	5500,00	500,00
23	252,08	2,08	250,00	5750,00	250,00
24	251,04	1,04	250,00	6000,00	0,00

Se trata de calcular el cuadro de amortización de un préstamo de 6000 euros con el sistema francés a veinticuatro meses en el que el tipo de interés es del 5 % anual y se paga al final de cada período. La cuota total es constante durante los veinticuatro meses.

El pago de intereses del primer mes será:

Fórmula matemática para el cálculo de la cuota

$$\text{Cuota constante del préstamos} = \text{Préstamo} \times \frac{\text{Interés} \times (1+\text{Interés})^n}{(1+\text{Interés})^n - 1}$$

El interés se refiere al tipo nominal correspondiente al período utilizado. En este caso, dado que son pagos mensuales el interés mensual será 5 dividido por 12, o sea 0,41666667 %.

En el ejemplo, la cuota mensual será de 263,23 €.

Pago de intereses en el primer mes = 6000 x 0,05 x 1/12 = 25 €

Pago de préstamo en el primer mes = 263,23 – 25 = 238,23 €

La cuota será idéntica en cada uno de los veinticuatro meses, pero el pago de intereses se irá reduciendo a medida que transcurran los meses, como se refleja en la tabla 20-4.

Tabla 20-4: Cuadro de amortización con el sistema francés

Meses	*Cuota del préstamo*	*Intereses*	*Amortización del principal*	*Préstamo amortizado*	*Préstamo pendiente*
0					6000,00
1	263,23	25,00	238,23	238,23	5761,77
2	263,23	24,01	239,22	477,45	5522,55
3	263,23	23,01	240,22	717,67	5282,33
4	263,23	22,01	241,22	958,89	5041,11
5	263,23	21,00	242,22	1201,11	4798,89
6	263,23	20,00	243,23	1444,34	4555,66
7	263,23	18,98	244,25	1688,59	4311,41
8	263,23	17,96	245,26	1933,85	4066,15

Tabla 20-4 (continuación)

Meses	*Cuota del préstamo*	*Intereses*	*Amortización del principal*	*Préstamo amortizado*	*Préstamo pendiente*
9	263,23	16,94	246,29	2180,14	3819,86
10	263,23	15,92	247,31	2427,45	3572,55
11	263,23	14,89	248,34	2675,79	3324,21
12	263,23	13,85	249,38	2925,17	3074,83
13	263,23	12,81	250,42	3175,59	2824,41
14	263,23	11,77	251,46	3427,05	2572,95
15	263,23	10,72	252,51	3679,56	2320,44
16	263,23	9,67	253,56	3933,12	2066,88
17	263,23	8,61	254,62	4187,73	1812,27
18	263,23	7,55	255,68	4443,41	1556,59
19	263,23	6,49	256,74	4700,15	1299,85
20	263,23	5,42	257,81	4957,96	1042,04
21	263,23	4,34	258,89	5216,85	783,15
22	263,23	3,26	259,97	5476,82	523,18
23	263,23	2,18	261,05	5737,86	262,14
24	263,23	1,09	262,14	6000,00	0,00

Coste de la deuda a largo plazo

El cálculo del coste anual de una deuda a largo plazo es más complejo que el de una deuda con un plazo no superior a un año. Mientras que en la deuda a corto plazo se utiliza el concepto del interés simple, en la deuda a largo plazo hay que tener en cuenta el denominado *interés compuesto*. Por ello, utilizaremos la fórmula de la TIR desarrollada en el capítulo 17.

Así, para conocer el coste de un préstamo a largo plazo tendremos que conseguir la siguiente información:

- ✔ Importe del préstamo.
- ✔ Pagos que se efectúan cada año en concepto de devolución del principal del préstamo y de intereses.

Si se conocen los datos anteriores, ya se puede utilizar la fórmula de la TIR:

$$0 = \text{Valor actual de todos los cobros} - \text{Valor actual de todos los pagos}$$

El coste anual de la deuda (en porcentaje) será aquella tasa de actualización que haga igual a cero la diferencia entre el valor actual de todos los cobros y de todos los pagos. Esta tasa informe del coste medio anual de la deuda durante toda su vida.

Una empresa solicita un préstamo de 120 000 euros a devolver en dos años. En concepto de devolución del préstamo y de intereses tiene que pagar 60 000 euros al cabo de un año y 70 000 euros al cabo de dos años.

Para conocer el coste anual del préstamo se aplica la fórmula de la TIR. La tasa que iguala el valor actual de todos los cobros con el valor actual de todos los pagos será el coste de la deuda. Dado que los cobros y pagos son anuales, se tratará del coste anual de la deuda:

$$0 = 120\,000 - \frac{60\,000}{(1 + \text{Coste anual de la deuda})} - \frac{70\,000}{(1 + \text{Coste anual de la deuda})^2}$$

La tasa de coste anual de la deuda que iguala a cero la ecuación anterior es 0,0536. Por lo tanto, el coste anual de la deuda es del 5,36 %.

Cálculo del coste de un préstamo a largo plazo

Un banco ofrece un préstamo de 200 000 euros con las siguientes condiciones:

- ✔ Plazo = 4 años
- ✔ Devolución al final de cada año = 59 000 euros

Para calcular el coste anual del préstamo, hay que aplicar la fórmula de la TIR. En la fórmula denominaremos *i* al coste anual de la deuda:

$$\text{VAN} = 0 = 200\,000 - \frac{59\,000}{(1 + i)^1} - \frac{59\,000}{(1 + i)^2} - \frac{59\,000}{(1 + i)^3} - \frac{59\,000}{(1 + i)^4}$$

La TIR es igual a 0,0697. Por consiguiente, el coste de este préstamo es del 6,97 % anual.

A continuación calcularemos el coste anual del préstamo con el sistema francés que hemos expuesto en las páginas anteriores.

El préstamo es de 6000 euros a veinticuatro meses, el tipo de interés es del 5 % anual y se paga al final de cada período. El cuadro de amortización del préstamo es el de la tabla 20-4. Por lo tanto, se efectúan veinticuatro pagos de 263,23 euros cada uno.

Aplicando la fórmula de la TIR el coste de dicho préstamo es del 0,4175 mensual:

$$\text{VAN} = 0 = 6000 - \frac{263{,}23}{(1 + i)^1} - \frac{263{,}23}{(1 + i)^2} - \ldots - \frac{263{,}23}{(1 + i)^{24}}$$

$i = 0{,}41755$ mensual

El coste anual será:

$$\text{Interés anual} = (1 + \text{interés mensual})^{12} - 1 =$$
$$= (1 + 0{,}0041755)^{12} - 1 = 0{,}0512$$

Por lo tanto, el coste anual será del 5,12 %.

Coste medio de la financiación

Así como a una empresa le interesa conocer el rendimiento medio que obtiene de su activo, también le conviene conocer cuál es el *coste medio de la financiación* o *coste de capital* o WACC (del inglés, Weighted Average Cost of Capital). El coste medio del patrimonio neto más pasivo o de la financiación se denomina también *coste de capital* de la empresa.

Es importante que este coste sea lo más reducido posible y, sobre todo, que sea inferior al rendimiento de sus activos.

Para calcularlo es preciso conocer:

- ✔ Peso de cada tipo de financiación en el balance. De esta forma, el coste medio de la financiación se calcula ponderando el peso que tiene cada fuente de financiación en el total.
- ✔ El coste del patrimonio neto, que es el coste de oportunidad de los accionistas. Este coste afecta tanto al capital como a las reservas, ya que se trata de beneficios no distribuidos que son de los accionistas, ya que éstos pueden decidir sobre su distribución.
- ✔ El coste de cada tipo de deuda. A este coste hay que restarle el porcentaje del impuesto sobre beneficios, ya que los gastos financieros son deducibles de impuestos y el cálculo del coste de capital se hace después de impuestos. Así, si un préstamo cuesta el 5 %, pero el impuesto sobre beneficios es del 30 %, el coste neto una vez deducido el impacto fiscal es del 3,5 %, que es el 5 % multiplicado por 0,70.

A continuación se calcula el coste medio del patrimonio neto y pasivo de una empresa que tiene en su balance el siguiente patrimonio neto y pasivo:

Patrimonio neto y pasivo	€	%
Capital	200	50
Reservas	100	25
Préstamos a largo plazo	60	15
Préstamos a corto plazo	40	10
Total	400	100

El coste de las diferentes partidas del patrimonio neto y pasivo es el siguiente:

Coste de los fondos propios	10 %
Coste de los préstamos (es del 10 % antes de impuestos, pero el impuesto sobre beneficios es del 20 %). Por lo tanto, el coste es 10 % multiplicado por 0,8.	8 %

Para calcular el coste de la financiación hay que tener en cuenta el peso de cada partida del patrimonio neto y pasivo, por un lado, y, por otro, el coste asociado a cada concepto.

El coste medio de la financiación se calcula multiplicando el peso de cada partida (en tanto por uno) por el porcentaje de coste anual de cada fuente de financiación. Como ya se ha indicado, el coste de los pasivos se hace deduciendo el impuesto sobre beneficios:

Coste de la financiación = 0,50 x 10 + 0,25 x 10 + 0,15 x 8 + 0,10 x 8 =

= 0,05 + 0,025 + 0,012 + 0,008 = 0,095 (o sea 9,5 % anual)

Dado que el coste medio de la financiación es del 9,5 % anual, esta empresa tiene que conseguir que su activo tenga un rendimiento que supere dicho porcentaje.

El rendimiento del activo (que se calcula con el ratio BAII/Activo) ha de superar el coste medio de la financiación (denominado también coste de capital).

Conviene no confundir el concepto de coste de capital, que es el coste medio de toda la financiación que utiliza la empresa, con el de coste del capital aportado por los accionistas, que es el coste de oportunidad.

Así, si una empresa tiene un coste de capital del 17 %, por ejemplo, deberá conseguir, como mínimo, un rendimiento del 17 % en su activo. Si no consigue esa rentabilidad, los gastos financieros absorberán el beneficio, y tal vez tenga pérdidas. Por este motivo se suele utilizar el coste de capital de una empresa como tasa de actualización al aplicar el método de selección de inversiones del valor actual neto o VAN.

Una empresa consigue un rendimiento con su activo del 7 % y en su balance aparecen las siguientes partidas de patrimonio neto más pasivo:

Capital	30 000 €
Reservas	15 000 €
Préstamo a largo plazo	30 000 €
Proveedores	24 000 €
Préstamo a corto plazo	15 000 €
Total pasivo + Patrimonio neto	114 000 €

Se sabe también que el coste anual, después de impuestos, de cada partida del patrimonio neto más pasivo de esta empresa es:

Capital (coste de oportunidad)	12 %
Reservas (coste de oportunidad)	12 %
Préstamo a largo plazo	6 %
Proveedores	8 %
Préstamo a corto plazo	5 %

Para calcular el coste de capital se pondera, en primer lugar, el peso de cada partida del patrimonio neto más pasivo.

Para ello se calcula el tanto por uno que supone cada partida sobre el total del patrimonio neto más pasivo:

	Importe (€)	**Tanto por uno**
Capital	30 000	0,265
Reservas	15 000	0,13
Préstamo a largo plazo	30 000	0,265
Proveedores	24 000	0,21
Préstamo a corto plazo	15 000	0,13
	114 000	1

A continuación se multiplica el tanto por uno que representa cada partida sobre el patrimonio neto más pasivo por su coste anual en porcentaje:

	Tanto por uno patrimonio	% anual de sobre coste neto más pasivo	
Capital	0,265	12	3,18
Reservas	0,13	12	1,56
Préstamo a largo plazo	0,265	6	1,59
Proveedores	0,21	8	1,68
Préstamo a corto plazo	0,13	5	0,65
	1		8,66

Por lo tanto, el coste medio ponderado anual de la financiación, es decir el coste de capital, es del 8,66 %. Dado que este coste es superior al rendimiento del activo (que es del 7 %) esta empresa tiene un problema, ya que el coste de la financiación es superior al rendimiento de sus inversiones. Por consiguiente, debe conseguir o bien que sus activos rindan más o bien financiarse a un coste menor.

Gestión de riesgos

En relación con la financiación, los riesgos más importantes tienen que ver con los tipos de interés y con los tipos de cambio de las divisas. Cuando una empresa se endeuda puede tener pérdidas (o beneficios) en función de cómo evolucionen los tipos de interés. Si se endeuda en moneda extranjera también puede tener pérdidas (o beneficios) en caso de que la divisa fluctúe.

El riesgo del tipo de cambio se materializa en empresas que tienen una actividad importante con el exterior, tanto de compraventa como de inversión-financiación en divisas.

El riesgo del tipo de interés es consecuencia de la fluctuación del tipo de interés que puede provocar que la empresa deba pagar más en concepto de intereses o que reciba menos de una inversión.

Para prevenir las posibles pérdidas que pueden provocar estos riesgos la empresa puede contratar productos como las opciones, los futuros, los *forwards* y los FRA:

- ✔ Una *opción* es un contrato a través del cual el que compra la opción tiene derecho a efectuar una compraventa en el futuro a un precio acordado en el momento de firmar el contrato. El comprador de la opción no tiene la obligación de ejercitarla. En cambio, el vendedor de la opción se obliga a realizar la transacción en los parámetros acordados si el comprador decide ejercitar la opción. Se negocian en mercados organizados como la bolsa. Las opciones permiten cubrir riesgos de tipo de interés de tipo de cambio y de cotización.
- ✔ Un *futuro* es un contrato mediante el cual las dos partes se obligan a llevar a cabo una transacción en el futuro en unas condiciones preestablecidas en el contrato. Normalmente los futuros se refieren al tipo de interés, al tipo de cambio de las divisas, a materias primas (petróleo, cobre, etc.) o a las acciones que cotizan en bolsa y se negocian en mercados organizados.
- ✔ Un *forward* es similar al futuro, pero no se negocia en mercados organizados. Es un contrato que vincula a las partes para llevar a cabo una operación en el futuro.
- ✔ FRA (del inglés, Forward Rate Agreement) es un *forward* para cubrir el riesgo de fluctuaciones de tipos de interés.

Parte VI

Los decálogos

—EN NUESTRO DEPARTAMENTO DE CONTABILIDAD, TODO CUADRA...

En esta parte...

Una vez que hemos desarrollado los fundamentos de la contabilidad y las finanzas puede ser de utilidad sintetizar los conceptos más relevantes del análisis de las cuentas anuales, de las inversiones y de la financiación. Recuerda estos conceptos de diez en diez; no son los mandamientos de la ley divina, pero te ayudarán.

Capítulo 21

Diez consejos para entender el balance y la cuenta de resultados

En este capítulo

- Las claves del balance
- Las claves de la cuenta de resultados
- Interpretación rápida de las cuentas anuales

Es muy importante saber leer los balances y las cuentas de resultados de cualquier empresa. A continuación, resumimos las claves más fundamentales que conviene no olvidar.

Lo más importante del balance de situación

La partida más importante del balance bien podría ser el patrimonio neto. Si la empresa está suficientemente capitalizada podrá evitar muchos de los principales problemas que causan mortalidad empresarial. En general es deseable que el patrimonio neto represente alrededor del 40 % del balance total, aunque este porcentaje puede variar mucho dependiendo del sector.

Cuando una empresa está suficientemente capitalizada le resulta más fácil obtener préstamos de la banca, en caso de que lo necesite. Además, un capital elevado es la mejor vacuna contra los riesgos de quiebra o de suspensión de pagos.

Lo más importante de la cuenta de resultados

En una cuenta de resultados la última línea, la del resultado, es la más importante. Si la empresa genera beneficios elevados tendrá recursos para poder retribuir a los accionistas y autofinanciarse. Como es lógico, para obtener beneficios hay que vender y controlar bien los gastos. Dada la creciente competitividad que impera en la mayoría de los sectores de la economía, cada vez es más difícil vender, por lo que resulta fundamental gestionar los costes de manera adecuada.

La relevancia de la liquidez

Si vender ya es un milagro, y obtener beneficios es aún más difícil, lo que realmente cuesta es conseguir que los beneficios se transformen en liquidez y engrosen la tesorería. Para ello, es fundamental adecuar las obligaciones de pago a los cobros que se van produciendo. Si la empresa consigue generar beneficios y liquidez, tiene la continuidad asegurada.

El fondo de maniobra

Para no tener problemas de liquidez es conveniente que el activo corriente sea suficiente para poder atender los pagos de deudas que están en el pasivo corriente. Por ello, en general, el activo corriente debe ser superior al pasivo corriente y, por lo tanto, el fondo de maniobra debe ser positivo. De todas maneras, también hay que evaluar la velocidad a la que se mueven los activos y pasivos corrientes. Si los activos corrientes van muy rápido, como sucede en los supermercados, será más fácil que se pueda atender el pasivo corriente, aunque éste sea más elevado. Por ello es fundamental que la empresa consiga que las existencias se vendan en el plazo de tiempo más corto posible y, una vez se haya vendido, se cobre rápido de los clientes. También es clave que el cobro a los clientes se produzca antes que el pago a los proveedores.

La gestión de los activos

Aunque a veces tiende a pensarse que es deseable que el activo sea muy elevado, la realidad es que todo activo necesita ser financiado. Por lo tanto, cuanto menor sea el activo, menores serán las necesidades de financiación de la empresa. En las últimas décadas se han puesto de moda políticas empresariales encaminadas a reducir el activo, como el *stock* cero o la gestión de tesorería, por ejemplo. Además, lo que realmente interesa es que el activo sea productivo y genere ventas. De esta forma, la rotación de los activos será elevada. En la medida en que los activos sean muy productivos y generen más ventas, será más fácil que la empresa tenga beneficios. Para ello hay que gestionar bien tanto los activos no corrientes como los activos corrientes.

La competitividad de la empresa y las ventas

Vender es sumamente difícil; cada día es más complicado. Conseguir una buena cifra de ventas es responsabilidad del departamento comercial de la empresa, pero influye mucho en todos los aspectos de la contabilidad y las finanzas. Lo importante es que la empresa consiga que las ventas aumenten año tras año y superen el punto de equilibrio; es decir, que sean mayores que la cifra de ventas que permite que los ingresos igualen a los gastos.

El punto de equilibrio

Para no perder dinero conviene que la cifra de ventas que iguala los ingresos y los gastos sea lo más reducida posible. Esto exige gestionar bien los costes. En primer lugar tenemos los costes fijos de la empresa, que existen aunque no haya ingresos. Es conveniente que la empresa esté diseñada de forma que sus costes fijos sean lo más reducidos posible. Luego están los costes variables, que también deben gestionarse de manera óptima. Así como toda empresa debe buscar siempre la excelencia en los procesos y productos que fabrica, es fundamental hacerlo con la máxima productividad. De este modo se potencian las ventas y se alcanza un nivel de costes adecuado.

El rendimiento de los activos

Si la empresa consigue vender y con costes bajos, el margen será elevado. Por otro lado, si los activos se gestionan de forma productiva, la rotación será elevada. Por lo tanto, con un buen margen y una buena rotación se asegura un nivel elevado de rendimiento del activo. Lo deseable es que el rendimiento del activo sea superior al coste de la deuda. Sólo cuando el rendimiento del activo supera el coste de la deuda podremos conseguir que la deuda sea rentable. Decimos entonces que la empresa tiene un apalancamiento financiero positivo. En caso de que el rendimiento sea reducido habrá o bien que aumentar las ventas y el margen, o bien bajar los activos.

La rentabilidad

La rentabilidad del patrimonio neto es uno de los objetivos prioritarios de las empresas; al menos, de las que tienen ánimo de lucro. Para ello, hay que generar beneficios y trabajar con un nivel adecuado de patrimonio neto. Así como para reducir el riesgo financiero hay que tener mucho capital de los accionistas, para que la rentabilidad sea elevada puede convenir que no haya mucho patrimonio neto. Por ello, hay que conseguir un equilibrio adecuado entre el objetivo de rentabilidad y el objetivo de minimizar el riesgo financiero. En cada caso, deberá determinarse cómo equilibrar ambos objetivos.

El crecimiento equilibrado

La vida de una empresa es como ir en bicicleta: siempre hay que pedalear para no caerse. Esto significa que hay que crecer. Crecer en ventas y en riqueza generada. Pero hay que conseguir crecer de forma equilibrada para no poner en riesgo la continuidad de la empresa. Un crecimiento equilibrado implica que a medida que crecen las ventas debe crecer el activo, pero debe hacerlo con prudencia, para que no aumente en demasía. Cuando crece el activo, lo lógico es que aumenten las deudas, pero también deben hacerlo prudentemente, lo que implica aumentar el patrimonio neto, o bien con aportaciones de los socios o bien con beneficios retenidos. Así, el reto es crecer pero manteniendo una solidez financiera que minimice los riesgos de impago.

Capítulo 22

Diez consejos para invertir de forma adecuada

En este capítulo

- Inversiones financieras
- Inversiones empresariales
- Rentabilidad, riesgo y liquidez

En la empresa y en la vida hemos de decidir a menudo sobre las inversiones. En esta materia los errores son fatales. Veamos las principales claves para invertir correctamente.

Invertir buscando rentabilidad

Desde el momento en que se crea una empresa hasta que ésta va creciendo, hay que efectuar inversiones. El mundo de la empresa implica estar evaluando siempre posibles inversiones. Si se acierta en las decisiones, la empresa avanzará y generará más riqueza. En cambio, si se toman decisiones erróneas se producirán pérdidas y la empresa estará en peligro.

Cuando se evalúa una inversión hay que cuantificar de forma precisa cuánto hay que invertir y los rendimientos que se producirán. De este modo se puede calcular la rentabilidad. Entre dos alternativas de inversión optaremos por la más rentable, suponiendo que el nivel de riesgo sea similar.

Invertir de forma prudente

Por lo general, más rentabilidad significa más riesgo. La cuestión estriba en saber si el mayor riesgo se compensa con una rentabilidad adecuada. Una de las principales causas de mortalidad empresarial son las inversiones erróneas, que llevan a la empresa a la ruina. A veces el error consiste en invertir por encima de las posibilidades de la empresa. En otros casos estriba en invertir en algo que genera pérdidas. Por ello hay que aplicar la máxima prudencia en la evaluación de las inversiones. Se trata de invertir en lo que se conoce. Y si no se conoce lo suficiente, hay que estar bien asesorado por alguien de la máxima confianza. Una vez efectuada la inversión hay que tener preparado un plan de contingencia por si las cosas no salen como se había previsto.

El riesgo existe... y la prevención, también

Existen maneras de prevenir la mayoría de los riesgos. Por ejemplo, el riesgo de que un cliente no pague se puede cubrir con el seguro de crédito. Si se produce el impago, la compañía de seguros indemnizará. Si hay un riesgo de tipo de cambio, se puede contratar un seguro en el banco para cubrir la posible pérdida. Si hay riesgo de tipo de interés también existen productos para cubrir las posibles pérdidas, como por ejemplo el FRA, que es un acuerdo de tipos de interés. El riesgo de cotización también puede cubrirse con contratos de futuros u opciones. Otros riesgos, como incendio, robos o muertes, también pueden ser objeto de una póliza de seguros gracias a la que se recibirá una indemnización en caso de siniestro.

Más vale pájaro en mano... La importancia de la liquidez

Cuando se invierte se está renunciando a tener liquidez ahora a cambio de temer una mayor liquidez en el futuro. Pero la empresa siempre debe tener un nivel adecuado de liquidez, ya que, si no puede atender sus obligaciones con los empleados, los proveedores o los bancos, la vida de la empresa corre peligro. Por lo tanto, uno de los objetivos de cumplimiento obligado es garantizar que se pueden afrontar los pagos. Esto explica que las empresas más prudentes inviertan sin olvidarse de dejar un colchón suficiente de liquidez, por si algo sale mal.

El plazo de recuperación

El plazo de recuperación de una inversión puede ser tan importante como su rentabilidad. Nos referimos al tiempo que se necesita para recuperar el dinero invertido. Por este motivo, muchas empresas exigen un plazo mínimo en el que se debe recuperar toda inversión. En otros casos se combinan inversiones que tienen un plazo corto de recuperación con otras cuyo plazo es más largo. De esta forma se intenta que el plazo medio de recuperación sea adecuado.

Las inversiones financieras

La inversión en acciones suele dar más rentabilidad a largo plazo que la inversión en deuda pública. Pero al mismo tiempo la inversión en acciones tiene un nivel de riesgo muy elevado. En cambio, la deuda pública suele tener un nivel de riesgo casi nulo. Por eso se la suele denominar interés sin riesgo. De todas maneras, no es cierto que la deuda pública esté exenta de riesgo. Aunque sean poco frecuentes, ha habido casos en los que un determinado país no ha podido atender los pagos de su deuda pública y se han producido quitas. Una *quita* es la anulación de una parte de la deuda.

La inversión en deuda pública puede hacerse a largo plazo o a plazos muy cortos.

Las inversiones financieras se suelen hacer de forma diversificada. Así, se intenta conseguir una buena combinación de rentabilidad, riesgo y plazo.

Las inversiones en bolsa

Como ya se ha indicado cuando se invierte en bolsa comprando acciones de empresas se corre un riesgo importante. Por lo tanto, conviene hacerlo con precaución. Sólo se debe invertir en bolsa aquel dinero que no se necesite a corto plazo, ya que a corto plazo puede ocurrir cualquier cosa.

En primer lugar, es importante invertir cuando las acciones están baratas. Esto suele producirse tras un crac bursátil. Una vez ha llegado el momento de comprar es conveniente seleccionar unos cuatro o cinco sectores que se entiendan y en los que se espere una buena evolución futura. Cuando se han seleccionado, conviene identificar unas doce o quince empresas, en total. De este modo se puede diversificar la inversión.

Las inversiones empresariales

Para seguir siendo competitiva, toda empresa debe invertir en tecnología, inmuebles, instalaciones, maquinaria, existencias, clientes, etc. Es importante conseguir que las necesidades de inversión estén relacionadas con la capacidad que de la empresa para financiarlas. A veces las empresas mueren de éxito; van tan bien que se lanzan a efectuar inversiones que no pueden financiar de forma adecuada, y acaban en manos de sus acreedores.

La incertidumbre sobre el futuro

Dado que es imposible adivinar el futuro, las empresas tienen que prepararlo mediante la elaboración de diversos escenarios presupuestarios, que suelen ser tres: normal, optimista y pesimista. Conviene tener preparado un plan por si se cumple el escenario pesimista. Este plan significa, por ejemplo, que los accionistas estén avisados por si deben efectuar una ampliación de capital. También hay que estar preparados para el caso de que se produzca el escenario optimista, ya que quizá haya que contratar a más personas o efectuar inversiones adicionales en maquinaria o en clientes.

Quien no arriesga no gana..., pero la prudencia nunca está de más

Crear y desarrollar una empresa significa asumir riesgos. Pero lo importante es que los riesgos se gestionen de la manera adecuada. Como ya se ha señalado, se pueden implantar políticas de prevención para minimizar las consecuencias negativas de la mayor parte de los riesgos. A veces se dice que en finanzas hay dos estrategias: la conservadora... y la mala.

Capítulo 23

Diez consejos para gestionar bien la financiación de la empresa

En este capítulo

- Financiación equilibrada
- Coste medio de la financiación
- Relación banca-empresa

En una empresa lo más difícil es tener un buen producto y muchos clientes. Y, además, tener un buen equipo humano. Pero si no se tiene una buena financiación todo se puede ir al traste. Veamos las claves de una adecuada política de financiación.

El tamaño es lo que importa... Cuanto más pequeño sea el balance, mejor

Una buena política de financiación comienza reduciendo las necesidades de inversión. Como ya se ha indicado, el balance debe ser lo más reducido posible, siempre que se garantice que la empresa dispone de los activos necesarios para llevar a cabo su actividad.

Por esto, a veces puede ser mejor alquilar que comprar, ya que así reducimos el dinero que necesitamos para funcionar.

Usar la financiación automática

Una vez que hemos conseguido que el balance sea lo más pequeño posible, debemos intentar que la financiación automática nos financie lo más que se pueda. La financiación automática es la que tiene la empresa por el mero hecho de llevar a cabo su actividad. Es la que procede de proveedores, de la Seguridad Social, o de Hacienda, por ejemplo. En la medida en que esta financiación automática sea muy elevada, menos necesidad tendrá la empresa de acudir a los bancos o a los accionistas para financiarse.

Un buen equilibrio entre capital y deuda

Una vez que conocemos el importe de las inversiones que no se cubre con la financiación automática, sabemos qué importe tenemos que financiar por otras vías. En ese momento hay que decidir qué parte financiaremos con capital de los accionistas y qué parte con deuda. Para ello hay que tener en cuenta, entre otros aspectos, el nivel de riesgo con el que queremos operar, el coste de la deuda, los beneficios obtenidos que ayudarán a pagar la deuda y los dividendos, y la fiscalidad. Es importante garantizar que la política financiera de la empresa permita mantener un nivel de autonomía suficiente en relación con los bancos. De este modo evitamos que nos suceda lo que le pasa a aquellas empresas que trabajan sólo para devolver los préstamos bancarios.

Una buena proporción entre deuda a corto plazo y deuda a largo plazo

Cuando sepamos qué cantidad de deuda necesitamos tendremos que decidir qué parte de ésta podemos suscribir con un vencimiento a menos de un año y qué parte con un plazo mayor. Para poder decidir sobre esta cuestión necesitamos conocer el plazo de recuperación de todas las inversiones. En este punto nos ayudará en gran medida confeccionar un presupuesto de tesorería para los doce meses del primer año y un plan de tesorería para los próximos tres o cinco años. A partir de los saldos previstos podremos evaluar nuestra capacidad de devolución de deuda. A medida que aumenta el plazo de la deuda suele incrementarse el coste financiero, por lo que deberemos buscar la combinación óptima de la deuda que nos permita conseguir los objetivos de mínimo coste, así como el plazo y las condiciones adecuadas.

Reducir los riesgos que comporta la deuda

La deuda implica asumir algunos riesgos que pueden generar pérdidas importantes. Por ejemplo, si la deuda es en divisas, existe el riesgo del tipo de cambio, ya que una fluctuación de éste puede producir importantes riesgos de cambio. Para minimizar estas pérdidas se pueden contratar seguros de cambio.

Otro riesgo es el de la subida de los tipos de interés. También hay productos como los *acuerdos de tipos de interés* (FRA), que permiten protegerse ante subidas de tipos de interés. De todas formas, cuando se contrata este tipo de productos, hay que leer la letra pequeña de los contratos para comprobar que entendemos (y estamos de acuerdo con ellas) las condiciones que propone la entidad de crédito.

Otro riesgo es el de impago de la deuda. En este caso, el riesgo viene dado porque el banco o el acreedor pueden iniciar acciones judiciales que pongan en peligro la continuidad de la empresa. Por ello, en el contrato de préstamo debemos prever vías de solución en caso de que se produzcan obstáculos para la devolución de la deuda.

Lo que le gusta a la banca

A la banca le gustan las empresas que tienen un buen historial con ellos. También prefieren empresas que tengan balances saneados y negocios con capacidad de generación de riqueza. Deben planificar bien y a tiempo sus necesidades de financiación, para no tener prisas de última hora. Otro aspecto que se valora de manera muy positiva es poseer inmuebles que se puedan ofrecer como garantía de los préstamos. No es fácil cumplir todas estas condiciones, pero si se hace resultará más fácil conseguir la financiación deseada.

Cuidar la relación banca-empresa

Una buena relación banca-empresa exige cumplir todos los compromisos. Esto implica no atrasarse en el pago de las cuotas de los préstamos y no tener cuentas corrientes con saldo negativo. Si hay problemas, es mejor ir con la verdad por delante y planificar a tiempo las posibles soluciones. Otro aspecto importante es aportar de manera puntual toda la información solicitada. Por ejemplo, facilitar las cuentas anuales y demás documentación de la empresa. Por último, los bancos valoran de forma muy positiva el que sus clientes aporten el negocio complementario que suponen el pago de nóminas, seguros sociales u otros servicios, ya que representan una fuente de vinculación y rentabilidad adicional. Es deseable que ambas partes entiendan que hay que cuidar la relación banca-empresa si quieren conseguir beneficios a largo plazo.

Evitar las dependencias

Uno de los mayores peligros para una empresa son las dependencias. Es muy peligroso depender de un empleado, un cliente, un proveedor o un banco. En lo relativo a la financiación, hay que diversificar la operativa y trabajar con varios bancos. Si se trabaja con un solo banco nos arriesgamos a que éste deje de estar interesado en renovar o ampliar la financiación. Además, al trabajar con varias entidades se puede negociar en cada momento las mejores condiciones.

Mantener una buena capacidad de endeudamiento

Para reducir el riesgo de incurrir en problemas de liquidez conviene que la empresa tenga capacidad de endeudarse en un momento dado. Una forma de hacerlo es solicitar una póliza de crédito por un límite superior al que realmente necesita. Como no se va a utilizar todos los fondos solicitados, en caso de necesidad siempre se podrá utilizar la parte no dispuesta. El problema de esta práctica es que a veces los bancos cobran una comisión por la parte no dispuesta. Otra alternativa es poseer inmuebles que estén libres de hipotecas. Así, en caso de necesitar financiación se podrá ofrecer estos inmuebles como garantía. En estos casos siempre será de gran ayuda mantener una buena relación con las entidades de crédito y tener pocas deudas.

Aumentar el valor de la empresa con una buena financiación

La financiación puede ayudar a conseguir el principal objetivo de las finanzas de la empresa: hacer crecer el valor de las acciones. Si la política financiera es prudente y no se opera con riesgo elevado, el coste del patrimonio neto y de la deuda será menor. Una financiación a coste reducido permitirá que el beneficio aumente. Así, la rentabilidad será mayor. En definitiva, una mayor rentabilidad y unos niveles bajos de riesgo ayudarán a que el valor de la empresa aumente.

Parte VII

Anexos

—¿PARA QUÉ HE ESTADO PAGANDO A UN CONTABLE SI LUEGO NO PUEDO ECHARLE LA CULPA DE TODO?

En esta parte...

Para complementar los temas que se han tratado en el libro te presentamos los anexos. En primer lugar, un glosario con los términos que conviene conocer. Y a continuación una relación de recursos que te serán de utilidad para saber más sobre el apasionante mundo de la contabilidad y las finanzas.

Apéndice A

Glosario

En este capítulo

► Términos de contabilidad y finanzas que conviene conocer.

Los términos que se definen a continuación han ido apareciendo a lo largo del libro. Ahora te los relacionamos por orden alfabético.

Acciones propias: Acciones adquiridas de la propia sociedad. En lugar de ponerlas en el activo, se ubican en el patrimonio neto restando del capital. También reciben la denominación de autocartera.

Acreedores: Deudas que tiene la empresa en relación con empresas que no tienen la consideración de proveedores, entidades de crédito o administraciones.

Activos: Bienes y derechos que son propiedad de la empresa. Son consecuencia de las inversiones efectuadas.

Activo corriente: Aquellos activos que deben permanecer en la empresa menos de doce meses.

Activo no corriente: Aquellos activos que deben permanecer en la empresa más de doce meses.

Activos no corrientes disponibles para la venta: Activos no corrientes que la empresa ha decidido vender y que, por lo tanto, se espera convertir en dinero a corto plazo. Suele tratarse de inmuebles.

Amortización acumulada: Incluye las amortizaciones que la empresa ha ido contabilizando. Se refleja en el activo reduciendo el valor del activo no corriente al que hace referencia.

Amortización del inmovilizado: Desgaste que sufren la maquinaria y otros elementos propiedad de la empresa, tales como vehículos, ordenadores, instalaciones o edificios.

Amortización de préstamos: Pago de la totalidad o de una parte de los préstamos pendientes.

Análisis económico: Análisis de la cuenta de resultados.

Análisis patrimonial: Análisis del balance de situación.

Apalancamiento financiero: Cuando el rendimiento del activo supera al coste de la deuda se dice que la empresa tiene un apalancamiento financiero favorable; esto significa que la deuda puede permitir que la empresa sea más rentable.

Arrendamiento financiero: Véase *leasing* financiero.

Año comercial: Año de trescientos sesenta días que utilizan los bancos al calcular los intereses de las operaciones de préstamo.

Auditoría de cuentas: Revisión de las cuentas para comprobar que reflejan la imagen fiel de acuerdo con la normativa.

Autocartera: Véase acciones propias.

Balance de situación: Estado contable que refleja la situación patrimonial de la empresa en un día concreto. Por lo tanto, incluye los activos, los pasivos y el patrimonio neto.

CAPEX: Denominación en inglés de las inversiones en activo no corriente. Es la abreviatura de Capital Expenditures.

***Cash flow*:** Véase flujo de caja.

***Cash management*:** Gestión de la tesorería.

Centro de costes: Véase sección.

Centro de responsabilidad: Véase sección.

Compras: Bienes o servicios adquiridos a los proveedores de la empresa.

Concurso de acreedores: Procedimiento legal que se origina cuando una persona física o jurídica está en una situación de insolvencia en la que no puede hacer frente a la totalidad de los pagos que adeuda. El concurso de acreedores abarca las situaciones de quiebra y las de suspensión de pagos.

Contabilidad: Parte de la economía que se encarga de obtener información financiera interna y externa sobre las empresas para poder permitir su control y la adecuada toma de decisiones.

Contabilidad analítica: También denominada contabilidad de costes, es el conjunto de técnicas que sirven para conocer los costes de los productos o servicios y los costes de los departamentos o de las distintas funciones de la empresa.

Contabilidad de costes: Véase contabilidad analítica.

Contabilidad de gestión: Contabilidad interna que incluye la contabilidad analítica, la contabilidad presupuestaria y los sistemas de indicadores. Es una información imprescindible para controlar la marcha de la empresa y mejorar los resultados.

Contabilidad externa: Véase contabilidad analítica.

Contabilidad financiera: También denominada contabilidad externa, tiene por misión obtener la información del patrimonio de la empresa y de sus resultados. Es una información de gran interés para los directivos y los empleados; y también para usuarios externos como los accionistas, Administración, bancos o proveedores.

Control por excepción: Técnica de control selectivo que sólo analiza aquellas desviaciones que superan un determinado importe en euros o que superan un determinado porcentaje sobre el importe previsto.

***Controller*:** Persona responsable de suministrar información a la dirección y controlar los costes, presupuestos e indicadores.

Coste: Valor de lo que se consume para llevar a cabo una actividad económica y producir algo.

Coste de capital: Véase coste medio de la financiación.

Coste de los productos vendidos: Véase coste de ventas.

Coste de oportunidad de los accionistas: Rentabilidad mínima deseada por los accionistas.

Coste de ventas: Coste de los materiales consumidos más los costes directos de los productos, como la mano de obra directa, por ejemplo, y la variación de las existencias de productos en curso y acabados (sumando la existencia inicial y restando la existencia final).

Coste medio de la financiación: También denominado coste del capital, o WACC (del inglés, Weighted Average Cost of Capital). Es el coste medio que supone para la empresa todas las fuentes de financiación que utiliza.

Costes completos: Véase *full costing.*

Costes de estructura: Véase costes fijos.

Costes directos: Se identifican claramente con un producto o servicio, un cliente o un departamento. Por ello se pueden asignar de forma objetiva.

Costes estándar: Véase costes previstos.

Costes fijos: También denominados costes de estructura, son independientes de los ingresos o del nivel de actividad de la empresa, como el coste del personal administrativo, el alquiler, los tributos municipales, la publicidad, la formación del personal, por ejemplo.

Costes históricos: Denominados también costes reales, son los que ha tenido la empresa anteriormente.

Costes indirectos: No se pueden asignar de forma objetiva a productos, servicios, clientes o departamentos. La única manera de asignarlos es a través de hipótesis de reparto subjetivas.

Costes previstos: Denominados también costes estándares, son los que la empresa prevé para el siguiente período.

Costes reales: Véase costes históricos.

Costes *variables*: Varían proporcionalmente con los ingresos o con el nivel de actividad de la empresa. Así, cuando aumentan los ingresos crecen los costes variables y cuando disminuyen los ingresos decrecen también los costes variables. Son costes variables las materias primas, la energía o los materiales consumibles, por ejemplo.

***Credit management*:** Gestión del crédito a clientes.

Cuenta de pérdidas y ganancias: Véase cuenta de resultados.

Cuenta de resultados: Estado en el que se incluyen los ingresos y gastos de la empresa para calcular el resultado del ejercicio. También se denomina cuenta de pérdidas y ganancias o estado de resultados.

Descuento comercial: Operación con una entidad de crédito, a través de la que la empresa puede descontar efectos de sus clientes para cobrar estos saldos antes del vencimiento de las facturas.

Deterioros por insolvencias: Reflejan aquella parte de los saldos de clientes que son de dudoso cobro. Así, al igual que las amortizaciones acumuladas, los deterioros por insolvencias aparecerán en el activo minorando a las cuentas correspondientes.

Deudores: Derechos de cobro en relación con empresas que no tienen la consideración de clientes.

***Direct costing*:** Sistema de costes, también denominado sistema de costes directos, que imputa a cada producto los costes directos (que suelen ser también los costes variables) como la materia prima, la mano de obra que interviene directamente en la producción del producto, el embalaje, el coste de transporte de las unidades vendidas y las comisiones de los vendedores.

Disponible: Es la parte del activo corriente que integra la tesorería, como el dinero en caja y las cuentas corrientes bancarias.

Dividendo activo a cuenta: Dividendo que la empresa ha pagado a cuenta de los beneficios de la empresa. Mientras la junta general de accionistas no lo apruebe formalmente, se restan del patrimonio neto.

EBIT: Beneficio antes de intereses e impuestos. Son las siglas del nombre en inglés (Earnings before interest and taxes).

EBITDA: Beneficio antes de intereses, impuestos y amortizaciones. Son las siglas del nombre en inglés (Earnings before interest, taxes, depreciation and amortization).

Empresa de capital-riesgo: Empresas que invierten en otras empresas para participar en determinados proyectos pero con la condición que pasado un período de tiempo venderán las acciones recuperando la inversión y cobrando una plusvalía.

Equivalentes de tesorería: Son inversiones financieras que en un plazo muy corto de tiempo, normalmente menos de tres meses, se convertirán en dinero.

Estado de resultados: Véase cuenta de resultados.

Euríbor: Es el tipo de interés promedio al que los bancos se prestan dinero entre sí en Europa

Factor de actualización: Coeficiente por el que hay que multiplicar un importe futuro para obtener su valor actual.

***Factoring*:** Consiste en la adquisición de créditos provenientes de ventas de bienes muebles, de prestación de servicios o de realización de obras, otorgando anticipos sobre tales créditos, asumiendo o no sus riesgos. El comerciante o fabricante cede una factura u otro documento de crédito a una empresa de *factoring* a cambio de un anticipo financiero total o parcial. La empresa de *factoring* deduce del importe del crédito comprado la comisión, el interés y otros gastos.

FIFO: Del inglés, First In First Out ("primero que entra, primero que sale"). Se utiliza para valorar existencias.

Financiación automática: La que se genera por la actividad de la empresa y se materializa en el saldo de proveedores, el cobro al contado de clientes y otras financiaciones como las cuotas que hay que pagar dentro del plazo legal a la Seguridad Social o los impuestos a Hacienda.

Finanzas: Parte de la economía que se encarga de la gestión y optimización de los flujos de dinero relacionados con las inversiones, la financiación, y los demás cobros y pagos. Entre los principales objetivos de las finanzas están el maximizar el valor de la empresa y garantizar que se pueden atender todos los compromisos de pago.

Flujo de caja: Resultado más las amortizaciones. Informa de la capacidad de generación de fondos de la empresa. A veces también se añaden al flujo de caja determinados deterioros de activos, ya que no suponen una salida de dinero de la empresa.

Flujo de caja económico: Resultado neto más amortizaciones.

Flujo de caja financiero: Cobros de explotación menos pagos de explotación.

Flujo neto de caja: Es la suma de todos los cobros menos la suma de todos los pagos relacionados con una determinada inversión, incluyendo el desembolso inicial.

Fondo de comercio: Valor de diversos activos intangibles como el prestigio, la imagen o la marca cuando la empresa lo adquiere a otra empresa.

***Forfaiting*:** Fuente de financiación que se utiliza sobre todo en operaciones de comercio exterior. Es una fuente de financiación y también una cobertura de riesgo. El vendedor cede al *forfaiter* la deuda de su cliente a cambio de un precio.

***Forward*:** Contrato que vincula a las partes para llevar a cabo una operación en el futuro. Es similar al futuro, pero no se negocia en mercados organizados.

FRA: Del inglés, Forward Rate Agreement. Se trata de un *forward* para cubrir el riesgo de fluctuaciones de tipos de interés.

***Full costing*:** Sistema que imputa a cada producto no sólo los costes directos, sino también los indirectos o no asignables. Para efectuar el reparto de éstos se utilizan criterios que siempre son subjetivos.

Futuro: Es un contrato mediante el cual las dos partes se obligan a llevar a cabo una transacción en el futuro en unas condiciones preestablecidas en el contrato. Normalmente los futuros se refieren al tipo de interés, al tipo de cambio de las divisas, a materias primas (petróleo, cobre, etc.) o a las acciones que cotizan en bolsa y se negocian en mercados organizados.

Gastos: Se producen a causa de los esfuerzos que hacen las empresas por conseguir ingresos. Los gastos reducen la riqueza de las empresas. Ejemplos de gastos son los salarios de los empleados, o la adquisición de materias primas.

Gastos de explotación: Gastos que se generan con la actividad típica de la empresa.

Gastos excepcionales: Gastos no relacionados con la actividad típica de la empresa.

Ingresos: Operaciones que aumentan la riqueza de la empresa.

Ingresos de explotación: Ingresos que se generan con la actividad típica de la empresa.

Ingresos excepcionales: Ingresos no relacionados con la actividad típica de la empresa.

Interés compuesto: Representa el interés de un capital inicial a un tipo de interés durante un período, en el cual los intereses que se obtienen al final de cada período de inversión no se retiran sino que se reinvierten o añaden al capital inicial, es decir, se capitalizan.

Interés simple: Fórmula que se utiliza para el cálculo de los intereses de los préstamos. Consiste en multiplicar el nominal del préstamo, por el tipo de interés y por los días del préstamo.

Inmovilizado financiero: Activos no corrientes integrados por inversiones financieras a largo plazo, como las inversiones en empresas del grupo, por ejemplo.

Inmovilizado intangible: Está integrado por activos no corrientes que representan derechos que tiene la empresa en relación con patentes, marcas o similares.

Inmovilizado material: Está integrado por activos no corrientes tales como terrenos, edificios, maquinaria, instalaciones, mobiliario, vehículos, ordenadores, etc.

***Leasing* financiero:** Contrato mediante el cual la empresa puede hacer uso de un activo no corriente a cambio de unos pagos periódicos, normalmente mensuales. Al finalizar el contrato la empresa normalmente ejerce la opción de compra, por lo que pasa a ser titular del bien.

***Leasing* operativo:** Contrato de arrendamiento mediante el cual la empresa puede hacer uso de un activo no corriente a cambio de unos pagos periódicos, normalmente mensuales. Al finalizar el contrato la empresa no suele ejercitar la opción de compra. La cuota incluye el mantenimiento del bien.

LIFO: Del inglés, Last In First Out ("último que entra, primero que sale"). Se utiliza para valorar existencias.

Línea de crédito: Contrato con una entidad de crédito que permite a la empresa disponer de un dinero durante un período de tiempo determinado. La empresa deberá pagar unos intereses por la parte que utiliza así como unas comisiones por la parte que no utiliza. También suelen cobrar comisiones de apertura. Al finalizar el plazo de la línea de crédito la empresa debe devolver el dinero o renovar la póliza.

Margen bruto: Diferencia entre ingresos y consumo de materiales. A veces se minoran otros costes variables, además del consumo de materiales. En la definición de este término no hay un consenso general, por lo que a veces recibe la denominación de margen de contribución a lo que se indica en esta definición.

Margen de contribución: Es el que se obtiene si a las ventas de un producto se le restan los costes directos de dicho producto y los costes de estructura asignables a dicho producto. En otras ocasiones, lo que se resta de las ventas para hallar el margen de contribución es el coste de las ventas. Este margen de contribución es el que ha de servir para cubrir el resto de los costes de estructura y el beneficio de la empresa. En la definición de este término no hay un consenso general, por lo que a veces recibe la denominación de margen bruto a lo que se indica en esta definición.

Opción: Contrato a través del cual el que compra la opción tiene el derecho a efectuar una compraventa en el futuro a un precio acordado en el momento de firmar el contrato. El comprador de la opción no tiene la obligación de ejercitarla; en cambio, el vendedor de la opción se obliga a realizar la transacción en las condiciones acordados si el comprador decide ejercitar la opción. Se negocian en mercados organizados como la bolsa. Las opciones permiten cubrir riesgos de tipo de interés de tipo de cambio y de cotización.

Pagaré: Documento que contiene la promesa incondicional de una persona –denominada suscriptora– de que pagará a una segunda persona –llamada beneficiaria o tenedora– una suma determinada de dinero en un determinado plazo de tiempo.

Pasivos: Deudas de la empresa.

Pasivo corriente: Deudas con vencimiento a corto plazo. O sea, vencen a un plazo inferior a un año.

Pasivo no corriente: Deudas con vencimiento a largo plazo. Es decir, que tienen un vencimiento más allá de los doce meses.

Pasivos no corrientes asociados a activos no corrientes disponibles para la venta: Deudas relacionadas con activos no corrientes que la empresa ha decidido poner a la venta. Se trata, por ejemplo, del préstamo hipotecario que financia un inmueble que se haya puesto a la venta.

Patrimonio neto: Diferencia entre el total de los activos y el total de los pasivos. Es la parte de financiación que no se debe a nadie más que a los propios accionistas de la empresa.

***Pay-back*:** Véase plazo de recuperación.

PER: Ratio que divide el precio de una acción por el beneficio por acción de la empresa. Sirve para determinar si una acción está muy cara o barata. Cuanto más alto es el PER, más cara es una acción.

Periodificaciones: Gastos o ingresos en los que el movimiento de tesorería se produce en un ejercicio anterior o posterior. Pueden ser de activo o de pasivo.

Plan de marketing: Documento en el que se incluyen las políticas comerciales de la empresa (precio, producto, publicidad, promoción, distribución, etc.) y las ventas previstas.

Plan de viabilidad: Estudio de la evolución financiera futura de la empresa que permite evaluar si son viables los planes que tiene de cara al futuro.

Plan financiero: Presupuesto completo de la cuenta de resultados y de la tesorería a largo plazo.

Plazo de recuperación: También denominado *pay-back*, es el tiempo que tarda en recuperarse una inversión.

Póliza de crédito: Véase línea de crédito.

Préstamos con el sistema americano: Préstamos en los que las cuotas son variables, ya que la parte de devolución de principal es constante y la parte de interés se va reduciendo a medida que el préstamo pendiente va disminuyendo.

Préstamos con el sistema francés: Préstamos en los que las cuotas son constantes y los intereses se pagan al final de cada periodo.

Presupuesto: Documento contable referido a una fecha futura.

Prima de riesgo: Mayor rentabilidad con la que se intenta compensar aquellas inversiones que ofrecen más riesgo.

Productos en curso: Productos que están pendientes de alguna fase del proceso productivo para ser productos acabados.

Productos semiterminados: Véase productos en curso.

Provisiones de circulante: Obligaciones en las que no se conoce con seguridad la fecha de pago o el importe.

Provisiones: Son deudas ciertas pero de las que no se conoce el importe exacto o la fecha exacta de vencimiento. Cuando es altamente probable que la empresa tenga que atenderlas hay que reflejarlas en el pasivo.

Punto de equilibrio: También se denomina punto muerto o umbral de rentabilidad. Es aquella cifra de ventas en que la empresa ni pierde ni gana; es decir, cuando la empresa cubre únicamente todos sus gastos.

Punto muerto: Véase punto de equilibrio.

Quiebra: Insolvencia definitiva que comporta la liquidación de la empresa. Normalmente, se produce cuando los activos son menores que los pasivos, lo que significa que la empresa tiene un patrimonio neto negativo.

Realizable: Bienes y derechos a corto plazo que no forman parte ni de las existencias ni del disponible.

Rendimiento del activo: Beneficio antes de intereses e impuestos dividido por el activo. También se denomina rentabilidad económica.

Rentabilidad del patrimonio neto: Beneficio neto dividido por el patrimonio neto. También se denomina rentabilidad financiera.

Rentabilidad económica: Véase rendimiento del activo.

Rentabilidad financiera: Véase rentabilidad del patrimonio neto.

***Renting*:** Arrendamiento simple que, generalmente, no ofrece dentro del contrato la opción de compra al cliente. A diferencia del arrendamiento financiero, no se trata de una compraventa.

Reservas estatutarias: Beneficios no repartidos que la empresa, de acuerdo con los estatutos, destina a reservas.

Reservas legales: Beneficios no repartidos que la empresa, por mandato legal, destina a reservas.

Reservas voluntarias: Beneficios no repartidos que la empresa, voluntariamente, decide destinar a reservas.

Resultado del ejercicio: Diferencia entre los ingresos y los gastos.

Riesgo de cotización: Daños que se pueden producir si bajan las cotizaciones de inversiones que ha efectuado la empresa.

Riesgo de crédito: Daños que se pueden producir si un cliente o deudor no paga lo que debe.

Riesgo de tipo de cambio: Riesgo en que incurre la empresa cuando realiza operaciones de comercio exterior y se debe a la fluctuación en el precio de las divisas.

Riesgo de tipo de interés: Riesgo asociado a la variabilidad del tipo de interés.

Riesgo: Posibilidad de tener pérdidas por la ocurrencia o no de determinados eventos.

Rotación del activo: Ratio que sirve para evaluar la gestión de los activos. Cuanto mayor sea el valor del ratio, mejor.

Sección auxiliar: Sección que apoya a las secciones principales.

Sección principal: Sección que interviene directamente en la elaboración del producto o servicio que produce la empresa.

Sección: Parte de la empresa que tiene un responsable, unas personas y medios para llevar a cabo su trabajo. Las secciones suelen coincidir con los departamentos de la empresa.

Sistema de costes directos: Véase *direct costing*.

Sistema de costes totales: Véase *full costing*.

Subvenciones a la explotación: Ingresos que proceden de ayudas de la Administración para incentivar la realización de determinadas actividades. Por ejemplo, subvenciones para promover las exportaciones de la empresa.

Suspensión de pagos: Proceso judicial al que se acoge una empresa que no puede atender sus obligaciones de pago. Suele tratarse de una situación de falta de liquidez temporal. En la actualidad, recibe la denominación de concurso de acreedores.

Tasa de actualización: También denominada tasa de descuento, es la tasa por la que se multiplica el valor futuro para calcular el valor actual.

Tasa de descuento: Véase tasa de actualización.

Tasa interna de rentabilidad (TIR): Tasa de rentabilidad de una inversión. Se calcula obteniendo la tasa de actualización que hace que el valor actual neto de una inversión sea igual a cero.

Umbral de rentabilidad: Véase punto de equilibrio.

Unidad de obra: Unidad de medida de la actividad de cada sección.

Valor actual: Conversión a euros de hoy de unos euros futuros. Por lo tanto, el valor actual se obtiene transformando en euros de hoy un valor futuro.

Valor actual neto (VAN): Valor actualizado de todos los cobros menos el valor actualizado de todos los pagos de una inversión.

Valor amortizable: Valor de adquisición de un bien menos el valor al final de su vida útil.

Valor contable de una empresa: Valor que se obtiene al restar las deudas (o pasivo) del activo, y coincide con el patrimonio neto. Al valor contable de una empresa también se le denomina valor en libros o valor teórico de la empresa.

Valor futuro: Dinero que hay que cobrar o pagar en una fecha futura.

Valor residual: Valor de un bien al final de su vida útil.

Ventas: Ingresos que tiene la empresa al facturar a sus clientes por los bienes o servicios entregados.

Vida útil: Años de vida de un bien.

WACC: Del inglés, Weighted Average Cost of Capital. Véase coste medio de la financiación.

Apéndice B

Recursos de contabilidad y finanzas

En este capítulo

- Libros
- Páginas web

A continuación te facilitamos libros y páginas web que te permitirán ampliar tus conocimientos sobre contabilidad y finanzas.

Bibliografía

Contabilidad financiera

Omeñaca, J. (2009): *Plan General de Contabilidad y PGC de Pymes comentados*, Deusto, Barcelona.

Plan General de Contabilidad, Real Decreto 1514/07, de 16 de noviembre, por el que se aprueba el Plan General de Contabilidad (BOE., de 20 de noviembre).

Contabilidad de costes

ACCID (2010): *Nuevas tendencias en reducción de costes*, Contabilidad y Dirección, Barcelona.

Ripoll, V. y Balada, T. (2003): *Manual de costes*, Gestión 2000, Barcelona.

Análisis de estados financieros

Amat, O. (2008): *Análisis de estados financieros*, Gestión 2000, Barcelona.

Rivero, P. (2009): *Análisis de balances y estados complementarios*, Pirámide, Madrid.

Control presupuestario

Muñiz, L. (2009): *Control presupuestario*, Profit, Barcelona.

Nicolás, P. (2007): *Elaboración y control de presupuestos*, Gestión 2000, Barcelona.

Planificación financiera

Harvard Business Essentials (2007): *Finanzas para directivos*, Deusto, Barcelona.

Manzanera, A. (2011): *Finanzas para emprendedores*, Deusto, Barcelona.

Inversiones y financiación

ACCID (2011): *Nuevas tendencias en financiación empresarial*, Contabilidad y Dirección, ACCID, Barcelona.

Blanco, F., Ferrando, M. y Martínez, M.F. (2007): *Dirección financiera I: Selección de inversiones*, Pirámide, Madrid.

González, I. (2011): *Sistema financiero español*, Centro de Estudios Financieros, Madrid.

Páginas web

Webs públicas

Banco de España
`www.bde.es`

Comisión Nacional del Mercado de Valores
www.cnmv.es

Instituto de Contabilidad y Auditoría de Cuentas
www.icac.meh.es

Organizaciones profesionales

Asociación Catalana de Contabilidad y Dirección
www.accid.org

Asociación Española de Contabilidad y Administración de Empresas
www.aeca.es

Asociación Española de Financieros y Tesoreros de Empresa
www.asset.es

Asociación Española de Profesores Universitarios de Contabilidad
www.asepuc.org

Asociación Profesional de Expertos Contables y Tributarios de España
www.aece.es

Confederación Española de Directivos y Ejecutivos de Empresa
www.directivoscede.com

Consejo General de Colegios de Economistas de España
www.economistas.org

Consejo General de Secretarios, Interventores y Tesoreros de la Administración Local
www.cosital.es

Consejo Superior de Colegios Oficiales de Titulados Mercantiles y Empresariales
www.tituladosmercantiles.org

Economistas Expertos en Contabilidad e Información Financiera
www.ecif.economistas.org

Federación Española de Asociaciones Profesionales de Técnicos Tributarios y Asesores Fiscales
www.fettaf.com

Instituto de Auditores Internos de España
`http://www.iai.es/`

Instituto de Censores Jurados de Cuentas de España
`www.icjce.es`

Instituto Español de Analistas de Inversiones
`www.ieaf.es`

Registro de Economistas Auditores
`www.rea.es`

Registro General de Auditores
`www.tituladosmercantiles.org/contenidos/006.htm`

Organizaciones internacionales

American Accounting Association
`www.aaahq.org`

Association of International Accountants
`www.aiaworldwide.com`

Association Francophone de Comptabilité
`www.afc-cca.com`

Asociación Portuguesa de Técnicos de Contabilidad
`www.apotec.pt`

European Accounting Association
`www.eaa-online.org`

European Financial Reporting Advisory Group
`www.efrag.org`

Financial Accounting Standards Board
`www.fasb.org`

International Accounting Standards Board
`www.ifrs.org`

Institute of Chartered Accountants of England and Wales
`www.icaew.com`

Observatorio Iberoamericano de Contabilidad de Gestión
`http://www.observatorio-iberoamericano.org/`

The Federation of European Accountants
`www.fee.be`

Otros organismos relacionados con la contabilidad y las finanzas

Banco Sabadell
`www.bancsabadell.com`

Banco de Santander
`www.bancosantander.es`

Banco Popular
`www.bancopopular.es`

Bankia
`www.bankia.es`

Bolsas y Mercados Españoles
`www.bolsasymercados.es`

BBVA
`www.bbva.es`

Catalunya Caixa
`www.catalunyacaixa.cat`

Ibercaja
`www.ibercaja.es`

La Caixa
`www.lacaixa.es`

Nova Galicia Banco
`www.novagaliciabanco.es`

Unnim
`www.unnim.cat`

Webs que facilitan información sobre contabilidad y finanzas

A3 Software
www.a3software.com

AXESOR
http://www.axesor.es/

Bloomberg
www.blomberg.com

Contables y Financieros
www.contalesyfinancieros.com

Cuadro de mando
www.cuadrodemando.unizar.es

Euromoney
www.euromoney.es

Finanzas.com
www.finanzas.com

IAS Plus
www.iasplus.deloitte.es

Partida Doble
http://partidadoble.wke.es/

SAGE
www.sagesp.com

Supercontable
www.supercontable.com

Técnica Contable
http://www.tecnicacontable.com

Yahoo Finance
es.finance.yahoo.com

Índice

• A •

• B •

• C •

• D •

• E •

• F •

• J •

• L •

• M •

• N •

• O •

• P •

• Q •

• R •

• S •

• W •

• Z •

IDIOMAS

CULTURA GENERAL

OCIO Y AFICIONES

OCIO Y AFICIONES